DE ZIN VAN HET LEVEN

Voor Carine, Zana en Djuna

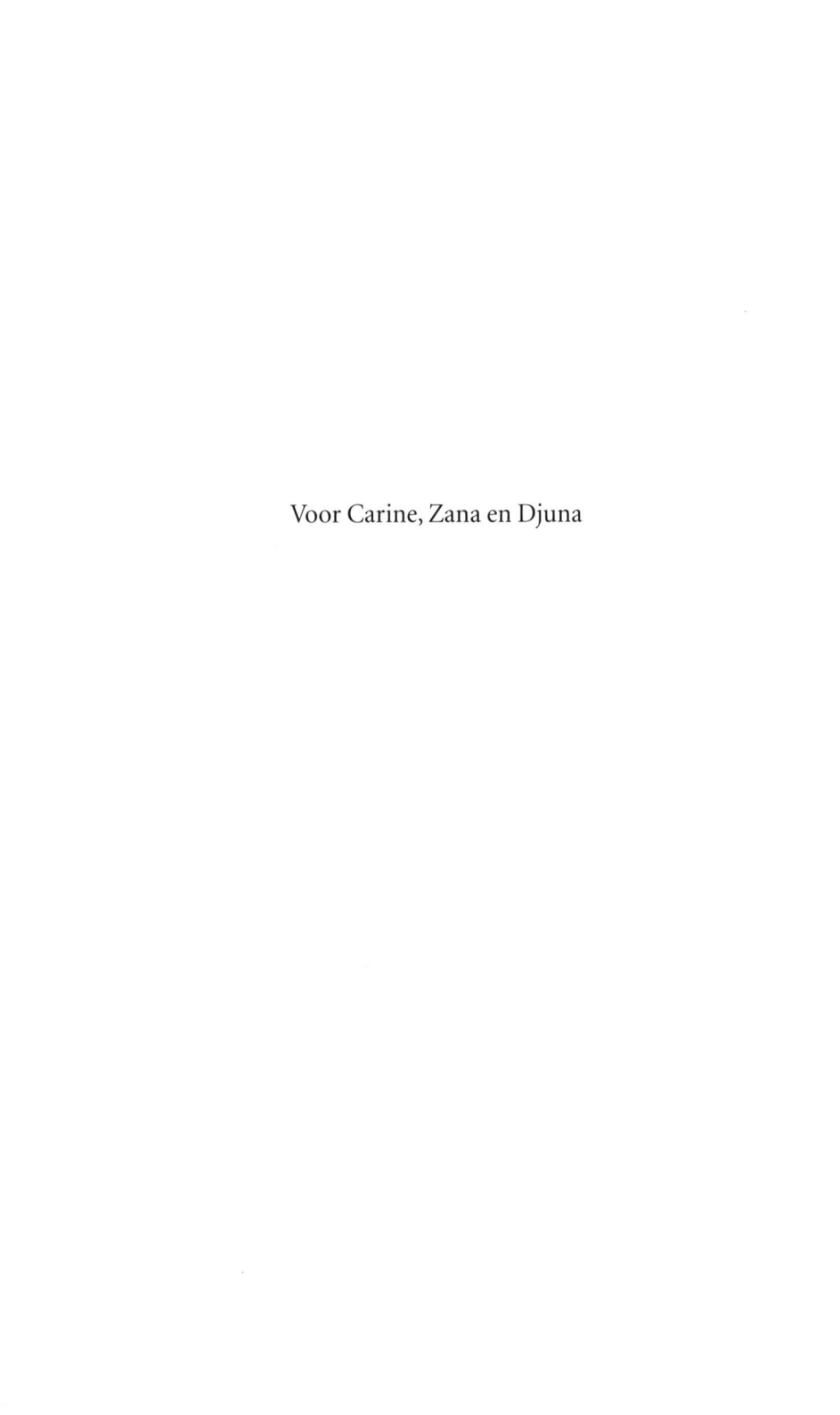

DE ZIN VAN HET LEVEN

FOKKE OBBEMA

Gesprekken over de essentie van ons bestaan

Uitgeverij Atlas Contact
Amsterdam/Antwerpen

Eerste druk september 2019
Tweede druk oktober 2019
Derde druk oktober 2019
Vierde druk oktober 2019
Vijfde druk november 2019
Zesde druk november 2019

© 2019 Fokke Obbema
Omslagontwerp Marry van Baar
Omslagbeeld, auteursfoto en foto's geïnterviewden © Jitske Schols
Typografie binnenwerk Perfect Service, Schoonhoven
Drukkerij Wilco, Amersfoort

ISBN 978 90 450 3932 9
D/2019/0108/763
NUR 730/770/740

www.atlascontact.nl

INHOUD

Even dood 7

Jan Geurtz, spiritueel leraar 25
Sanneke de Haan, filosoof 33
A.L. Snijders, schrijver 41
Claartje Kruijff, predikant 49
Jan Mokkenstorm, psychiater 57
Anna Akhmanova, celbioloog 65
Kim Putters, directeur SCP 73
Jolande Withuis, socioloog 81
Edy Korthals Altes, oud-ambassadeur 89
Sarah Durston, biologisch psycholoog 97
Funda Müjde, acteur en cabaretier 105
Pieter Riemer, Zuidas-advocaat 113
Bregje Hofstede, schrijver 121
Gerard Bodifee, astrofysicus 129
Henk Blanken, schrijver 137
Monique Maarsen, vastgoedondernemer 145
Theunis Piersma, vogelexpert 153
Willemijn Dicke, bestuurskundige 161
Mounir Samuel, auteur en theatermaker 169

Vincent Icke, sterrenkundige 177
Maria Riemen, medium 185
Bert Poolman, biochemicus 193
Yfke Metz, bladenmaker 201
Job Koelewijn, kunstenaar 209
Wendy Hoogendijk, theatermaker 217
Tim Fransen, cabaretier 225
Christa Anbeek, theoloog 233
Christien Brinkgreve, socioloog 241
Johannes Witteveen, oud-minister 249
David Elders, begrafenisondernemer 257
Joke Hermsen, schrijver en filosoof 265
Broeder Bernardus, abt 273
Etchica Voorn, talentcoach en schrijver 281
Ivan Wolffers, arts en schrijver 289
Susanne Niesporek, violist en stervensbegeleider 297
Ashis Mathura, ICT'er en pandit 305
Marjoleine de Vos, columnist en dichter 313
Wilco van Rooijen, bergbeklimmer 321
Christianne Stotijn, zangeres 329
Paul van der Velde, hoogleraar 337

Epiloog: Zeven inzichten 345
Verantwoording en dankwoord 368

Even dood

In 2017 ging ik plotseling even dood. Om precies te zijn was het op zaterdag 1 april, om een uur of één 's nachts. Na een week van avonddiensten op de redactie van *de Volkskrant* lag ik diep te slapen. Een dag eerder had ik nog zeventig kilometer op mijn racefiets afgelegd, met een aardig gemiddelde. Op vierenvijftigjarige leeftijd zag ik dat als een indicatie van mijn goede gezondheid. Nooit gerookt, een matig drinker, geen overgewicht, dagelijks gezond eten en enkele keren per week sporten – wat kon mij gebeuren?

Mijn sterfelijkheid had ik nooit zo serieus genomen. Pas als vijftiger kreeg ik direct met de dood te maken, toen mijn vader overleed. Hij werd vierentachtig jaar, een mooie leeftijd gezien de tabak en drank die hij consumeerde. Hij overleed op 2 april. Zijn eigen vader was decennia eerder op 1 april overleden, midden in de nacht. Plotseling. Nu brak het weekend van 1 april 2017 aan, waarin ik de dood van mijn vader zou gaan herdenken.

Plots houdt mijn hart ermee op. En daarmee ook mijn ademhaling. Mijn geliefde, Carine, ligt te doezelen, op de rand van de slaap. Ze is langer opgebleven, omdat onze oudste dochter nog van een feestje moest thuiskomen. Daarna kan ze de slaap niet direct vatten. Mijn geluk. 'Opeens hoorde ik een hard, snurkend geluid. Daarna luisterde ik of je weer doorging met ademhalen.' Een cruciale reflex. 'Het zesde zintuig van vrouwen,' zou mijn cardioloog later zeggen.

Ze duwt tegen me aan. Geen reactie, doodse stilte. Ze knipt het licht aan. Ze slaat een paar keer in mijn gezicht, roept, schreeuwt, geen reactie. Ik zie lijkbleek. Ze rent naar beneden om alarm te slaan. Een beslissend moment, want anderen in haar positie verliezen tijd door het zelf te willen oplossen of door van angst te verstijven. 'Ik zag meteen dat dit te groot was voor mij alleen.'

Mobiel, toegangscode intikken, dan 112. 'Mijn man wordt niet meer wakker!' schreeuwt ze. Het is na middernacht op 1 april, dus vraagt de telefonist of het geen grap is. 'Nee, nee, hij wordt niet meer wakker!' Meteen krijgt ze instructies voor reanimatie. 'Trek hem op de vloer, hij moet een harde ondergrond hebben.' Boem, daar lig ik. 'Eén, twee, drie, vier', bij iedere tel moet ze zo hard mogelijk op mijn borstkas duwen. Een race tegen de klok, want na vijf minuten treedt onherstelbare schade aan de hersenen op.

Ze masseert uit alle macht, aanvankelijk alleen op de vierde tel. 'Nee, op iedere tel,' corrigeert de 112-mevrouw. Inmiddels loopt er schuim uit mijn mond. 'Je zag er echt heel eng uit,' zal Carine later zeggen. Onze oudste dochter van vijftien is spontaan naar beneden gerend om hulptroepen direct binnen te laten, onze jongste van tien volgt haar. Die arriveren razendsnel: politiemensen, brandweerlieden, ziekenbroeders, een ambulance en even later ook nog een kraanwagen. In een mum van tijd rennen ten minste acht man naar vier-hoog. Prachtland.

Vier brandweerlieden komen de slaapkamer binnen. Een van hen neemt het reanimeren van Carine over, de anderen maken ruimte – ze gooien het matras op de gang, zetten het bed rechtop. Carine moet bij de kinderen in de belendende slaapkamer blijven, samen met twee vrouwelijke agenten. De brandweerlieden merken dat een meegebracht aed-apparaat geen uitkomst biedt, omdat ik een *flatline* heb – de elektrische activiteit van het hart is geheel stilgevallen. Het moet via ouderwetse hartmassage. Een ambulancebroeder plaatst een adrenaline-injectie rechtstreeks in mijn hart. Niet meer dan twee minuten mag iedere brandweerman masseren, daarna neemt hun spierkracht af. Vele ronden zijn er nodig, met tien gebroken ribben tot gevolg. Ik merk er niets van. Eerste doel is zuurstof naar de hersenen krijgen. Later komt mijn hart langzaam weer in actie. Na twee uur kan de brandweer mij voorzichtig via de hoogwerker het pand uit laten zakken, de ambulance in. 'Hij leeft, maar het is heel ernstig, mevrouw, heel ernstig,' zegt een ziekenbroeder nadrukkelijk tegen Carine. De ambulance brengt me naar het nabijgelegen ziekenhuis. Carine en de kinderen volgen in een politieauto. Een agent geeft onze jongste een knuffelbeertje.

Zaterdag en een deel van de zondag breng ik in coma door op de intensive care, kunstmatig beademd en gekoeld op 35,5 graden, om mijn hersenen te sparen. Duidelijk is dat ik het heb overleefd, maar de grote vraag is: hoe? Aan vrienden en familie vraagt Carine in een bericht aan het einde van de dag: 'Stel hem je alsjeblieft voor in stralende gezondheid en voel het vertrouwen in zijn volledige herstel. Dat helpt ons echt!'

De eerste pogingen op zondag om me weer bij bewustzijn te brengen, zijn geen succes – ik word zo onrustig dat ik de slangen uit mijn lijf trek en word vastgebonden. Kalmerende middelen moeten me tot rust brengen. De verpleegkundigen verliezen mij geen seconde uit het oog, mijn toestand is nog precair. Ze behandelen mij vol respect ('we gaan nu uw pols verleggen, meneer Obbema'), ook al ben ik geheel buiten westen, constateert Carine. Later zal ze over 'de engelen van het OLVG' spreken. Wanneer een verpleegkundige rond een uur of tien vraagt of ik in haar hand wil knijpen, doe ik dat. 'Hij hoort, begrijpt en reageert!!' bericht Carine de buitenwereld opgetogen.

Die middag herhaal ik dat kunststukje bij onze oudste dochter. Nooit eerder maakte ik haar zo blij. Geleidelijk kom ik bij, totaal in de war. Hoe ik op de intensive care ben beland, ik heb geen idee. Enig besef heb ik wel. 'Breng jij de kinderen naar school?' is mijn eerste vraag. De blijdschap van mijn naasten over die tegenwoordigheid van geest is enorm. Maar ik lig er nog uitgeteld bij.

Op maandagochtend word ik van de intensive care gehaald. Ik voel me vooral doodmoe. Op een foto van die ochtend zit ik half rechtop in mijn ziekenhuisbed en lach wat schaapachtig in de camera, met een verse *Volkskrant*. Die afbeelding belandt bij veel collega's. Even daarvoor hadden ze de mededeling gekregen dat ik in het weekeinde door een hartstilstand was getroffen. Verwarring alom.

Niet in de laatste plaats bij mij. Herhaaldelijk vraag ik wat mij toch mankeert. 'Een hartstilstand? O ja, daar heb ik inderdaad een pilletje voor gekregen.' Ook uit het spoor van mailtjes en appjes dat ik trek blijkt mijn verwarring. Van een interviewverzoek aan een minister zie ik 'voorlopig' af, met het sterke argument: 'Ik heb onverwacht een hartstilstand gekregen.' Mijn vrienden laat ik weten dat ik erover denk de Amstel Gold Race over twee weken niet helemaal uit te fietsen. Collega's vertel ik dat ik de volgende week weer naar de redactie kom. Ik maak me druk over een weekenddienst en een onbetaalde rekening. Terug in het oude spoor, als een ploeg die niet heeft bemerkt dat aarde in asfalt is overgegaan.

Mijn geheugen is verstoord, zoals bij een computer waar plots de stekker uit is getrokken. 'Je kortetermijnherinneringen waren nog niet bijgeschreven op de harde schijf,' legt een cardioloog later uit. Daardoor is de laatste week een zwart gat geworden. Maar ook nieuwe ervaringen kan ik niet opslaan. Keer op keer vraag ik Carine naar wat er is gebeurd. Langzaam dringt het tot me door dat ze een nieuwe betekenis heeft gegeven aan de uitdrukking 'de vrouw van mijn leven'.

Zelf heb ik geen enkele herinnering aan mijn hartstilstand – alle vragenstellers naar mijn even-doodervaring moet ik teleurstellen. Ik was alleen maar thuis in bed gestapt om ruim veertig uur later op de intensive care wakker te worden. 'Carine en de kinderen hebben iets heel ergs meegemaakt, maar ik niet,' leg ik aan mijn vriend Pieter uit. Jij hebt nog een lange weg te gaan, makker, denkt hij.

Wat ik in die eerste dagen vooral probeerde, voor zover mijn haperende geheugen dat toeliet, was het zoeken naar de toedracht van de ramp. Vermoed werd dat een kransslagader vrijwel dichtgeslibd was met plaque, een rommelig goedje van cholesterol en andere vetten. Mogelijk was een stukje daarvan losgeschoten en in de bloedtoevoer naar de sinusknoop van het hart terechtgekomen, waardoor kortsluiting optrad en het elektrische systeem uitviel. Of de kransslagader was plots in zijn geheel door plaque geblokkeerd geraakt.

Hoe dan ook, voor het cardiologisch team, 'tien man sterk' werd me gemeld, was de remedie duidelijk, na twee weken onderzoek en observatie. Met drie stents, een soort plastic buisjes met een gezamenlijke lengte van 4,5 centimeter, zou de kransslagader op de kwetsbaarste plek voortaan permanent worden opengehouden. Levenslang medicijngebruik van bloedverdunners en cholesterolverlagers zou de kans op recidive minimaliseren. Over dat risico moest ik niet inzitten: 'Na deze ingreep loopt de gemiddelde Nederlander meer gevaar dan u. Bij u is het van een onbekend naar een bekend risico gegaan en u wordt er ook nog voor behandeld,' legde een cardioloog enthousiast uit.

Dertien dagen na mijn spoedopname werden de stents aangebracht – een ingreep die ik live kon volgen op een tv-scherm vol pompende vaten rond mijn hart. Twee dagen later fietste ik met mijn dochter naar de bakker. Ik voelde me een geluksvogel. De statistieken gaven me daarin gelijk. Een hartstilstand buiten het ziekenhuis wordt in 80 procent van de gevallen niet overleefd. Van de overige 20 procent loopt de helft hersenbeschadiging op. Ik behoorde tot de groep van 10 procent die er zonder kleerscheuren vanaf komt. Kon het leven nu zijn normale loop hernemen? Kon ik van 'gezond' naar 'even dood' naar 'weer gezond' in pakweg twee weken? Zeker is dat ik dat wilde.

Aanvankelijk was ik sterk geneigd de gebeurtenis te bagatelliseren. 'De loodgieter is geweest en heeft het klusje geklaard,' verklaarde ik in de dagen na mijn ziekenhuisbezoek monter. Graag sprak ik over een 'akkefietje', een term die onze jongste dochter gretig overnam – tot ergernis van Carine die vond dat ik iedere les uit de gebeurtenis moest trekken. Mij leek de terugkeer naar mijn oude bestaan het mooist. Dat ik al in een nieuwe levensfase verzeild was geraakt, drong nog niet door.

Dus vond ik dat onze geplande meivakantie naar Valencia, vier weken na mijn hartstilstand, gewoon door moest gaan. Het werd een slopend vermoeiende week. En dus deed ik een maand later mee met een traditionele fietsweek met vrienden. Klimmen in de Ardennen – mijn artsen hadden me immers geen sportieve beperking opgelegd. Aan de revalidatie in het OLVG, te midden van amechtig hijgende dikke en oude mannen, deed ik braaf mee.

Toch wrong er al die tijds iets. De terugkeer naar het werk leek mij aanvankelijk een kwestie van dagen, maar stelde ik keer op keer uit. Dat luchtte me telkens op. Ik was er duidelijk niet aan toe, maar vond het moeilijk te benoemen wat me dwarszat. Waar was mijn werklust gebleven? 'Neem de tijd,' was een advies dat ik van alle kanten kreeg, ook van de krant. Maar waarvoor precies?

De plotselinge vrijheid benutte ik voor een bezoek aan mijn redders. Een kleine drie weken na 1 april belde ik met Carine aan bij brandweerkazerne Victor, nabij het Muiderpoortstation. De brandweerlieden noodden ons aan de kantinetafel van de kazerne. Enkelen bleken bij ons in actie te zijn geweest. Wij vertelden onze kant van het verhaal, zij die van hen. Bijvoorbeeld dat zij meer harten masseren dan branden blussen, een verbazingwekkend gegeven. En hoe onverwacht onze komst was. 'Dit is voor het eerst in vijftien jaar bij de brandweer dat ik dit meemaak,' zei een stoere kerel geëmotioneerd. Hij had eens een koekje gekregen van een oude vrouw, van wie de man het niet had gehaald, maar dat was het wel. Geroerd namen we afscheid, met ferme handdrukken en omhelzingen.

In gedachten bedankte ik ook regelmatig de medische stand en alle hogere machten. Maar ja, dat was geen dagtaak. Gepieker nam bezit van me. 'Waarom is mij dit overkomen?' werd een kwellende vraag. Waar kwam toch die plaque in mijn aderen vandaan? Zo concreet als dat spul was en de bestrijding ervan met stents en pillen, zo vaag was het antwoord op de herkomst. De gebruikelijke risicofactoren voor hart- en vaatziekten waren op mij niet van toepassing, beaamde de cardioloog. Hartkwalen waren geen familietrekje en mijn cholesterol was licht verhoogd geweest, maar niet genoeg voor medicatie. Eigenlijk stond er op het risicolijstje maar één factor die ik serieus kon nemen: stress.

Ruim een kwarteeuw dagbladjournalistiek – voor de buitenwereld was het wel duidelijk waar het probleem zat. Zelf was ik minder overtuigd. In de maanden voorafgaand aan mijn hartstilstand was ik meelezer van een boek over het onderwerp. In *Van big bang tot burn-out* hadden mijn vriend en psychiater Witte en mijn collega Wilma 'het grote verhaal over stress' uit de doeken gedaan. Met interesse had ik gelezen over hoe de moderne mens lijdt onder zijn verouderde stress-respons-systeem.

Geen moment had ik dat persoonlijk opgenomen. Wanneer ik mijzelf vergeleek met collega's plaatste ik me op een denkbeeldige stress-as bij de stoïcijnsere types. Met het leiden van de economieredactie tijdens de kredietcrisis of het verslaan van de aanslagen in Parijs had ik geen moeite gehad. Althans geen slapeloze nachten, geen hartkloppingen. Toen ik mezelf in het najaar van 2016 vanwege vijfentwintig jaar bij de krant trakteerde op wandelen langs de Bretonse kust, was stress ook geen thema voor me. In het dagboekje dat ik van die weken bijhield, kwam het woord niet voor. Wie mij daags voor mijn hartstilstand naar stress had gevraagd, zou een verbaasde frons als antwoord hebben gekregen. Het speelde geen rol in mijn leven, dacht ik.

Collega's beoordeelden dat niet veel anders. 'Voor mij was je juist een voorbeeld in het omgaan ermee,' zei een van hen. Sommigen zagen in mijn hartstilstand een reden om naar hun huisarts te snellen onder het motto 'als hem zoiets overkomt, kan het mij zeker ook gebeuren'. Maar was mijn stoïcijnse houding geen uiterlijke schijn, leed ik ondertussen niet inwendig, was ik niet eigenlijk een enorme binnenvetter? Dat woord bleef door mijn hoofd spoken. Het had een verleidelijke kracht, want het bood een handzame verklaring voor de plaque. Of was dit toch al te simpel? De twijfel sloeg toe.

Alle factoren die me op mijn werk stress hadden kunnen geven, zette ik op een rijtje. Dat leverde een verbazingwekkend lange lijst op. De dagelijkse, 'gewone' deadline-stress; vermoeiende avonddiensten; routinewerk met frustratie over onderpresteren als gevolg; de reeks aanslagen die de buitenlandredactie moest verslaan; de stress als gevolg van het 'permanent aanstaan' sinds de smartphone; de kantoortuin met zijn lage plafond en gebrek aan frisse lucht.

De jonge OLVG-cardioloog bij wie ik op controle kwam, legde ik mijn bevindingen voor. Ze haalde haar schouders op: 'Stress? Ik weet het niet. Ik hou het in uw geval toch vooral op pech.' Pech? Dat kon toch niet waar zijn: bijna dood door pech? Ik voelde me niet serieus genomen. Op een tuinfeestje aan een van de grachten schokte een bevriende specialist me met dezelfde conclusie. 'Stress is gelul,' stelde hij genuanceerd. 'Het heeft te maken met jouw fysiek – wij mensen verschillen vanbinnen net zoveel als vanbuiten. Het is pure pech, waardoor het bij jou mis is gegaan.'

Tot dan toe had de medische stand bovenal warme gevoelens bij me opgewekt. En nog altijd domineert respect voor de professionaliteit – zonder dokters had ik dit niet kunnen schrijven, zo simpel is het. Maar dat de vraag naar de diepere oorzaak werd gemeden, stelde me teleur. Die kwam alleen aan de orde wanneer ik erop aandrong. En dan leek het wel of er geen echte interesse voor bestond. 'Stress is natuurlijk nooit goed,' was dan een veelgehoorde platitude.

'Ik begrijp wel dat u het wilt weten, maar we zijn nog altijd niet veel meer dan loodgieters,' bekende mijn uiterst ervaren cardioloog, toen ik er bij hem op aandrong. 'Ik begrijp dat u het niet zeker weet,' zei ik, met een lichte wanhoop in mijn stem, 'maar als u íéts moet zeggen, wat denkt u dat het is geweest?' Stilte. 'Ik denk dat het met genetische factoren te maken heeft,' sprak hij behoedzaam. 'Alleen weten we daar nog veel te weinig van. U moet die vraag over twintig of dertig jaar nog eens stellen, dan zijn we ongetwijfeld verder.' Ook hij moest van stress weinig hebben: 'Dat verband is niet echt aangetoond.'

Dat Leidse onderzoekers in *The Lancet* net een artikel hadden geschreven waarin die relatie wel degelijk werd gesuggereerd, zoals ik op internet had uitgeplozen, hield ik maar voor me. Stress was niet zo gemakkelijk te meten als cholesterol, dus konden cardiologen er weinig mee. Dat begreep ik wel, maar het bewees nog niet dat het geen rol had gespeeld.

Bovendien werd er binnen het ziekenhuis ook anders tegen aangekeken. Een team van psychologen gaf een workshop over 'stress en hart- en vaatziekten' en nodigde me ervoor uit. Met een tiental patiënten zat ik in een vergaderzaaltje vier ochtenden bijeen. Ik begon sceptisch, maar ervaringen delen met lotgenoten bleek troostrijk. De herkenning was groot: hoe iedereen poogde zijn geliefden te overtuigen dat er geen reden voor angst was, ook al wist niemand dat zeker. Hoe iedereen last had van stress, in verschillende gradaties, maar toch. En hoe onzeker iedereen was over aan de slag gaan met een haperend hart. Met deze onbekenden kon ik dat ten diepste delen.

In deze sessies werd me ook duidelijk hoe belangrijk een vaste baan is bij ziekte. Een maatschappelijke tweedeling openbaarde zich in onze groep. Mijn werkgever zou me een jaar lang doorbetalen. 'Geen enkele druk uitoefenen' was het mantra van de krant en dat werd bij ieder contact vol overgave en overtuigend beleden. Hoe anders was het lot van de artiestenmanager, die als dertiger een hartinfarct had gekregen. Sindsdien had hij zijn werklast drastisch gereduceerd, waardoor zijn zzp-inkomen was geduikeld. En dat met vrouw en kind. Het leek me reden genoeg voor een tweede hartinfarct. Na vier maanden kreeg hij van een van zijn relaties al het verwijt: 'Ja, maar nu ga je het gebruiken.'

Twaalf maanden stond er gemiddeld voor de verwerking van een 'hartincident', zo hield de psycholoog ons voor. Dat werd door alle deelnemers gretig genoteerd als een baken in een zee van onzekerheid. Ik viel er vaak op terug, wanneer ik weerzin tegen mijn werk voelde. Maar alle aandacht voor stress leek ook een nadeel te hebben – ik raakte gestrest. Of misschien klopte dat verband niet en kampte ik met de naschok van het bezoek van de dood, die me zomaar in mijn slaap had overvallen. Het was moeilijk uit elkaar te houden. Zeker was dat het leven me gaandeweg zwaarder viel.

Een afspraak maken om ergens te lunchen en dan op tijd daar zien te komen, kon me bij voorbaat behoorlijk gespannen maken. Vaste routines (dochter naar school, boodschappen doen, koken) hielpen me enigszins de dagen door te komen. Maar hoe ik daarnaast ook nog tijd voor werk zou moeten vinden, zag ik niet meer. Dat leidde tot gepieker, vooral over de financiële ellende die me zonder werk te wachten zou staan.

Een wekelijks bezoek aan een haptonoom hielp de spanning uit mijn lijf te laten vloeien. Eind juni, na drie maanden niet te hebben gewerkt, zei ik voor de grap tegen haar: 'Ik ben echt aan vakantie toe.' Tot mijn verbazing vatte ze dat serieus op. 'Natuurlijk, je hebt keihard gewerkt aan de verwerking van je hartstilstand. Daar word je doodmoe van, logisch.' Zo had ik het nog niet bezien. De calvinist in mij, die vond dat ik van de krant profiteerde door salaris te ontvangen zonder tegenprestatie, kon ik er even mee kalmeren.

De bedrijfsarts stelde voor na de zomer, in september, rustig aan de slag te gaan. Zelf dacht ik aan januari, want inmiddels benauwde iedere gedachte aan werk me. Werken was op gespannen voet met overleven komen te staan. De link werkstress-hartstilstand was tot in mijn haarvaten doorgedrongen. Maar om een halfjaar inactiviteit af te spreken, leek de bedrijfsarts niet verstandig. 'De drempel om te gaan werken wordt dan alleen maar hoger,' redeneerde ze. Dat klonk redelijk, dus ging ik akkoord met twee dagdelen per week, te beginnen bij de boekenredactie. Nu eerst maar eens de zomervakantie door zien te komen.

Al bij het wegrijden richting Frankrijk brak het klamme zweet me uit. Mijn God, we moeten straks tanken, schoot het door mijn hoofd, even buiten Amsterdam. Minutieus had ik onze reis voorbereid – tijden, campings en *chambres d'hôtes* lagen vast, op papier hoefden we alleen nog te genieten. Maar hoe rustig alles ook leek en hoeveel mijn naasten ook rekening met me hielden, de spanning was groot. 'Waarom ben ik niet thuisgebleven?' vroeg ik me herhaaldelijk af.

Concentreer je op je ademhaling en laat alle gedachten voor wat ze zijn, hield ik mezelf voor. Probeer in het hier en nu te blijven en neem al die gedachtespinsels niet zo serieus. Ervaar je zintuigen. De omgeving hielp mee, want we waren in het boeddhistische retraiteoord Dechen Chöling nabij Limoges, waar Carine en de kinderen iedere zomer een week doorbrengen. In de ochtend mediteren, een gezamenlijke lunch met begripvolle mensen, 's middags in een hangmat of even op de racefiets en 's avonds een gezamenlijke maaltijd. De spanning leek warempel weg te ebben.

Tot we die beschermende omgeving verlieten en ik weer eigen verantwoordelijkheid moest tonen. Meteen ging het mis, alle meditatie ten spijt. Vanuit een chambre d'hôte schreef ik mijn vriend Witte: 'Ik heb het gevoel dat ik de schrik over de hartstilstand die ik nooit heb gevoeld of kunnen voelen, nu alsnog voor mijn kiezen krijg. Raak gespannen over de kleinste dingen – de route naar het restaurant, de boodschappen voor de lunch, noem maar op. Ik wil eigenlijk vooral helemaal niks, om het leven nog een beetje onder controle te houden. Paniek ligt op de loer. Vanochtend dacht ik er zelfs over met de trein naar huis te gaan.'

Per ommegaande kreeg ik een sms terug, waarin hij uitlegde dat we onze angst om te sterven 'doorgaans afweren met de dagelijkse routine en de vertrouwde rituelen en structuur van het eigen huis en vaste bezigheden'. Vallen die weg, zoals op vakantie, dan zijn 'zware nachten vol angst' niet ongebruikelijk, wist hij als psychiater. 'Net als bij weeën kun je erbij denken: deze wee komt nooit meer terug. Rouwen heet niet voor niets *Trauerarbeit*.'

Het was een tekst die ik die vakantie vaak zou raadplegen. Ik overleefde, mede dankzij Carine die mij bleef verduren en mijn stress van wijs commentaar voorzag. Maar het hoogtepunt kwam voor mij toch wel toen we Amsterdam binnenreden. Toen ik uit de auto stapte, voelde ik een grote last van mijn schouders vallen.

Die opluchting was van korte duur. De verwerking van mijn hartstilstand bleef ik als een enorme opgave zien. Eindeloos bleef de film van gebeurtenissen die ik niet had meegemaakt, zich toch in mijn hoofd afdraaien. Alsof er ergens een verborgen clou in zou moeten zitten, die me in één klap duidelijk zou maken wat de kern ervan was geweest; de diepere betekenis die ik diende te doorgronden, waarna alles goed zou komen. Alle lessen was ik inmiddels bereid te leren, als dit gepieker maar zou stoppen. Mijn psycholoog raadde meditatie en mindfulness aan.

Dat hielp wel iets, maar al te vaak bleef het spoken: het onbevattelijke van de dood, die mij even te pakken had gehad ('klinisch dood' heette het; een begrip dat me als kind al had gefascineerd, nu meende ik te weten waarom); het gevoel dat alles wat belangrijk lijkt, in het niet valt bij die ene grote gebeurtenis aan het einde; het gevoel van zinloosheid dat op die vaststelling steevast volgde; de geldzorgen die ik zag opdoemen.

Toch begon ik ook lichtpuntjes te zien. Meer dan vroeger lukte het me aandacht te geven aan zogenaamd kleine dingen en daarvan te genieten. Ik besefte dat die geen tussenstapjes waren op weg naar de echt belangrijke zaken. Toen ik in oktober een verjaardagsfeestje gaf (voor het eerst in mijn leven had ik het gevoel een leeftijd te hebben 'gehaald') vertelde ik mijn vrienden en familie daarover. Dat ik lid was geworden van een zangkoor, graag in de keuken stond, dagelijks mediteerde en nu met meer plezier over boeken schreef dan over aanslagen. En hoe ik me verbaasde over mijn interesse voor het buurtkrantje, zo mijlenver verwijderd van het boek dat ik schreef over China en Europa. Ik beleed mijn blijdschap over het bestaan zelf, dat we maar al te vaak als vanzelfsprekend beschouwen. En dat Carine me tegenwoordig 'minder afstandelijk' en zelfs 'leuker' vindt geworden, leek me de *blessing in disguise*. 'Dus je zou zo'n hartstilstand ook een aanrader kunnen noemen,' zei ik nogal overmoedig.

Zoveel luchthartigheid wist ik natuurlijk niet vast te houden. Ook in de maanden erna gleed ik nog herhaaldelijk onderuit. Toch was er sprake van een herstelproces – met kleine stapjes. Het voelde als leren lopen, merken dat de grond niet onder je voeten wegzakt en weer verder. Bemoedigend waren de woorden van mijn vriend Pieter, kenner van lichamelijke tegenslag. 'Terwijl het fysieke herstel min of meer lineair verloopt, is het geestelijk herstel grillig,' zei hij. 'De vraag is zelfs of het woord herstel van toepassing is, het is meer overleven met goede en slechte dagen.'

Die bespiegeling hielp mij toen ik in december een heftige nachtmerrie had. Plots zat ik rechtop, zwetend, en greep naar mijn razend kloppende hart. 'Het is weer helemaal mis,' schoot het door me heen. Het duurde even voordat ik begreep dat 112 bellen ditmaal niet aan de orde was – de schrik kwam niet door fysiek falen, maar door angstbeelden. Het duurde bijna een week voordat ik ervan was bekomen. Kort daarop was het de beurt aan Carine om te schrikken, want ik zag er lijkbleek uit. Mijn herhaalde verzekering dat ik me best goed voelde, maakte geen indruk ('de vorige keer dacht je ook dat er niks met je aan de hand was'), dus begaf ik me naar de eerste hulp bij het OLVG. Daar lag ik binnen enkele minuten plat op een bed om een hartfilmpje te laten maken – een even-doodervaring verschaft een enkel privilege. 'U kunt gaan, er is niks aan de hand,' verzekerde enkele uren later een assistent-arts. Waarop zijn supervisor eraan toevoegde: 'Garantie tot aan de voordeur.' Dat laatste hield ik thuis maar voor me.

Aan het einde van die maand overleed collega-journalist Joost Karhof, presentator van *Nieuwsuur* en enkele jaren jonger dan ik. Hij had op tweede kerstdag de pech dat zijn vrouw niet bij hem was, toen hij even ging liggen. Dat greep me zeer aan: waarom moest hij dood en kon ik door? Onbegrijpelijk. Eerder was ik van streek door het noodlot van Ajax-voetballer Nouri. Die leeft na een hartstilstand nog wel, maar vraag niet hoe. Hadden zij pech en ik geluk? Zeker. Maar die uitleg is niet meer dan een dooddoener.

Een bevredigende verklaring ontbreekt en zal er vermoedelijk ook wel nooit komen. Met kennis over de toedracht wilde ik de illusie van controle over mijn bestaan terug. Maar uiteindelijk ben ik bar weinig te weten gekomen. Daar kan ik me inmiddels bij neerleggen. De stress van het afgelopen jaar zie ik niet meer als uitvloeisel van mijn werk, maar als een gevolg van mijn hartstilstand. Overvallen in mijn slaap door de dood – geen wonder dat het minste of geringste nadien spanning opleverde.

Minder controle over mijn bestaan dan ik zou willen – ik ervoer het heel concreet, maar het geldt voor ons allen. Tastend in het duister bewegen we ons voort, terwijl we doen alsof ons pad helder wordt verlicht. Voor een wezenlijk onderdeel van ons bestaan schermen we ons zo veel mogelijk af – ik heb het over de dood. Bij voorkeur denken we niet aan hem, alsof ons bestaan eeuwig voortduurt.

Zelf ben ik me anders tot hem gaan verhouden – noodgedwongen, zeker, maar daarom niet minder waardevol. In het voorbije jaar nam hij een onevenredig grote plaats in mijn leven in. Aanvankelijk zag ik het als mijn taak hem terug te duwen naar de randen van mijn bewustzijn. Gaandeweg veranderde dat en ben ik hem ook gaan waarderen. Juist onze eindigheid verschaft ons inzicht in wat belangrijk is en waar onze prioriteiten liggen. De dood kan ons helpen onze kijk op het leven te scherpen.

Met dat inzicht kwam ook de verbazing over hoe weinig aandacht we hem plegen te geven. Dat is van alle tijden. Al in de zestiende eeuw hekelde de Fransman Michel de Montaigne die ontkenning. Acceptatie was voor deze filosoof in zijn *Essays* de oplossing: 'We moeten ons vertrouwd met de dood maken, aan hem wennen en aan niets zo vaak denken als aan hem,' raadde hij aan.

Dat is misschien wat overdreven. Maar wat meer reflectie op de dood kan geen kwaad. En dan niet zozeer om aan hem te wennen, zoals Montaigne voor ogen stond, maar vooral om een poging te doen te bevatten wat ons leven eigenlijk voorstelt: wat is de betekenis ervan, heeft dit alles zin? Je hoeft niet even dood te zijn geweest om te worstelen met deze existentiële vragen. De vraaggesprekken die nu volgen, vormen de weerslag van mijn zoektocht naar antwoorden.

Jan Geurtz, spiritueel leraar

Dat hij zijn oude, Amsterdamse woonboot enkele jaren geleden kon verruilen voor een vrijstaande, ruime woning aan de rand van het Gelderse Vierhouten valt niet los te zien van YouTube. 'Sinds ik daarop sta, trek ik een veel jonger publiek,' vertelt de zevenenzestigjarige Jan Geurtz, met nog altijd iets van verbazing in zijn stem. 'Ik heb altijd heel weinig geld gehad, maar nu komt het binnen in hoeveelheden die ik niet eerder kende.' Het Tibetaans boeddhisme, waar hij zich sinds de jaren zeventig op heeft toegelegd, is in een overhaaste wereld populair geworden. Zijn boeken verkopen beter dan ooit, zijn meditatiecursussen slaan aan. Sommige deelnemers noemen zich zelfs 'een leerling van Geurtz', wat bij hem op zijn lachspieren werkt. '"Goeroe Jantje", dat vind ik heel grappig. Je moet de humor ervan blijven inzien. Het succes is iets wat nu gebeurt en morgen weer voorbij kan zijn.'

Die vluchtigheid ziet hij als de essentie van het leven. 'Het stelt eigenlijk niets voor. Ik zie het als een opluchting dat dit allemaal verdwijnt.' Afkomstig uit een katholiek gezin en opgegroeid in de jaren zestig verloor hij al vroeg het geloof in God. Tegenwoordig heeft hij met dat woord minder moeite ('dat jeugdtrauma is wel afgesleten'), al gelooft hij niet in een opperwezen. 'De werkelijkheid is God,' zo citeert hij instemmend de Amerikaanse spirituele denker Byron Katie. Een gesprek over de boeddhistische kijk op het leven: 'Ik kan meer genieten, nu ik niet meer echt iemand hoef te zijn.'

Wat is de zin van ons leven?
'Je kunt een heel prachtige, filosofische doelstelling formuleren, bijvoorbeeld: we zijn op weg naar totale wereldvrede of naar een wereld waarin alle mensen van elkaar houden. Maar wanneer je 's ochtends geen zin in je dag hebt, heb je daar niet zoveel aan. Voor mij is de zin van het leven, heel praktisch, de zin in het leven. Dat is veel belangrijker dan een filosofisch idee. De vraag is dus vooral: wat maakt dat we zin hebben? Wat maakt dat ik zin heb in mijn leven?'

Wat is daarop uw antwoord?
'Ons ego is erop uit geluk te bereiken door te voldoen aan omstandigheden: aan materiële voorwaarden op het gebied van geld en bezittingen, of aan meer essentiële voorwaarden, zoals dat we bemind willen worden door hen die wij beminnen. De gedachte aan het kunnen voldoen aan die voorwaarden geeft het leven zin, althans voor ons ego.

Alleen zijn die voorwaarden gebaseerd op de onjuiste overtuiging dat we van onszelf niet gelukkig kunnen zijn – dat we geluk alleen denken te kunnen bereiken door aan die voorwaarden te voldoen. Dat gaat terug op onze eerste ervaringen als baby. Die ontspant zich als zijn moeder er is, maar voelt zich angstig en behoeftig wanneer hij alleen wordt gelaten. Dat heeft de kern van ons zelfbeeld gevormd: van mezelf kan ik me niet goed voelen, pas als een ander de moeite neemt van me te houden, kan ik me ontspannen en krijg ik een gevoel van eigenwaarde.

Dat ontlenen we dus aan de reactie van anderen. Die moeten dat oorspronkelijke gevoel van afhankelijkheid en machteloosheid bij ons wegnemen. Ons egosysteem is de hele dag in de weer geruststellende gedachten te produceren: o, ik heb een leuke relatie; o, wat fijn dat ik niet daar woon; o, wat fijn dat ik dit mag doen. Zo houden we zin in de dag en voldoen we aan de behoeften van ons ego aan succes, verbondenheid en intimiteit.'

Dat suggereert dat we onszelf voor de gek houden. Bent u aan die voorwaarden voorbij?
'Nee, dat laatste zeker niet. (lacht) Natuurlijk kan ik gewoon blij zijn met egodingen, zoals het leuke huis waarin ik woon en de erkenning die ik krijg. Alleen zie ik het niet meer als werkelijke behoeften, maar als egobehoeften. Het spirituele pad dat ik heb gevolgd, laat je zien dat het zo in elkaar steekt. Dankzij meditatie word je eerst bewust van je automatismen, die telkens gericht zijn op het krijgen van erkenning en het voorkomen van afwijzing. Dan krijg je een fase waarin je denkt: "O, daar moet ik dus vanaf." Je wilt dat je ego volmaakt wordt. Dat is een behoorlijk frustrerende fase, want dat gaat niet lukken. Het verneukeratieve is dat het wel een beetje werkt, maar niet op de lange termijn. Pas in de volgende fase begrijp je dat je er niet vanaf hoeft te komen, omdat je inziet dat je dat niet werkelijk bent.'

Wat is een mens dan wel werkelijk?
'Daar bestaan prachtige woorden voor, zoals je boeddhanatuur (inzicht dat ons bewustzijn puur en zuiver is). Het komt neer op gewaar zijn, op een diepe vorm van liefde en helderheid. Volledige realisatie, of zo je wilt verlichting, is dat je in elke ervaring die essentie herkent. Nou, dat heb ik niet bereikt

hoor, maar het is wel een staat waar ik soms in ben. Het is het vermogen om in een nare situatie te kunnen zien: o, wacht eens even, het is het ego dat hier verkrampt, omdat niet wordt voldaan aan een van die aangeleerde voorwaarden. Dan kun je dat herkennen en uit jezelf ontspannen, terwijl je in die pijnlijke emotie zit.

Dat is eigenlijk het hele punt. Normaal moet je eerst weer aan zo'n voorwaarde voldoen om je beter te gaan voelen. Maar dat is niet meer zo wanneer je inziet dat die pijnlijke emotie het gevolg is van verkramping van je ego. Stel je bent in een bui van eenzaamheid, dan volgt daarop zelfafwijzing door het ego: je bent mislukt, niet goed genoeg. Wanneer je dat herkent, ben je in staat je lijden niet als een mislukking te zien, maar als een kans om meer te zien dan tot dan toe. Dan kun je gaan zien wat werkelijk is, de fundamenteel goede staat van de mens.'

Maar die goedheid is toch niet wat we ervaren – er is toch ook, zie het nieuws in de krant, fundamentele slechtheid?
'Ja, maar de gebruikelijke manier van hoe we ons leven ervaren, is ook onjuist. Die leert ons: af en toe zijn mensen goed, af en toe slecht en het is allebei even echt. De Boeddha heeft over goedheid gezegd dat het geen geloof is, maar nodigt uit tot zelfonderzoek ernaar en het vinden van weerleggingen. In feite zoals dat in de wetenschap gebeurt. Dat geldt ook voor het onderzoeken van je zelfbeeld, een van onze grootste vanzelfsprekendheden. Ik ben Jan, zevenenzeventig jaar, mijn ouders waren die en die – we weten niet beter. Probeer nu eens te ontdekken of dat werkelijk je essentie is. Wat is precies dat 'ik' dat zich heeft geïdentificeerd met al die aangeleerde ervaringen? Ons zelfbeeld is in feite niets meer dan een hele verzameling daarvan. We hebben de overtuiging dat de ik die

ooit op de kleuterschool heeft gezeten, dezelfde ik is als die ooit getrouwd is geweest en als de ik die ik nu ben. Maar waar zit die ik dan? Zit die in het lichaam? Nee, want de cellen van mijn lichaam worden eens in de zoveel jaar vernieuwd. Is het een emotie? Die duurt doorgaans niet langer dan een dag. Gedachten? Die zijn helemaal vluchtig, die duren nooit langer dan een seconde.'

Dus komt u uit op de ziel?
'Voor boeddhisten is een ziel de laatste stuiptrekking van het ego om toch nog een soort vaste kern te vinden in iets wat helemaal geen vaste kern heeft. Het is het vastklampen aan de gedachte dat je een entiteit bent. En dat is dus wat volgens Boeddha niet zo is. Je bent "kennende ruimte" – een mager begrip, omdat het in feite vooral zegt wat je niet bent. Ruimte is een woord dat aangeeft dat er geen obstakel is. En kennend is het enige waarvan je kunt zeggen: dat is onmiskenbaar. Want je weet dat je bestaat. Je hebt niet alleen gedachten, maar je weet ook dat je ze hebt. Die ben je gewaar. Je hebt niet alleen een lichaam, maar weet dat ook en dat ben je gewaar. Dat is wat we werkelijk zijn, bewustzijn.'

Uw ervaringen met de realisatie daarvan, vormen die voor u de zin van het leven?
'Ja, dat levert mij de meest pure vreugde op. Natuurlijk kan ik ook gewoon blij zijn met egodingen, maar die worden meer een spel met de werkelijkheid. Het is niet helemaal echt meer, ik hoef niet meer echt iemand te zijn. Dat is fijn, want dan heb je ook niet meer de angst van het door de mand vallen. Daar heeft ieder ego veel last van. Zijn je omstandigheden veilig, zoals een fijne relatie, een mooie baan en een leuk huis, dan hoeft er maar iets mis te gaan en je voelt je meteen aan de

grond zitten. De veiligheid blijkt een mentale constructie. De onveiligheid moet je leren waarderen.'

Mijn ervaring, een hartstilstand, is bij uitstek een ervaring met onveiligheid. Wat is de spirituele manier van omgaan daarmee?
'Ineens, pats, kun je zomaar doodgaan en is alles weg: die mooie baan, dat mooie huis, die fijne vrouw en kinderen. Dat is zoals het leven in elkaar steekt. De bottomline bij veel narigheid is dat je in harmonie moet zien te komen met het feit dat onze hele mentale constructie van ons ego, inclusief het lichaam, een heel beperkte levensduur heeft. De angst voor de dood kan alleen maar worden overstegen door te erkennen dat alles wat je denkt dat je bent ook echt doodgaat: je identiteit, je egobewustzijn, je lichaam. 'Dit lichaam zal een lijk zijn' is een bekende formule in het Tibetaans boeddhisme. Je kunt je pas veiliger voelen wanneer je contact krijgt met dat wat niet doodgaat. Iets essentiëlers blijft, namelijk dat wat gedachten waarneemt: het bewustzijn. Niet ons individuele, maar het collectieve bewustzijn, dat waaruit individuen voortkomen. Ontdekken dat dat is wat je werkelijk bent, een druppel in die oceaan van bewustzijn, zou je als de zin van het leven kunnen zien.'

Is een leven zonder contact daarmee in uw ogen minder waard dan een leven waarin dat wel heeft plaatsgevonden?
'Nee. Voor boeddhisten is een leven vergelijkbaar met een dag. We hebben er allemaal wel eens een waarop er niks uit je handen komt. Zo gaat een leven ook wel eens voorbij in totale verstrooiing, waarna je doodgaat. *Better next time*. Laten we wel wezen, het gaat ook zo snel voorbij, het stelt eigenlijk niks voor. Als ik kijk naar mijn vader, die is tweeënnegentig

geworden en nu een jaar of zeven dood, van hem is bijna niks over. Een vage herinnering. Dat vind ik mooi. Deze Jan Geurtz gaat ook over pakweg tien of twintig jaar weg en even daarna is hij geheel verdwenen. Hij is totaal niet essentieel, met zijn leraarschap en zijn schrijverschap. Allemaal weg!'

Heeft dat niet ook iets verdrietigs?
'Dat is je ego dat opspeelt. Dat wil belangrijk zijn. Ik zie het als een opluchting dat dit allemaal verdwijnt. Stel het je voor als een droom. Zolang je niet doorhebt dat je droomt, ervaar je hem als heel echt en ben je ook bang voor het einde ervan. Maar als je wel doorhebt dat het een droom is, wordt die leuker en is het ook geen enkel probleem dat die ophoudt er te zijn. Waar is die van afgelopen nacht? Totaal weg. Ons leven is zo'n droom. Straks is het totaal weg. Mooi hoor. Het dromen gaat toch wel door. Alleen is dat dan niet meer jouw droom.'

LEESTIP
Ik heb je liefde nodig, is dat waar? van **Byron Katie**

'Deze Amerikaanse schrijfster die zelfkennis van mensen helpt te vergroten, is een bron van inspiratie voor me geweest. Ze is absoluut niet gelovig in de religieuze betekenis, maar heeft wel als lijfspreuk: "De werkelijkheid is God." In dit boek, in het Nederlands verschenen als *Ik heb je liefde nodig, is dat waar?*, schrijft ze toegankelijk en confronterend over onze verslaving aan liefdesrelaties.'

Sanneke de Haan, filosoof

Toen ze als kind in de vijver van haar achtertuin tuurde, verwonderde Sanneke de Haan zich over die onderwaterwereld van vissen die geen weet van de wereld erboven hadden. Stond dat niet symbool voor 'een wereld achter de wereld': zouden andere wezens niet net zo naar haar kijken als zij naar de vissen? En daarop voortbordurend: was de wereld zoals die zich aandiende dan wel de echte wereld?

'Wat betekent het allemaal?' is een vraag die haar al haar hele leven fascineert. Als achtjarige kwam ze in opstand tegen haar katholieke oma, die haar vertelde dat God haar gedachten kon lezen. 'Dat ging me te ver. Dat ga ik niet geloven, wist ik meteen.' Afkomstig uit een weinig gelovig gezin met een katholieke vader en een Nederlands hervormde moeder verdreef ze God uit haar gedachten.

Als zestienjarige vermoedde ze dat iedereen '*phony*' en '*fake*' was, terwijl zij wist hoe alles in elkaar stak. Het ging gepaard met 'vervreemdingservaringen', waarbij 'af en toe alles toneel leek'. Ze schreef zich uit bij de katholieke kerk en gaf zich over aan meditatie en boeddhisme. Een paar jaar later kwam daar het humanisme bij. De fundamentele vragen over het bestaan bleven intrigeren en zetten haar op het spoor van twee studies: filosofie en humanistiek. 'De eerste omdat je in aanraking komt met zeer verschillende manieren van kijken naar de werkelijkheid en omdat je beter leert nadenken. Humanistiek omdat hun leus – "de mooiste studie is de mens" – me erg aansprak.'

In beide richtingen studeerde ze cum laude af. Als filosoof promoveerde ze in 2015 magna cum laude in het Duitse Heidelberg. Inmiddels is ze achtendertig jaar, woont ze met haar vriend bij Arnhem en is ze verbonden aan de universiteit van Tilburg. Haar specialisatie is filosofie en psychiatrie: 'Het onderscheid tussen gek en niet-gek is een dun lijntje.' In haar onderzoek draait het vaak om de vraag wat echt is en wat niet.

Wat is de zin van ons leven?
'Eerlijk gezegd vind ik het begrip "zin" niet van toepassing op het leven. "Zin" suggereert dat het leven ergens goed voor moet zijn, dat er een objectief doel is dat je zou moeten kunnen bereiken. Je kunt stellen dat zo'n objectief doel bestaat, of dat ontkennen en dan kom je al snel uit op een subjectief, hedonistisch verhaal waarin het om je persoonlijke bevrediging draait. Maar ik denk dat beide antwoorden niet kloppen, omdat de vraag niet klopt. Je kunt vragen: heeft het zin om drie taarten te bakken voor mijn verjaardag als er tien mensen komen? Dan gebruik je "zin" op een zinvolle manier. Maar "heeft het zin je verjaardag te vieren?" is geen zinvolle vraag. Want het dient geen ander, hoger doel. Dat is ook zo bij het leven: het is niet ergens goed voor, het heeft genoeg aan zichzelf. De vraag is dus misleidend, omdat het uitnodigt tot het denken in een doel. Een betere vraag vind ik: wat maakt het leven betekenisvol? Met als vervolg de morele vraag: wat is dan een goede manier van leven?'

Wat is volgens u de betekenis van ons leven?
'Ons hele leven is van betekenis doordrenkt. Van het meest banale, hoe je eet en drinkt of hoe je je huis schoonmaakt, tot hoe je met mensen omgaat, vriendschappen. Muziek is betekenisvol, een plaats, een dag, een datum, ga maar door. Daarbinnen heb je allerlei lagen. Universele lagen, bijvoorbeeld het belang dat ouders hechten aan het welzijn van hun kinderen. Maar ook puur individuele, zoals, ik noem maar wat, de betekenis van dit kopje gemberthee voor mij, omdat het me doet denken aan mijn tijd in Duitsland.'

Valt er aan de hand van al die betekenissen iets over ons leven als geheel te zeggen?
'Ik denk niet dat je het in iets overkoepelend zinvols moet zoeken. Je kunt niet zeggen: "Ah, nu heb ik het bereikt." Het is niet zo dat je aan het einde een sticker krijgt, omdat je het goed hebt gedaan in het licht van een bepaald doel. Er is geen norm of criterium. Nee, *this is it*. Dat is niet iets om treurig over te zijn. Want er zit veel rijkdom in het leven zelf, veel om gelukkig over te zijn. En dan bedoel ik vooral onze verbondenheid met anderen. We zijn allemaal ploeteraars die er wat van proberen te maken. Iedereen heeft zijn angsten, zijn worstelingen, zijn onhandigheden, zijn kwetsbaarheid. Het heeft in mijn ogen ook iets hebberigs een overkoepelende betekenis te willen. Alsof die geweldige rijkdom aan genot, sensaties en ervaringen van verbondenheid die het leven biedt niet genoeg is, maar ook nog ergens goed voor zou moeten zijn.'

Wat betekent dat inzicht voor ons leven?
'Voor mij is het gebrek aan een hoger doel een overrompelend inzicht. Maar ook een appel: het geeft vrijheid, maar ook ver-

antwoordelijkheid. We kunnen er zelf wat van maken, maar we moeten er ook wat van maken. We kunnen ervoor kiezen te geloven in antwoorden van anderen, maar ook dat blijft je eigen keuze. Sartre heeft eens gezegd: "We zijn gedoemd tot vrijheid." Natuurlijk is die relatief en zijn we op allerlei manieren bepaald: we kunnen niet ontsnappen aan ons lichaam of aan onze culturele gemeenschap. En onze mogelijkheden verschillen enorm, afhankelijk van waar we toevallig worden geboren. Maar toch, we zijn ook vrij.'

Wat vindt u van de opvatting dat ons leven wel een doel heeft: het dienen van God?
'Het verlangen begrijp ik goed. Het is dat objectieve doel waar we het eerder over hadden. Ik kan het ook navoelen, als ik bijvoorbeeld in de bergen loop en me deel voel van de kosmos. Dan kan ik een soort ontzag voelen, een haast mystiek gevoel. Religie zie ik als een manier om dat soort ervaringen een plaats te geven. Maar een hiernamaals, een opperwezen of een hogere macht bestaat volgens mij niet. Ik voel me wel dankbaar, voor het leven zelf. Maar alleen niet tegenover God.'

Biologen hebben een duidelijk antwoord op de vraag naar de zin van het bestaan: we dragen ons genenpakket aan de volgende generatie over.
'Maar daarmee doe je helemaal geen recht aan de betekenisdimensie van het leven. Je reduceert het tot een functioneel iets. Neem eten: dat is niet alleen iets basaal biologisch om ons in stand te houden. Het is ook betekenisvol: wat je eet, met wie en wanneer. Of neem kleding: die is om je te beschermen tegen kou, maar je draagt er ook iets mee uit. Seks is puur biologisch te duiden, maar het betekent natuurlijk veel

meer dan dat. De biologische benadering gaat daaraan voorbij.'

Hebben die biologen toch niet enigszins gelijk? Na mijn hartstilstand realiseerde ik me dat mijn vrouw en kinderen de reden van mijn bestaan zijn.
'Ja, dat begrijp ik wel. Maar ik vind niet dat je het leven tot dat biologische moet platslaan. Die drive zit in ieder van ons, zeker. Maar houden van je naasten is zoveel rijker dan genenoverdracht of een stofje in onze hersenen. Dat gevoel valt niet uit te leggen met een hersenscan. En dat geldt ook voor onze verbondenheid.'

Waarom vindt u die verbondenheid zo belangrijk?
'Ik zie die heel breed. Het is niet alleen met mensen, het kan ook met de natuur, met muziek of een mooi boek zijn. Je kunt je ook in je eentje verbonden voelen. Het heeft iets heel solidairs dat we allemaal verdriet kennen maar ook vreugde. Het kunnen delen ervan is cruciaal, dat bepaalt of we wel of niet gelukkig in ons leven zijn. In de psychiatrie zie ik mensen die ongelukkig zijn omdat ze juist die verbondenheid niet ervaren. Mensen die zich geïsoleerd voelen, niet gekend, of niet kunnen voelen wat anderen voelen bij een bos bloemen of bij het luisteren naar Bach.'

Dient die verbondenheid nog ergens toe, helpt zij de mensheid op een hoger niveau?
'Nee, ik zie haar niet instrumenteel voor iets anders. Bij zo'n hoger niveau kun je telkens de vraag stellen: en waar is dat dan goed voor? Die vraag heeft een oneindige regressie, tot zelfs: waarom is het überhaupt goed dat er mensen zijn? Het gevaar van "goed voor"-denken is dat er geen einde aan komt.

Dat los je alleen op door te stellen dat iets goed is in zichzelf, een doel op zich. Overigens denk ik wel dat er sprake is van vooruitgang van de mensheid. Maar ik heb moeite om dat de zin van het leven te noemen.'

Wanneer kan iemand tevreden terugkijken op zijn leven?
'Ik denk dat het bovenal gaat om je relaties met anderen: ben ik een goede partner, zus, dochter, moeder, collega geweest? Ik denk dat het al heel wat is als je daar bevestigend op kunt antwoorden. Maar er is ook een behoefte iets na te laten: een boek, muziekstuk of een wetenschappelijke ontdekking. En daar zit een spanning. Stel dat je nog weinig tijd te leven hebt: gebruik je die voor het schrijven van een boek of ga je je tijd met vrienden en familie doorbrengen? Een vriend van me koos radicaal voor dat laatste, terwijl ik dat boek vanzelfsprekend vond. Hij vond dat allemaal ijdelheid. Daar zit iets in. Ik ben er nog niet uit.

Ik wil graag kinderen. Want als we het over zinvol hebben: kinderen geven veel zin aan het bestaan. Het lijkt me heel bevredigend. Als het niet lukt, als we pech hebben, is er wel een fundamentele heroverweging nodig, een herijking van ons leven: wat dan? Dan kan ik me voorstellen dat iets anders creëren, iets nalaten voor volgende generaties, belangrijker wordt.'

Zou je tevreden kunnen zijn wanneer je leven nu ten einde komt?
'Ik zou het in ieder geval verschrikkelijk vinden. Mijn eigen sterfelijkheid onderdruk ik doorgaans. Maar af en toe sta ik er wel bij stil. De dood is heel krachtig om je te helpen bij de vraag: doe ik de dingen die ik wil doen? Een wijsheid die ik mooi vind, is: *How you spend your days is how you spend*

your life. Ik zit dagen achter de computer, uren en uren, terwijl mijn vriend bij bosbeheer zit en redelijk veel buiten is. Wanneer hij een dag buiten heeft gelopen en ik weer een dag achter de computer heb gezeten, denk ik: hij heeft het toch wel beter voor elkaar dan ik.

We jagen onszelf vaak op met voorwaarden voor geluk, toch weer dat stickeridee. Dat zijn vaak illusies. In de wetenschappelijke wereld bijvoorbeeld is het vinden van een vaste baan heel lastig. "Als ik die maar heb, ben ik veel ontspannener", is zo'n illusie. Of: "Als ik maar een relatie heb dan ben ik gelukkig." Alsof er dan een vaste, permanente toestand intreedt. Maar zo zit het leven niet in elkaar. Het is het ene moment zo en het volgende moment weer anders. We blijven ploeteraars.'

LEESTIP
Ik heet Lucy Barton van **Elizabeth Strout**

'Dit boek uit 2016 van een Amerikaanse schrijfster die haar eigen jeugd vaak als uitgangspunt voor haar boeken neemt, laat zien hoeveel leed mensen elkaar kunnen aandoen, juist als ze van elkaar houden. Maar Strout geeft ook mooi aan hoe ieder op zijn manier zijn best doet om er toch wat van te maken. Een boek vol mededogen.'

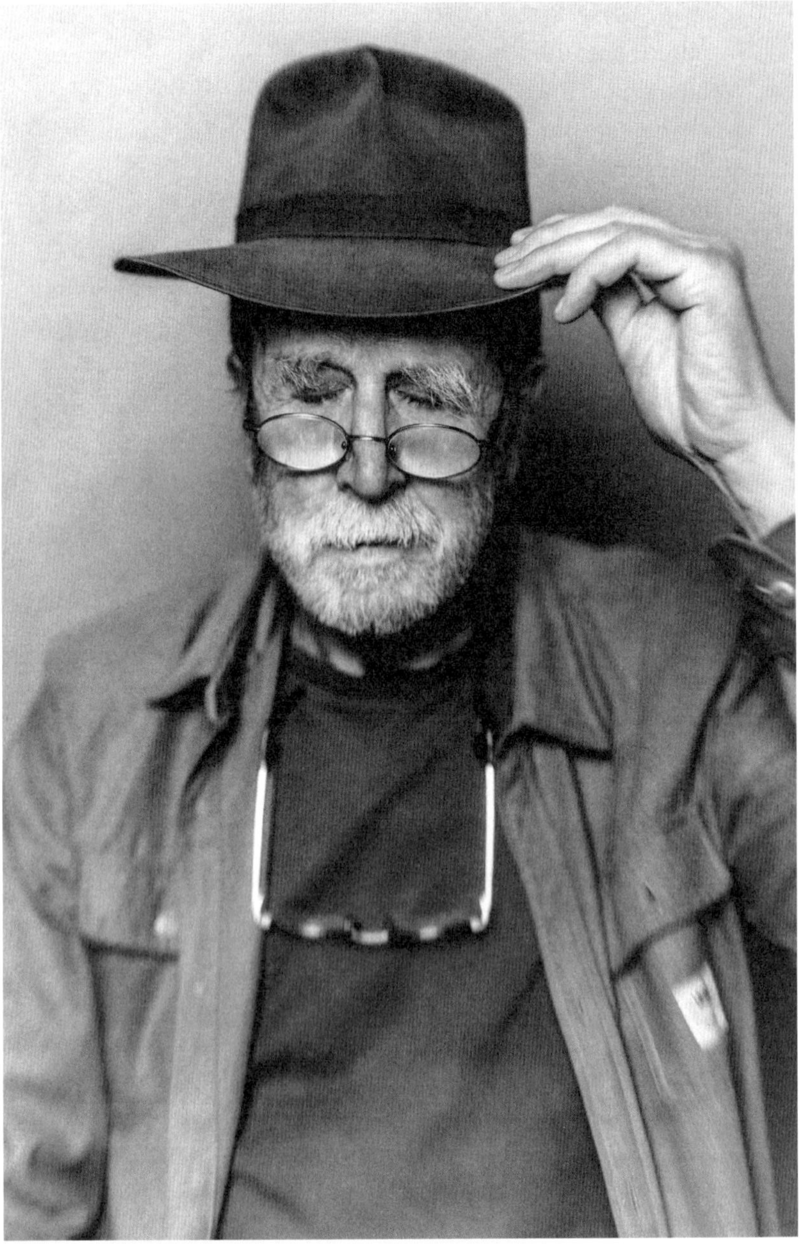

A.L. Snijders, schrijver

'Ik weet niet of ik op al die moeilijke vragen van je wel een antwoord heb, hoor.' Bij de begroeting laat Peter Müller, beter bekend onder zijn schrijverspseudoniem A.L. Snijders, zich van de bescheiden kant zien die hij in zijn columns vaak toont. Maar hij is ook een man met uitgesproken opvattingen die hij anderen graag voorhoudt: 'Er zit een superschoolmeester in mij.'

Snijders (een uit het telefoonboek geplukte naam, gevonden toen hij een onopvallend pseudoniem zocht) staat voor zijn tot landhuis verbouwde boerderij in het Gelderse Klein Dochteren. Sinds kort woont hij er alleen. Zijn vrouw is na een lang ziekbed onlangs overleden, aan hun huwelijk van ruim een halve eeuw is een einde gekomen. 'Haar dood wil ik graag buiten dit gesprek houden,' zegt hij bij aanvang. Achter zijn woest naar voren gegroeide wenkbrauwen vallen helderblauwe ogen te ontwaren. Hun uitstraling is er een van levenslust, ondanks de rouw waarin hij verkeert.

De geboren Amsterdammer is inmiddels tachtig jaar; een tijdperk waarin hem twee huwelijken, vijf kinderen en een carrière als leraar Nederlands op middelbare scholen en een politieschool overkwamen. Hij debuteerde als gevorderde vijftiger en creëerde zijn eigen literaire genre: het ZKV (Zeer Korte Verhaal). Op tweeënzeventigjarige leeftijd kreeg hij daarvoor de Constantijn Huygensprijs en zo belandde hij in een illuster rijtje met zijn held Willem Elsschot en schrijvers als Mulisch en Claus. Nog altijd schrijft hij drie columns per week. Op het moment van het interview zegt hij in 'een staat van verwarring' te verkeren, maar daar is bij de 'moeilijke vragen' weinig van te merken. Zijn antwoorden geeft hij geregeld met stelligheid.

Wat is de zin van ons leven?
'Het leven heeft absoluut geen zin, daar ben ik zeker van. Bij "zin" denk ik aan voortgang, dus iets na het leven. Maar dan is er niets. Het leven is, zoals Nabokov zei, "een klein spleetje licht tussen twee eeuwige perioden van duisternis". De overweldigende aanwezigheid van religies geeft aan dat de meeste mensen dat niet kunnen accepteren. Zij hopen dat er na hun moeilijke leven een hogere macht is die voor ze zorgt. Mensen hebben behoefte aan troost. Maar die hogere macht bestaat niet. Na de dood is er niets.'

In uw ZKV's toont u vaak twijfels. Bent u niet meer een agnost, dus 'ik weet niet of een hogere macht bestaat', dan een atheïst, waar u zich nu voor uitgeeft?
'Ik wil hierin ferm zijn. Dat agnostische standpunt begrijp ik wel en het past misschien meer bij me, maar ik vind het ook slap. En die slappe kant van mij is al behoorlijk groot, dat heb je wel in mijn stukjes gezien. Op dit punt wil ik een knoop doorhakken. Geen nuance.'

Hebben mensen volgens u wel een ziel?
'Nee, ik kies dan toch voor de geest. Een ziel is mij te religieus en te veel met het katholicisme verbonden.'

Ontmoedigt dat zinloze u niet – maakt het dat niet moeilijk om uit bed te komen?
'Nou nee, ik vind dat helemaal niet erg. Eerder het tegendeel. Ik houd ontzettend veel van onbenullige dingen doen. Gewone bezigheden waar geen prestatie achter zit en die geen status hebben. Dat is voor mij de essentie van het bestaan. Ik ben helemaal niet van het stellen van grote doelen, dat vind ik een heel onaantrekkelijke manier van leven. Uit grote ambitie is veel ellende voortgekomen. Mijn beeld van het goede leven is dat van de tuin van Epicurus (Griekse filosoof, vierde eeuw voor Christus, die een rustig en gelukkig leven als hoogste doel zag), het doorbrengen van tijd met goede vrienden. Ik wil leven zonder ambitie en zonder gezeik over van alles. De ZKV's waren aanvankelijk alleen voor de kinderen bedoeld en later ook voor een kleine kring van vrienden. Alleen kan ik slecht "nee" zeggen, dus kwamen ze bij een groter publiek terecht.

Ten onrechte wordt Epicurus wel afgeschilderd als een pure levensgenieter, die er maar op los leefde. Daar was geen sprake van, hij was juist heel sober. "Leef in het verborgene," raadde hij aan, dus zonder poeha. Die soberheid spreekt me enorm aan. Je hoeft niet veel van wijnen te weten en dat soort onzin allemaal.'

Heeft u in uw leven ooit naar de zin van het bestaan gezocht?
'De afkeer van religie is mij met de paplepel ingegoten. Mijn vader was atheïst, diens vader ook, net als diens vader. En mijn vijf kinderen zijn allemaal ongelovig, waarbij vooral mijn oudste zoon een actieve atheïst is. Maar ik praatte er nooit over met mijn vader, het was gewoon zo. Ik ben ervan overtuigd dat je in de eerste vijf jaar van je bestaan dit soort overtuigingen meekrijgt. Daarna kom je er niet meer vanaf.

Katholieken kunnen wel van hun geloof vallen, maar ze blijven er hun hele leven mee bezig. Ik ken domineeszonen die fellere atheïsten zijn dan ik, maar ze worstelen nog altijd. Ze zijn voor het leven getekend.

Ik heb me wel in allerlei "ismen" verdiept. Het boeddhisme heeft me een tijdje geïnteresseerd. Maar altijd komt er een moment waarop het me gaat vervelen: nu weet ik het wel, denk ik dan, met die brede weg van Boeddha, ik begrijp de truc. Maar één "isme" heeft het bij mij al die jaren volgehouden. Omdat die namelijk volkomen gebaseerd is op de absurditeit en die is voor mij kenmerkend voor ons bestaan. Dat is het taoïsme (Chinese filosofie met compassie, soberheid en nederigheid als kernbegrippen).'

Stilte, dan luid declamerend: '"De weg is bestendig daadloos, nochtans blijft niets ongedaan." Daar zit alles in voor mij, het is de Zin der Zinnen.'

Maar wat betekent die?
'Alles is tegenstrijdig in die zin, het betekent dat je op niets kunt bouwen. De weg, de tao, is een onbegrijpelijk begrip. Hij is "bestendig en daadloos". Dat is ongeveer het tegendeel van het westerse principe van oorzaak en gevolg, het idee dat in ons denken zit ingebakken, van consequenties van je daden. "Als ik op de PvdA stem, komt het goed met de zorg", dat soort denken. En dan de wending: "Nochtans blijft niets ongedaan", dat geeft aan dat de wereld gewoon doordraait en dat alles wat van waarde is ook van waarde blijft. Het is een oerbotsing in die ene zin! En die zie je vervolgens terug in duizenden rare verhalen.

Ken je die taoïstische anekdote over drie oude kerels die wijn drinken en lachen? "Waarom lachen jullie?" vraagt iemand. "Omdat onze vrouwen dood zijn," luidt hun antwoord. "Dat is toch vreselijk, dan moet je toch huilen?" luidt de vraag. "Ja, maar dat willen we vermijden, dus lachen we," luidt hun antwoord. Kijk, dat is leuk! Van het taoïsme kan ik nooit genoeg krijgen. Ik blijf geboeid door die absurditeit. Dat is voor mij een groot genot.'

Bent u in uw ZKV's niet ook op zoek naar die absurde essentie? Houdt u ze daarom ook zo kort?
'Zo probeer ik het wel te verkopen, ja. Al zit er ook een heel praktische kant aan, namelijk dat ik niet lang achter een schrijftafel kan zitten. Ik heb geen zitvlees. Ik kan zeker niet een jaar lang geobsedeerd met een boek bezig zijn, zoals Tommy Wieringa (schrijver en vriend). Waarna je ook nog het risico loopt dat het niet wordt besproken! Vreselijk. Ik heb respons nodig. Die ZKV's worden verzonden en dan reageren mensen meteen. Dat is een enorme kick.'

Er lijkt ook een belerende onderwijzer in uw stukjes verscholen te zitten. Wat wilt u de mensen bijbrengen?
Stilte, dan met nadruk: 'Dat ze zich moeten hoeden voor iedere vorm van dogmatiek, van regels. Elke dag ben je vrij te doen en te laten wat je maar wilt. Vrij om je gedachten te laten gaan. Vrij om te improviseren. Daar ben ik heel goed in. Neem die tuin van Epicurus. Daar heb ik jarenlang niet aan gedacht, nu komt hij ineens bij me op. Vrij zijn, dat is in ieder geval de zin van mijn leven.

Zeker, ik ben een schoolmeester, maar ik wil geen school maken. Op een gegeven moment kots ik van mijn eigen meningen, juist omdat die zo goed zijn. Die liggen zo voor de hand en zijn zo oké, ik moet uitjes maken naar rechtse mensen die mij een echte fluim vinden, iemand van 'links lullen, rechts zakken vullen', dat werk. Hoe rechtser, hoe beter.'

'De kennis van het leven moet uit boeken worden gehaald, niet uit de smoezelige werkelijkheid zelf,' heeft u geschreven. Heeft u het leven zo aangepakt?
'Absoluut! Ik hoorde nooit bij de doeners. Boeken zijn voor mij altijd belangrijker dan de werkelijkheid geweest. Die heb ik ook vaak aan boeken getoetst. Wat ik over de liefde wist, had ik niet te danken aan de werkelijkheid, maar aan boeken. Toen ik met meisjes begon te rommelen, wilde ik weten of ze een bepaald boek hadden gelezen en minachtte ik ze als dat niet het geval was. Ik ben ooit begonnen met alle romans van Vestdijk (meer dan vijftig). Maar eigenlijk hoef je in je leven maar tachtig boeken te lezen, dat ben ik met Maarten Biesheuvel eens. Die ontdek je vanaf je zestiende. Voor mij behoren daartoe in ieder geval de werken van Nescio, Elsschot, Salter, Cheever en Salinger.'

Hoe kijkt u aan tegen uw eigen sterfelijkheid?
'Ik wil mijn bestaan niet verpesten met allerlei angsten. Terwijl ik met je praat, kijk ik over een land met een heg van grote beukenbomen. Daar en daar en daar! Je moet de tijd die ons is toegemeten, wat we het leven noemen, niet belasten met wat er achter die beuken is – met angsten over het vagevuur, met dingen die er lelijk uitzien. (pakt de tafel vast) Dit is mijn leven, daar gaat het om. Dit is allemaal zo fantastisch, juist omdat er daarvoor en daarna niks is. Dat wil ik mensen graag duidelijk maken, daar gaat het in mijn zkv's om.

Toen mijn vader doodging, heb ik niet gehuild. Ik had een speciale band met hem, iedereen die ons kende vond ons een bijzonder koppel. Ik heb nooit tegen hem gerebelleerd, een natuurwonder. We konden goed met elkaar praten en naar elkaar luisteren. Zonder sentimentaliteit. Onze verhouding is na zijn dood gewoon doorgegaan, alsof ik met hem ben blijven praten. Heel bijzonder. Tegenover mijn eigen dood sta ik stoïcijns. Maar of dat tot het einde zo blijft, vraag ik me af. Daar kun je echt niks van zeggen, dat heb ik bij vrienden wel gezien.'

Heeft het eigenlijk zin je bezig te houden met de zin van ons leven?
'Nee, eerlijk gezegd niet. Het is toch intellectueel wat we nu aan het doen zijn, vraag en antwoord, consequent zijn. Mijn ideaal is dat het niet ter sprake komt, maar dat de zin van het leven geleefd wordt. Dat is de tuin van Epicurus. Zelf was hij een heel sobere man, maar er zaten anderen die van vrouwen, roddelpartijen en lekker eten hielden. Dat is de kern van het leven, in zo'n groep leven. De tuin wordt niet besproken. Al die mensen leven het leven, dat is genoeg.'

LEESTIP
Taoïsme, de weg om niet te volgen van **Patricia De Martelaere**

'De Martelaere verwoordt mooi waarom deze filosofie me zo aanspreekt. Taoïsme is zonder oordeel, alle wegen die de mens bewandelt zijn goed. Dat is heel anders dan alle andere filosofieën en religies. "Het taoïsme ziet af van iedere bewust na te streven doelstelling," schrijft ze. En: "Alle wegen zijn even goed, de Weg valt samen met de hele wereld. Alles is toegelaten, niets wordt bij voorbaat veroordeeld." Dus hoef je je niet krampachtig aan een of andere levenswandel te houden. Prachtig vind ik dat.'

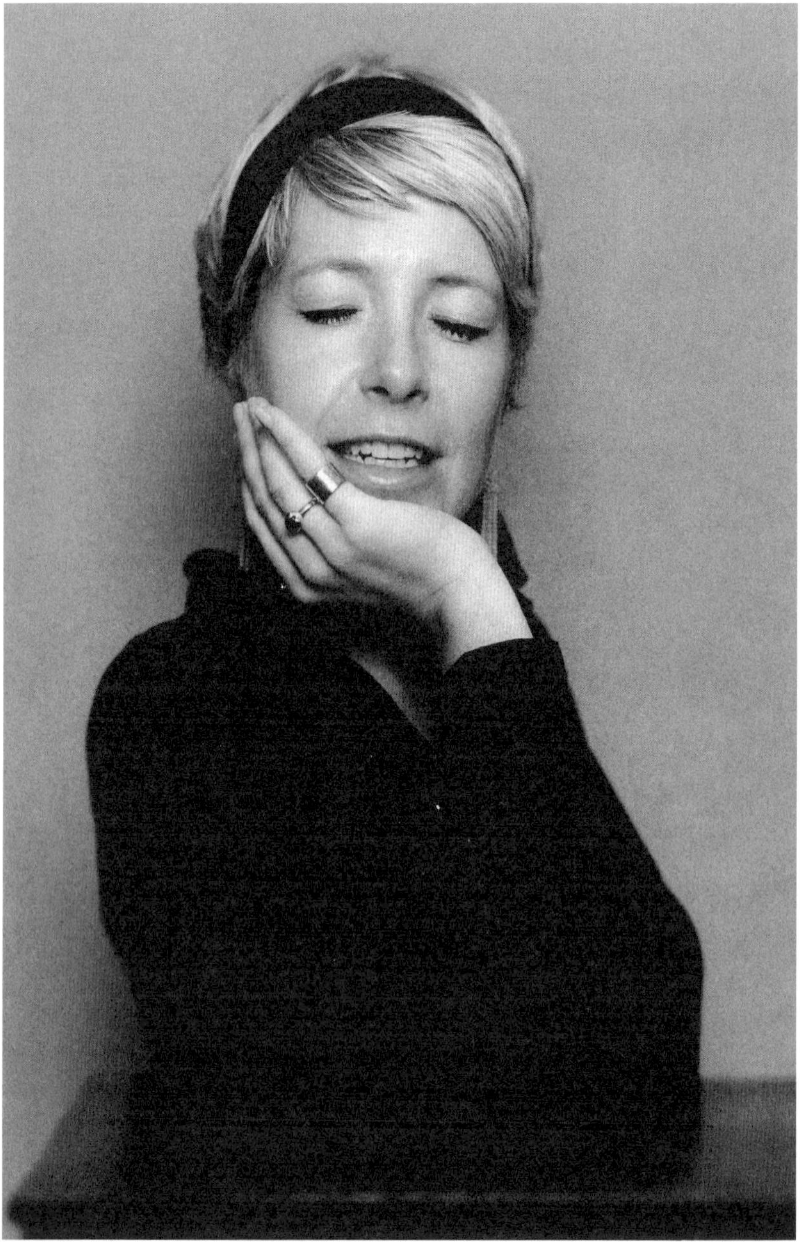

Claartje Kruijff, predikant

Van een snelle carrière in de Londense City naar Amsterdamse collegebanken met theologiestudenten – de switch die Claartje Kruijff als late twintiger in de jaren negentig maakte, komt zelden voor. Opmerkelijk was die ook in het licht van het onkerkelijke milieu waarin ze was opgegroeid, want het christelijk geloof vormt bij theologie het uitgangspunt. De reden? Vanaf haar kindertijd had ze geworsteld met wat ze, in navolging van schrijfster Etty Hillesum, 'de leegte achter de dingen' noemt. Ze ervoer onvrede over het leven, wanneer dat niet om 'wezenlijke zaken' draaide: 'Ik was niet depressief, maar had wel last van somberte.'

De leegte dreef haar weg uit Londen en ze begon een zoektocht naar een 'betekenisvol leven'. Inmiddels is ze zesenveertig jaar, moeder van drie tienerdochters en predikant in de Amsterdamse Dominicuskerk en bij de remonstranten in Naarden-Bussum. Over haar zoektocht schreef ze het in 2016 verschenen *Leegte achter de dingen*. In het voorbije jaar was ze Theoloog des vaderlands. Tijdens haar predikantenopleiding voelde ze 'afstand tot medestudenten, die beweerden dat ze Jezus hadden leren kennen'. Zelf zegt ze wel te geloven, 'maar ik weet natuurlijk ook niet zeker of God bestaat. Hoe zou ik dat kunnen weten?'

Wat is de zin van ons leven?
'Er is vast een mooie oneliner, maar die moet iemand anders maar zeggen. Ik maak de vraag liever eerst persoonlijk. Waar ik achter ben gekomen is dat ik er als verbindende schakel in een groter verbond van leven wel degelijk toe doe en er mag zijn, ook al ben ik verder niet zo belangrijk. Voor iedereen is de zin van zijn of haar leven anders, omdat we allemaal uniek zijn, maar ik denk wel dat we allemaal als die verbindende, betekenisvolle schakel in een groter geheel functioneren.'

Hoe ziet u dat grotere geheel?
'Ik denk dat we op zulke complexe manieren verbonden zijn dat we die helemaal niet kunnen begrijpen. Het is groter dan wij. In die verbondenheid zijn we gever én ontvanger. Je kunt die dichter naderen wanneer je door omstandigheden kwetsbaar raakt, zoals jij was met je hartstilstand. Juist dan kun je wederzijdse afhankelijkheid goed ervaren, want zonder een heel vangnet was je er niet meer geweest. Maar die afhankelijkheid is er altijd.

In onze tijd ligt de nadruk sterk op autonomie en zelfredzaamheid. Daardoor zijn we het leven ook zo gaan ervaren: je moet het zelf goed doen, zelf alles voor elkaar boksen. Maar dat is volgens mij juist niet de essentie. Aan het besef van die diepere afhankelijkheid zitten ook spirituele en ethische aspecten. De ander is je andere helft, dus heb ik ook te maken met het kind met pijn in het buitenland of met die verwarde man op straat. Het hangt allemaal samen, we leven niet los van elkaar. We zijn verbonden met de ander, met al wat leeft, zo je wilt met God. Op die manier geven we aan ons leven betekenis.'

Hoe belangrijk is God? Verbondenheid kunnen we toch ook zo voelen?
'Zeker. Maar voor mij heeft die verbondenheid te maken met het mysterie van het leven en daarmee met het verbond van mens en God. Hij komt voor mij in beeld bij die diepere ervaring van kwetsbaarheid.'

God zou degene moeten zijn die verbindt, maar het noemen van zijn naam leidt tot een tweedeling in gelovigen en niet-gelovigen. 'Het concept-God zorgt voor veel spanning en onbegrip,' schreef u eens.
'Ja, helaas is dat zo. Gelovigen en ongelovigen zetten God vast in beelden, soms heel kinderlijk. Mensen die zeggen "Hij bestaat zeker niet" zijn vaak even dogmatisch als gelovigen. Die tweedeling is pijnlijk. De vraag is hoe je over wezenlijke zaken kunt spreken zonder mensen al van meet af aan kwijt te raken. Bij begrafenissen buiten de kerk zeg ik vaak: we geven iemand niet over aan een grote leegte, maar aan een groter leven. Dan merk ik dat mensen zich op hun gemak voelen. Begin ik meteen over God, dan werkt dat vaak als een splijtzwam.

Wat ik ook wel doe, is vanuit ervaringen spreken: over ons verlangen, onze levenshouding, dus zonder een al te zeer ingevuld godsbegrip te gebruiken. Dat ik daartoe bereid ben, komt doordat ik buitenkerkelijk ben opgevoed en dus met grote openheid kan kijken. Die komt me ook wel op kritiek van vakgenoten te staan, maar dat is dan maar zo. Velen van hen hebben een veel grotere Bijbelkennis, waar ik wel jaloers op kan zijn. Ik heb het voordeel dat ik meer ruimte kan toelaten.'

'Als ik radicaal vanuit liefde zou leven, zou mijn hele leven er anders uitzien,' schreef u eens. Hoe zou dat zijn?
'Het woord liefde wordt vaak zoetsappig gebruikt, maar eigenlijk is het een spannend begrip. Want echte, diepe liefde is verwarrend. Waarom leef ik in een prettig huis met z'n vijven en heb ik bijvoorbeeld niet al een heel gezin bij ons thuis opgenomen? Waarom loop ik iemand op straat voorbij, in haast, terwijl hij misschien wel hulp nodig heeft? Dan wordt het spannend. Als ik radicaal vanuit liefde zou leven, zou ik wellicht al mijn bezittingen hebben gedeeld. Natuurlijk, zorgen voor de jouwen is heel wat, maar alleen dat vind ik niet genoeg. Daar moeten we oog voor houden.

Ik heb het idee dat we onszelf momenteel te zeer naar binnen keren in microgemeenschappen. Daarin ervaren we liefde van en voor mensen die op ons lijken. Maar als je echt uit liefde leeft, moet je durven vaststellen dat je evengoed die vreemdeling had kunnen zijn. Als je die compassie niet meer hebt, gaat je hart op slot. De filosoof Hannah Arendt had het al in de jaren vijftig over de tribalisering van de samenleving, waarin de ander een bron van angst of concurrentie wordt in plaats van troost of ontmoeting. Als je het hebt over de zin van het leven zit daar wel een kern. De ander is zoals wij, wij zijn de ander.'

Is van betekenis zijn voor anderen de zin van ons leven?
'Dat heeft er zeker mee te maken, maar ik denk dat we nooit helemaal achter die zin komen. Ik geloof dat er een grotere bedoeling is, maar we zijn denk ik te klein om er echt zicht op te krijgen. Al kunnen we soms een glimp ervan opvangen.'

Kunt u een voorbeeld van zo'n glimp geven?
'Onlangs was ik bij een vuilnisstortplaats. Ik moest er oude

spullen van onze kinderen weggooien, we gingen wat kleiner wonen. Het was een beetje verdrietig, ik peinsde over vergankelijkheid. Naast me stond een oudere meneer spullen weg te gooien, zo'n man met diepe rimpels, hij had waterige ogen. Ik zag in zijn ogen dat hij dapper had moeten zijn. Uit het niets zei hij: "Het komt goed hoor, allemaal, in de toekomst." Ik vroeg hem: "Maar hoe komt het dan goed?" Waarop hij zei: "Dat weten we niet, maar het komt goed." Toen rolde hij een sigaretje, met tranen in zijn ogen. Ik zei: "Ik hoop dat het voor u ook goed komt." Even later kwam hij nog achter me aan en zei: "Maar let op, het komt altijd anders goed dan je verwacht." Ik ging daardoor lichter naar huis, opgelucht. Ik reed weg met de overtuiging dat het al goed is.

Die wijsheid kom ik in mijn leven ook wel eens tegen. Dat je denkt: het is toch goed gekomen, alleen niet zoals ik had bedacht. De zin van het leven heeft ook te maken met hoe je het leven aangaat, met durven vallen en opstaan. De benedictijnen zeiden het al in de zesde eeuw: "We zijn levenslang beginners." Durf te vertrouwen dat het goed komt. Als je dat doet, kun je ook meer ontvangen.'

Hoe biedt dat 'het komt goed' van de oude man zicht op de grotere betekenis van het leven?
'Als je gaat ervaren dat het goed komt, kun je ook ervaren dat het al goed is. Het leven is veel verliezen, veel afscheid nemen: van je eigen jeugd, van je kleine kinderen, van je ouders, van relaties, van werk, er zijn zoveel momenten van verlies. Maar je kunt tegelijkertijd ook winnen aan leven door op zoek te gaan naar licht en menselijkheid, door open te staan voor de vraag: wat heb ik te leren?

Met het ouder worden ervaar je in toenemende mate je kwetsbaarheid en krijg je meer mildheid, meer compassie met mensen om je heen. Ik denk dat je steeds dichter bij de kern komt. Die kwetsbaarheid spreekt me ook zo aan in de christelijke traditie. Jezus was geen schitterende figuur op een groot podium, geen machthebber. Hij was iemand die omging met hele marginale mensen, iemand die oog had voor hun wonden en zelf ook zijn wonden liet zien. Dat vind ik een diepmenselijk verhaal.'

Wat is dan die kern waar we dichterbij komen?
'Het steeds weer hervinden van die kwetsbaarheid, je eraan overgeven ook en durven omarmen. Beseffen dat dat goed is, dat je die niet hoeft te verbloemen. Het is juist een kracht. Dat is paradoxaal, maar wel waar. Het brengt je bij wie je ook kunt zijn. Als je kwetsbaar bent, moet je leren ontvangen van anderen, je grenzen erkennen. En dat brengt je heel veel.

In onze samenleving zijn we erg bezig met antwoorden, met problemen die moeten worden opgelost, met zaken onder controle krijgen. Maar soms gaat het juist om de vragen, zonder duidelijke antwoorden. Ik merk bij anderen soms ongeduld: heb je die duidelijke antwoorden nu nog niet? Nee! Ik ben al zesenveertig jaar, maar ook pas zesenveertig. Als ik tachtig ben heb ik meer gelaagdheid, meer rimpels, maar ook vast meer te vertellen. Al zullen we het nooit helemaal weten. Maar stel je voor dat we wel zouden weten wat de zin van het leven is? Het niet-weten is ook mooi, dan kun je leren.'

U doet veel begrafenissen. Vaak krijgen we pas dan door verhalen een compleet beeld van iemand. Maakt dat ons leven niet enigszins tragisch?
'Zoals God een mysterie voor mij is, zo zijn we ook een mysterie voor elkaar. We kunnen elkaar niet helemaal vangen, misschien gaat het daarom in relaties ook zo vaak mis. Tij-

dens ons leven laten we ons maar beperkt zien. Neem alleen al dat je thuis anders bent dan op je werk. We dekken voor anderen onze wonden toe. We zijn ook te paradoxaal. Ik heb nog nooit iemand begraven die zonder paradoxen was. De gezellige, erudiete bourgondiër die met enorme depressies worstelde; de huiselijke oermoeder die ook over een volkomen onafhankelijke geest beschikte. Mensen zijn niet eenduidig, het leven is dat niet. Ik vind het mooi wanneer aan het einde door onze samengekomen verhalen een compleet mens tevoorschijn komt. Dat is ook helend: we ronden een leven met elkaar af en geven het door, we nemen er iets van mee in ons eigen leven. Ook dat zie ik in het licht van onze diepere verbondenheid.'

LEESTIP
Het verstoorde leven, dagboek 1941-1943 van **Etty Hillesum**

'Toen ik zeventien was las ik dit voor mijn lijst op school en zat ik er al driftig in te strepen. Dertig jaar later herlees ik het nog altijd en begrijp ik het weer heel anders. Etty Hillesum kwam in het najaar van 1943 om in het concentratiekamp Auschwitz. Haar dagboek bevat heel persoonlijke notities over haar spirituele zoektocht. Haar schrijven over zaken van de ziel is in mijn ogen tijdloos en glashelder, ontroerend én inspirerend. Ik ben benieuwd wat ik ervan begrijp als ik tachtig ben.'

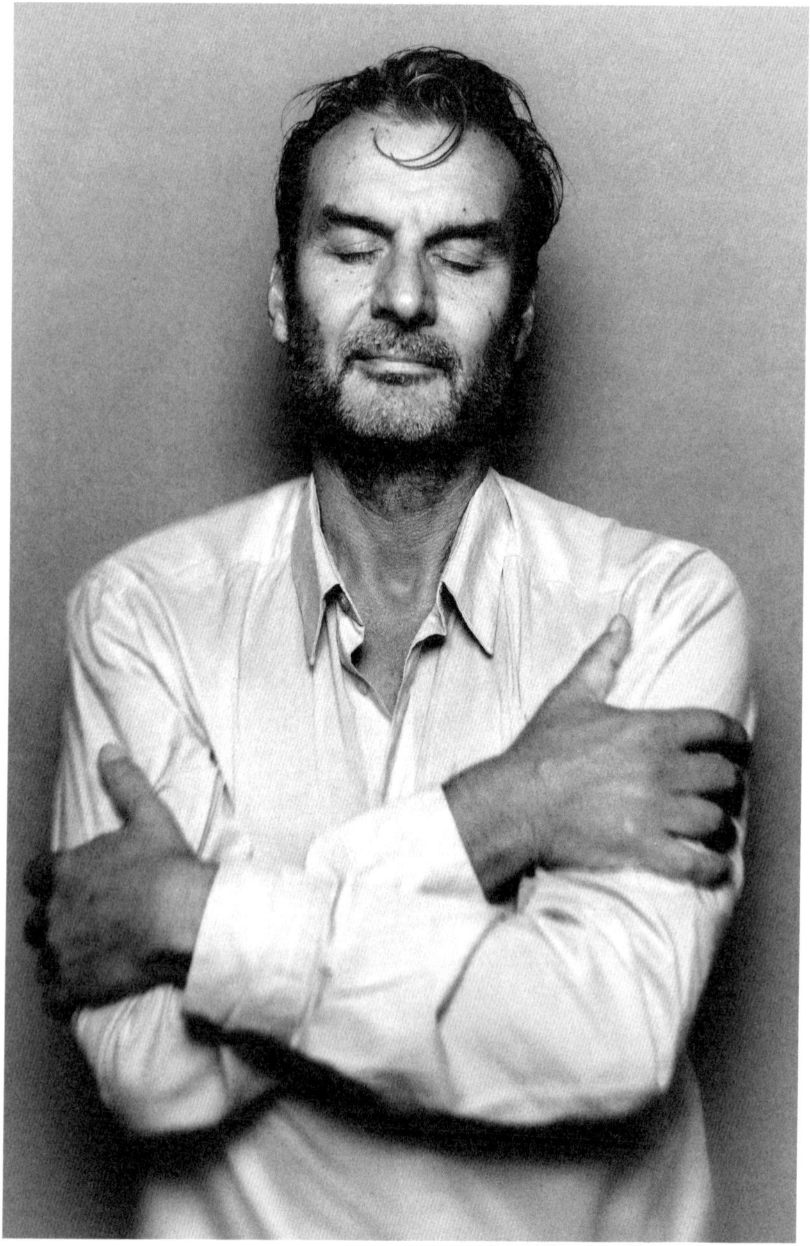

Jan Mokkenstorm, psychiater

'*See you at my funeral*,' zijn de woorden waarmee hij na het gesprek afscheid neemt. Een morbide grap als onderdeel van zijn verwerkingsproces. De zesenvijftigjarige psychiater Jan Mokkenstorm weet dat zijn begrafenis op afzienbare termijn gaat plaatsvinden. Tijdens zijn zomervakantie met zijn gezin werd hij ziek. In een hangmatje in de Colombiaanse jungle ontving hij het eerste slechte nieuws over wat een niet te genezen alvleesklierkanker is. De man die zijn levenswerk ziet in '113', een hulplijn om zelfmoorden te voorkomen, moet zich op zijn einde instellen.

Hij heeft een mooi gezin met vier kinderen en dankzij '113' staat zelfmoordpreventie in het regeerakkoord, constateert hij tevreden. Spijt voelt hij ook. Over de kille bejegening van patiënten met suïcidale neigingen waaraan hij ooit meedeed. Over al te hard werken, dat een wissel op zijn gezinsleven trok. Hij laveerde tussen de polen van 'egoïsme en altruïsme', tussen 'verbreken en verbinden'. In dat laatste was hij lang 'een grote kluns'. Maar daarin staat hij niet alleen, relativeert hij. 'Die polen hebben we allemaal in ons. We zijn niet alleen liefdevol, we hebben ook haat. Dat is de condition humaine.'

Wat is de zin van ons leven?
'De zin is het zoeken naar het antwoord op die vraag. De zin is leren, ontdekken, het ervaren van empathie en liefde. Voor anderen, maar ook voor jezelf. Het is strijden en goedmaken; het is aangaan, niet uit de weg gaan. Mijn grootvader hield mij voor: "Jantje, je kunt wel zeggen dat je er bent, maar je moet er wezen." Daar schuilt voor mij een waarheid in. Je kunt in je leven denken dat je er bent, maar precies op dat moment ben je er ook weer niet. Zo was het met mij deze zomer. Het lijkt wel allemaal te goed te gaan, zei ik tegen mijn vrouw. Dan blijkt dat er nog een deur is en realiseer je je: nee, ik was er helemaal niet. Aan dat "wezen" en "zijn" van mijn grootvader zit nog een kant. Ik ben in mijn leven veel op zoek geweest naar een essentie die zich aftekent. Hoe zit het nu eigenlijk? Ik zocht de essentie over mezelf, wie ben ik, maar ook over het leven.'

Komt u uit een religieus gezin?
'Niet echt, er werd wel gebeden, maar we gingen nauwelijks naar de kerk. Uit eigen beweging ging ik naar de zondagsschool. Ik was geraakt door het verhaal van Jezus, die vergeeft en liefde predikt. Later kon ik die religiositeit wel duiden – ik zocht een soort veiligheid die ik in mezelf niet vond. Dus werd ik gegrepen door het verhaal van een goede God, die veel meer begrijpt dan wij. Dat duurde overigens niet lang, tot mijn tiende.'

Bent u op een atheïstisch standpunt uitgekomen?
'Nee, ik neem een nederig, agnostisch standpunt in. Of God bestaat kan ik niet weten, al denk ik dat er íets moet zijn. Maar met wat wij als mensen zijn, kunnen we niet bevatten wat dat kan zijn. In het boek *This Explains Everything* zeggen as-

trofysici dat er onder hen consensus bestaat over een oneindig aantal universa. Die kunnen elkaar niet kennen, omdat de natuurconstanten anders zijn. Toen ik dat las, bedacht ik: oneindig veel universa, dat is zo'n godsgruwelijk grote gedachte, ik kan er helemaal vrede mee hebben dat ik niet kan weten of God bestaat. En ik kan maar beperkt kennis hebben van wat het is om te leven. Zo kon ik me beperken tot de kernvraag: wat ga ik doen met mijn leven?'

Is de vraag naar de zin van het leven zinnig – of moeten we het vooral leven?
'Zelf vind ik die vraag niet zo zinvol, omdat je het toch niet kunt weten. Wel zinnig vind ik: hoe krijg ik mijn leven zinvoller? Camus heeft in *De mythe van Sisyphus* gezegd dat het universum en het leven absurd zijn: de mens zoekt betekenis, maar het universum zwijgt. Er komt geen antwoord op zijn vraag: wat is de zin van mijn leven? Dat veroordeelt hem tot het rollen met de steen die Sisyphus tot in de eeuwigheid omhoog moest zeulen. Het leven is op zich net zo zinloos als die activiteit: iedereen wordt geboren om uiteindelijk dood te gaan, dus waartoe zou je dan leven? Camus noemde zelfmoord het belangrijkste vraagstuk van de filosofie. Hij zegt: gegeven die absurditeit, die sterfelijkheid, de zekerheid dat alles weer wegwaait, is de zin van het leven erin gelegen dat je je toch verhoudt tot het feit dat je leeft. Dat je trouw bent aan je bestaan op aarde, verdraagt dat het onduidelijk is, verdraagt dat het onzeker is en omgaat met het zinloze.'

Hoe ziet u in dat licht de zin van uw leven?
'Camus komt uit op vrijheid, hij wil dat de mens intens en hartstochtelijk leeft, niet de situatie neemt zoals ze is. In zekere zin is dat ook het teken waaronder ik leef. Niet aanvaarden

zoals het is, dat doe ik met zelfmoordpreventie. Ik gebruik het beeld van Sisyphus vaak in presentaties. In de afgelopen jaren gingen er niet minder mensen dood door zelfmoord, dus kun je denken: daar kunnen we toch niks aan doen. Daar verzet ik me met al mijn kracht tegen.

Mijn leven zie ik als een zoektocht waarin ik poog mijn balans te vinden en toch ook doorbraken wil bereiken, zowel in mezelf als in mijn werk. Perioden van egoïsme en altruïsme hebben elkaar afgewisseld. Toen ik studeerde, heb ik een depressie gehad. Het cruciale moment kwam toen ik ruimte maakte voor de gedachte: ik kan er ook een eind aan maken. Ik was er heel bang voor, maar zij drong zich op. Toen ik besloot niet meer tegen die gedachte te strijden, kon ik hulp zoeken. Daarna ben ik een tijd tekeergegaan: ik gaf anderen de schuld van het feit dat ik me waardeloos voelde, ik stond mezelf toe ontrouw te zijn in de liefde. Ik eigende me het leven toe.

Uiteindelijk kwam ik mijn vrouw tegen, die veel rustiger is. Ik voelde de spanning tussen het volgen van mijn pad en het me begeven in een relatie, tussen verbreken en verbinden. Die polen hebben we allemaal in ons. We zijn niet alleen liefdevol, we hebben ook haat. We zijn niet alleen dapper, we hebben ook angst. Dat is nu eenmaal de condition humaine. De kunst is om die polen vrede met elkaar te laten sluiten, of te kiezen: besluiten het ene boven het andere de voorkeur te geven. Een doorbraak waren de kinderen, toen ik opeens totaal geen twijfels over hechting meer had. Alleen kwam daarna het gouden kalf van mijn werk, het succes. Dat deed me afwalen van het intieme dat je thuis hebt. Dat werk was voortdurend gericht zijn op de buitenwereld, scoren, dingen bereiken.'

Heeft u spijt van uw keuzen?
'In het begin deed ik bij 113 alles: ik zette de koffie, was de pr-functionaris en de dokter. Wanneer we op vakantie waren, dook ik in een hotel meteen op de computer. De kinderen misten me. Nu zeggen ze: "Het maakt niet uit, zo ben jij." Van mijn familie kreeg ik het verwijt dat ik maar kort op verjaardagen kwam. Er is geen keuze zonder verlies. Alleen heb ik mezelf niet de keuze gegeven minder gedreven te werken, dat vind ik spijtig. En ik heb spijt van hardvochtig gedrag tegenover patiënten met suïcidale neigingen aan het begin van mijn loopbaan.'

Waar kwam die hardvochtigheid vandaan?
'In de jaren tachtig en negentig werden in Amsterdam twee groepen suïcidale patiënten onderscheiden. Je had mensen die door een psychose of een depressie echt in de war waren en die voor opname in aanmerking kwamen. Daarnaast had je patiënten met een lastig karakter. Tegenover hen heerste de verdenking dat zij manipuleerden met zelfmoord. Dat zou te maken hebben met agressie, vooral ook ten opzichte van de behandelend psychiater. Dus werden zij behandeld volgens de methode van de paradoxale interventie. "Als u dat wilt, waarom komt u dan hulp zoeken?" Of: "Weet u al hoe u het wilt doen?", "Wat moeten we op uw grafsteen zetten?". Het idee was dat je niet moest zwichten voor het suïcidedreigement.

Natuurlijk waren we begaan met de patiënt en onzeker om het gesprek aan te gaan, maar het was ook heel parmantig. Ik heb daar veel spijt van. Pas later vroeg ik me af: klopt deze bitse omgang met mensen wel? Nu vind ik het in overeenstemming met je roeping als psychiater om liefde voor je patiënt te hebben. Liefde ja, dat is nog steeds een taboe. Dat je van je patiënt kunt houden wordt snel in een #MeToo-sfeer getrokken, alsof het exploiterend zou zijn. Maar ik geloof in het houden van mensen, in het je hechten aan je patiënt.'

Hoe is het om zelf patiënt te zijn in het besef dat u niet lang te leven heeft?
'In de afgelopen jaren ben ik veel met mijn sterfelijkheid bezig geweest. Na de dood van mijn moeder vijf jaar geleden realiseerde ik me: je zult eraan moeten dat je zelf een keer doodgaat, hoe gaat jou dat lukken, sterven? Ik was me echt aan het voorbereiden, ik werkte de laatste jaren ook alsof de dood me op de hielen zat. Op vakantie las ik boeken over de dood en afscheid nemen. Toen ik het slechte nieuws kreeg, hoorde ik dat deels aan met een "zie je wel"-gevoel: het ging toch allemaal te goed.'

Bent u boos op uw lot?
'Nee, geen boosheid, dit is pech die ik wel heb en een ander niet. En ik voel vooralsnog niet echt angst. Boosheid voel je als je iets anders wilt, bij angst neem je maatregelen om iets te voorkomen. Beide emoties hebben geen functie voor mij. Blijdschap en verdriet voel ik wel veel. Die voeren de boventoon in gesprekken met familie en vrienden. Bij de aanvaarding van verlies hoort ook de waardering van wat je hebt, daarin ervaar ik veel warmte en blijdschap. Jij denkt vast: jaja. Dat zou ik in ieder geval hebben, als ik jou was. Ik weet ook wel dat ik deze positie niet kan blijven volhouden.

Ik voel me nu nog redelijk, maar er komt een moment dat ik geel ga zien en jeuk krijg. Dat ik bij de dokters in hun ogen zie: dit is een kwestie van weken, of dagen. Dat ik ga zien dat zij afhaken, net als mijn familie – niet doordat ze niet meer van mij houden, maar door hun besef dat dit stopt. Er zal een verschil komen tussen wat mijn omgeving ziet en hoe ikzelf in mijn optimisme denk dat ik nog niet ben. Daar wordt het spannend. Zij moeten mij helpen los te laten.'

LEESTIP
Liefde in tijden van cholera van **Gabriel García Márquez**

'Dit is voor mij hét boek over de liefde in al zijn verschijningsvormen. De grote empathie van Márquez met de liefhebbende mens in al zijn gebrekkigheid hielp me mezelf scherper te zien als jongen, man, vader en echtgenoot. En het hielp me een vorm te vinden om hartstocht en geborgenheid met elkaar te verenigen.'

Gepubliceerd op 23 april 2019, Jan Mokkenstorm is overleden op 8 juli 2019

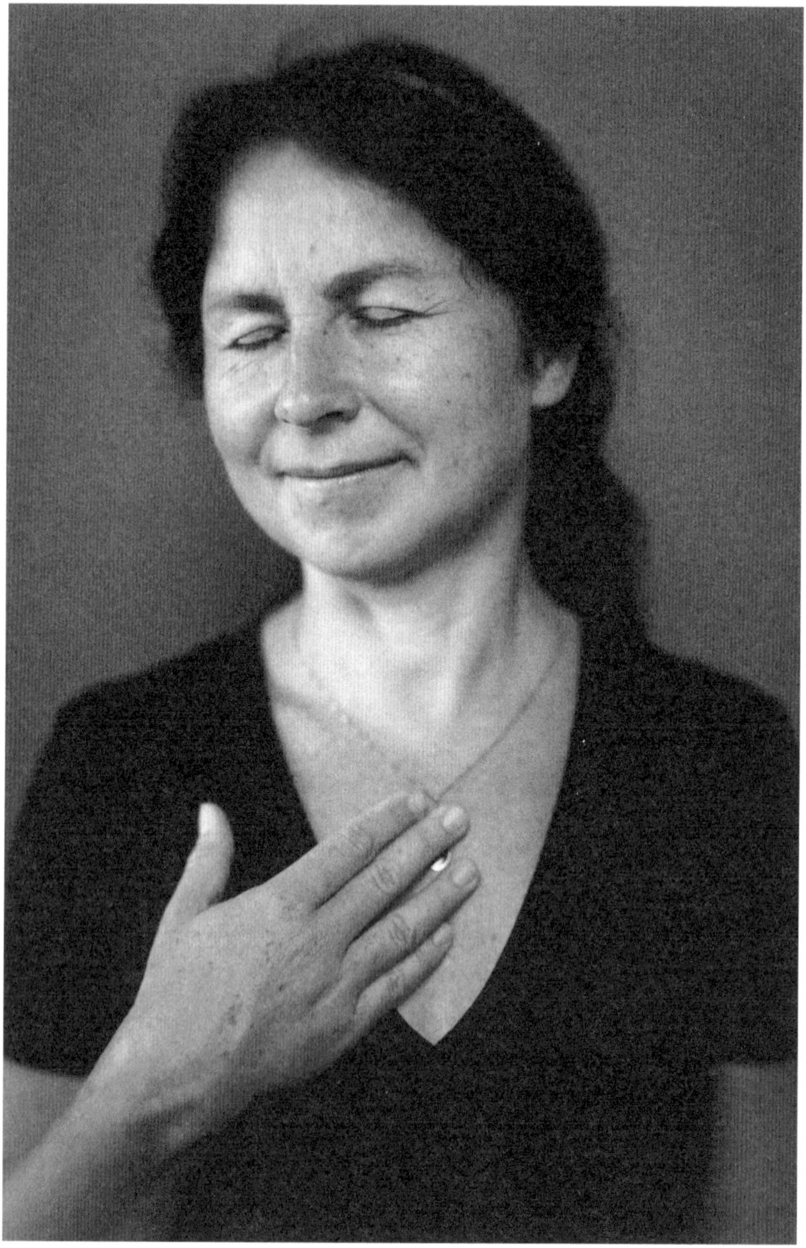

Anna Akhmanova, celbioloog

'Eerlijk gezegd verschilt mijn levensbeschouwing nu niet wezenlijk met die van toen ik vijftien was.' Ze constateert het doodgemoedereerd. Begin jaren tachtig was de inmiddels gelauwerde, eenenvijftigjarige celbioloog Anna Akhmanova van de Universiteit Utrecht nog een middelbare scholier in de Sovjet-Unie. Leidde ze daar niet een heel ander bestaan dan in Nederland, vanaf haar vierentwintigste?

'Zo enorm is het verschil in de praktijk niet. Mensen gingen daar ook gewoon naar hun werk.' Meer dan door het politieke systeem werd ze gevormd door haar band met haar grootmoeder, Olga Akhmanova. Die aristocratische vrouw raakte door de Revolutie van 1917 haar familiebezit kwijt en verloor tweemaal een echtgenoot. Dankzij haar hoogleraarschap Engels hield ze zich staande. 'Mijn werk was mijn redding,' hield ze haar kleinkind voor.

'Dat is dus precies het omgekeerde van wat nu in Nederland gebruikelijk is. Bij problemen stoot je hier als eerste je werk af,' zegt Akhmanova. Zelf volgt ze het pad van haar oma. Ze let niet op werktijden; zestig, zeventig uur per week is normaal. Haar levenslange fascinatie: wat is leven? Ze koos voor de celbiologie, met als specialisatie de buisjes en draadjes die het geraamte van de cel vormen, het cytoskelet. Voor haar onderzoek ontving ze dit jaar de Spinozapremie, ter waarde van 2,5 miljoen euro. Die wendt ze aan voor meer fundamenteel onderzoek, haar gooi naar 'onsterfelijkheid'. In haar Utrechtse lab geeft ze leiding aan een twintigtal internationale wetenschappers, onder wie Chinezen en Indiërs.

Wat is de zin van ons leven?
'Leven is iets wat zichzelf kan voortplanten, dat definieert het. Het doet zich voor in organismen die bestaan uit cellen. En een cel komt altijd voort uit een andere levende cel. Dus de zin van het leven is om het weer voort te zetten. De zin van menselijk leven kan op dezelfde manier worden gedefinieerd, namelijk dat je kinderen krijgt en opvoedt, zodat ze iets van je eigen genoom en je opvattingen voortzetten. In die zin heeft leven een onsterfelijke component, ook al is elk organisme sterfelijk. Het unieke van leven is dat het zich steeds aanpast aan de omstandigheden. Daardoor blijft het voortbestaan. Mensen zijn onderdeel van dat leven, net als bacteriën en bomen.

Die onsterfelijke component zit voor mij nog op een andere manier in het leven. Ik ben opgegroeid in de Sovjet-Unie, waar onsterfelijkheid een belangrijker aspect was dan in het Westen. Hier draait alles om persoonlijk geluk. Ouders zeggen: "Kindje, het maakt niet uit wat je doet, als je maar gelukkig bent." In een traditionele Sovjet-opvoeding leerde je dat het mooi en goed was te denken aan zaken die groter zijn dan jezelf. Het belang van onsterfelijkheid was mij nooit vreemd.'

Wat hield onsterfelijkheid dan in?
'Als Sovjet-kind werd je geconfronteerd met voorbeelden van mensen die tijdens de Revolutie of tijdens oorlogen waren

gestorven voor "volk en vaderland". Ook kinderen. Zij waren voorbeelden om te bewonderen. Je eigen geluk vooropstellen werd gezien als ongepast. Daarentegen leidt je inzetten voor een grotere zaak ertoe dat mensen zich jou ook na je dood herinneren. Zo kon je aan je eigen onsterfelijkheid bijdragen. Aan je onsterfelijkheid werken was een belangrijk onderdeel van de ideologie. Je inspireerde anderen met je voorbeeld en dat geeft zin aan je bestaan. Dat heb ik sterk meegekregen: doe iets groters dan jezelf en je gezin.'

Maar hoe ziet uw onsterfelijkheid er concreet uit?
'Voor mijzelf vond ik het passend een bijdrage te leveren aan dat grote gebouw van de menselijke kennis. Ik voeg daar een klein steentje aan toe, waarvan ik kan zeggen: dat is van mij. Omdat ik dat steentje in die grote toren heb geschoven, maakt mij dat persoonlijk onsterfelijk. Dat vind ik zeer waardevol.'

Heeft die onsterfelijkheid ook nog een religieuze dimensie?
'Ik respecteer mensen die geloven, maar ik ben opgegroeid in de Sovjet-Unie en heb religie als kind niet van huis uit meegekregen. Ik kom uit een gezin van wetenschappers, mijn vader was hoogleraar natuurkunde en mijn moeder was ook gepromoveerd. Ik heb me wel in religies verdiept, maar het heeft bij mij nooit tot enig geloof geleid. Ik weet waar ze voor staan en zie ze allemaal redelijk dicht bij elkaar staan. Zelf geloven kan ik niet. Ik bekijk het leven heel biologisch.'

U was als kind al gefascineerd door de vraag wat leven is. Waar kwam dat vandaan?
'Eerlijk gezegd weet ik dat niet precies. Ik was vaak ziek, niet ernstig, maar ik vond het in principe niet prettig om naar school te gaan. Dus ik was snel verkouden en zat thuis boeken

te lezen over exotische landen en hun natuur. Dat heeft veel indruk op mij gemaakt, ik droomde ervan die ooit te mogen zien. In de zomer werkte ik bij onze datsja graag in de moestuin. Ik was altijd geïnteresseerd in planten. Die liefde voor de natuur had ik sterker dan mijn familieleden. Toen ik wat ouder werd, wilde ik begrijpen hoe leven in elkaar zit. Ik was ervan overtuigd dat ik bioloog wilde worden. Literatuur vond ik ook leuk, maar iets wat door mensen is gemaakt vond ik toch minder interessant dan vragen als: hoe kan iets levend zijn en waar bestaat leven uit?'

Wat is leven?
'Het is een samenspel van moleculen. Wat ik nu probeer te begrijpen, is hoe die samen een levende cel maken. Ik kijk hoe ze samenwerken en hoe ze uit zichzelf bepaalde structuren opbouwen om een cel te laten delen of bewegen. Voor mij staat dit los van zoiets menselijks als zingeving. Op moleculair niveau ga je de zin van het leven niet ontrafelen.'

Is het een wonder dat er zoiets als leven bestaat?
'Het is in ieder geval een bijzonder natuurverschijnsel hier op aarde, al weten we niet of het ergens anders ook is. Ik ben onder de indruk van leven, maar ik zie daarin geen bewijs voor een opperwezen. Voor de grote vragen heb ik een materialistische filosofie als uitgangspunt: elke uiting van de geest is een bepaalde werking van de materie. Daar zit niet nog iets anders achter.'

Geldt dat ook voor de liefde, of je verdiepen in zingeving?
'Zoeken naar de zin van het leven is wat dat betreft complexer dan liefde. Want die komt voort uit onze behoefte aan voortplanting. Liefde valt heel goed met scheikundige principes uit

te leggen, met het contact maken van bepaalde zenuwcellen. Je ziet het ook duidelijk in het dierenrijk terug, stelletjes dieren die heel erg aan elkaar gehecht zijn en ongelukkig worden wanneer de ander doodgaat. Nadenken over de menselijke geest ligt ingewikkelder, maar ook dat valt te verklaren na bestudering van zenuwcellen en neurale netwerken.'

Kunt u zich vinden in deze zin van het leven: het doorgeven van je genenpakket aan de volgende generatie?
'Ja, dat klopt wel aardig, althans voor leven op aarde. Want daar heb je het met het genenpakket natuurlijk over. Je zou ook nog iets kunnen uitzoomen en het over de overdracht van informatie kunnen hebben, met als doel een vergelijkbare structuur te maken. Want een genenpakket is uiteindelijk niets anders dan een pakket informatie.'

Maar wordt leven in die definitie niet te veel gereduceerd tot iets puur functioneels – leven is toch ook betekenis geven?
'Nou, veel levensvormen geven helemaal geen betekenis, denk maar aan bacteriën. Het is iets heel menselijks om betekenis te willen geven. Dat is ook bijzonder en leuk aan mensen, maar het is niet essentieel voor leven. Bacteriën denken niet diep over de zin van hun leven na. Zo zie ik ze in ieder geval niet.'

Is nadenken wel essentieel voor de mens?
'Ik zie betekenis geven als een aanpassing van het organisme mens om succesvol te kunnen zijn. Elk organisme heeft twee capaciteiten: het doorgeven van informatie en het vermogen zich aan de omgeving aan te passen. De informatie is niet in beton gegoten, maar kan veranderen en dit kan tot

aanpassingen leiden. De menselijke aanpassing is dat hij heel goed zijn omgeving kan analyseren en veranderen, daardoor zijn we als soort zo succesvol en hebben we de aarde zo aan onszelf aangepast. Zo zitten wij nu in een gebouw dat ons beschermt tegen de zon – het is een van de vele kleine voorbeelden die je kunt bedenken. Nadenken over de zin van het leven is een uiting van ons analytisch vermogen.'

Maar hoe belangrijk is het nadenken erover?
'Je kunt ongetwijfeld genoeg mensen vinden die zich daar nooit in verdiepen. Dus waarschijnlijk is het voor een individu niet essentieel. Maar voor de mensheid als geheel is het wel iets belangrijks, omdat het helpt onszelf te begrijpen. Aan dat begrip werk ik ook door menselijke cellen te bestuderen. Langs die weg kunnen we ook leren begrijpen wie we zelf zijn.'

Geeft dat zin aan uw leven?
'Absoluut. Ik zie dat als een deel van de maatschappelijke taak van de wetenschap. Want het kan voor anderen betekenisvol zijn, wanneer de wetenschap licht werpt op wie wij zijn. Lesgeven en studenten opleiden valt voor mij ook onder die maatschappelijke taak. Dat is niet alleen overdracht van kennis, maar vooral ook leren hoe je kennis kunt verkrijgen, leren na te denken.'

Hoe verhoudt die zingeving zich tot die biologische zin van het leven, het doorgeven van een genenpakket?
'Het is allebei waar. Gebaseerd op het feit dat ik een mens ben, is die eerste vorm van zingeving heel belangrijk. Zo blijf ik niet alleen via mijn dochter, maar ook via mijn studenten voortbestaan. Sommige wijsheden van mijn oma leven in mij

voort en geef ik ook weer door aan mijn studenten. Onsterfelijk is een groot woord, maar de voortzetting is erg belangrijk. Na je overlijden blijft er iets bestaan. Misschien niet voor honderden jaren, maar wel voor enige tijd.'

Hoe kijkt u aan tegen de dood?
'Ik probeer daar helemaal niet tegen aan te kijken. De fysieke dood is gewoon fysieke dood, dan ben ik er niet meer. Tot die tijd moet ik er het beste van maken. Niet alleen op al die zinvolle manieren, maar ook door plezier in het leven te hebben. Ik vind het geen enkel probleem twee weken vakantie op te nemen. Nee, langer vind ik niet effectief, dan kost het te veel energie om het werk weer op te starten. Je moet vooral iedere dag doen waar je zin in hebt.'

LEESTIP

De meester en Margarita van **Michail Boelgakov**

'Uit dit boek haal ik telkens wijsheden. Het is een veelzijdige roman, waarin het gaat over de zin van het leven, maar ook over stalinisme en hoe miljoenen mensen vermoord konden worden. Het gaat vooral ook over dilemma's en het volgen van je geweten. Voor veel mensen van mijn generatie is dit boek vormend geweest.'

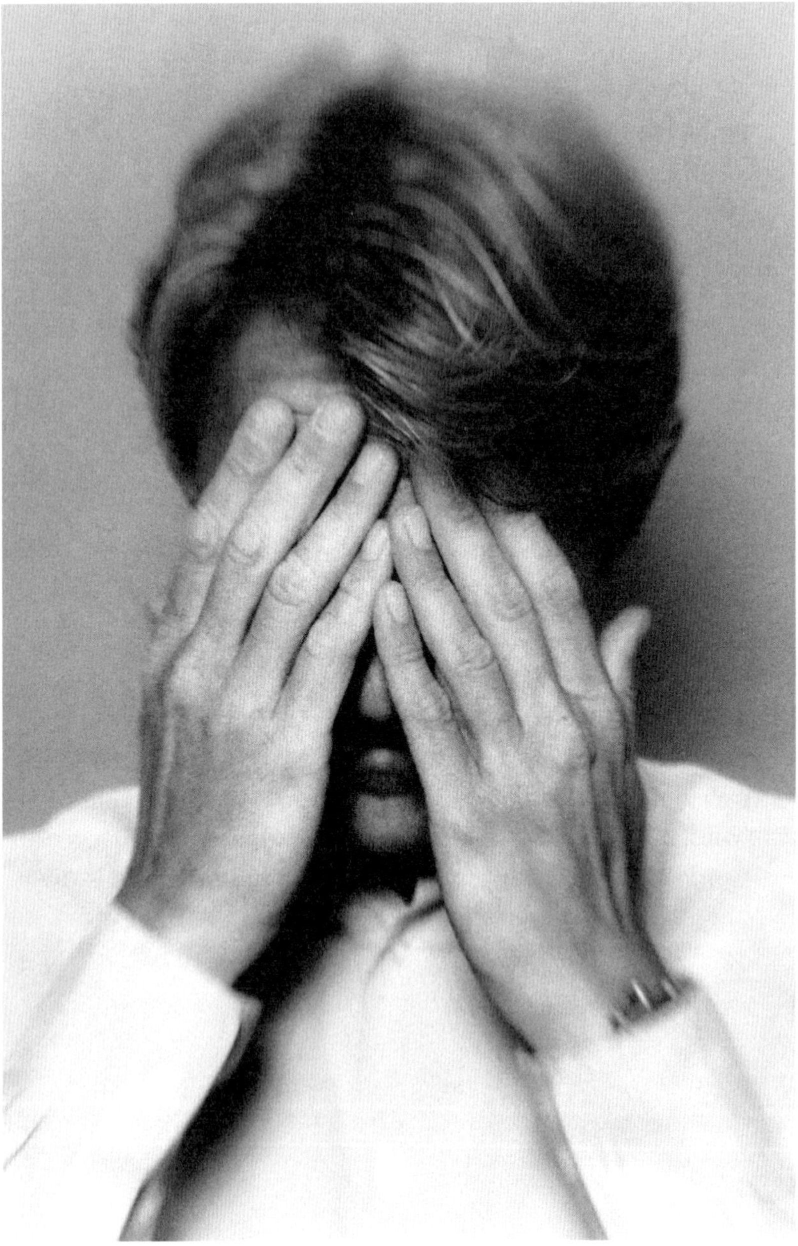

Kim Putters, directeur SCP

Vermoedelijk komt het door het calvinisme waarin hij werd ondergedompeld, opgroeiend in Hardinxveld-Giessendam. Helemaal tevreden is Kim Putters, vijfenveertig jaar, eigenlijk nooit: 'Ik denk altijd dat iets nog beter kan.' Na vijf jaar directeurschap van het Sociaal en Cultureel Planbureau (SCP) constateert hij dat bij politici 'nu wel tussen de oren is gekomen' dat er steeds hardere scheidslijnen door de samenleving lopen, zoals die tussen hoog- en laagopgeleiden. Zijn SCP, dat het welzijn van burgers doorgrondt, heeft op dat aambeeld gehamerd. Met succes, maar het is niet meer dan een eerste stap, vindt hij: 'Als het gaat om de oplossingen dan zie je de politiek daar vaak met een grote boog omheen lopen.' Politici en burgers wenst hij meer reflectie toe, ook over vragen rond leven en dood: 'Het zou boeiend zijn om een Kamerdebat over de dood te voeren.' Zelf staat hij ook te weinig bij 'de eindigheid der dingen' stil, vindt hij. Naast SCP-directeur is hij hoogleraar zorgbeleid. Af en toe vindt Putters, zoon van een binnenvaartschipper, tijd om tegen het graf van zijn opa te praten.

Wat is de zin van ons leven?
'Het eerlijke antwoord is dat ik daar niet helemaal uit ben. Uiteindelijk gaat het erom dat je leert van andere mensen, dat je jezelf ontwikkelt, maar ook jezelf tegenkomt; dat je leert waar je grenzen liggen en die van anderen. Mensen zijn sociale wezens. Je tot anderen verhouden en daar geluk en levenswijsheid uit halen, het zit voor mij in die hoek. Maar ik vind het lastig het in een krachtige zin te formuleren.'

Wat is het doel van dat leerproces?
'Het helpt om iets goeds te doen voor de wereld en voor anderen. Daar kun je gelukkig van worden. Ik geloof niet dat het leven een test is om te kijken of je het goede of het kwade in je hebt, waarna je al dan niet het eeuwige leven krijgt. Maar het maakt wel degelijk uit hoe je hebt geleefd. Ik ben niet een heel gelovig iemand, maar het zit een beetje in me. Kijk ik op meer religieuze wijze, dan zie ik als de zin van het leven: zorgen voor de wereld, de voortgang van het goede.'

En als u zonder religieus perspectief kijkt?
'Dan zie ik dat we de hele dag druk bezig zijn, met van alles en nog wat; met systemen die we hebben bedacht waarmee we geld verdienen. We vinden ook dat iedereen inspraak moet hebben, dat noemen we politiek. Die systemen houden ons van minuut tot minuut bezig, tot we doodgaan. Het lijkt op een mierenhoop, waar de mieren geen tijd hebben voor iets anders dan het gaande houden van hun systemen. Als je er zo naar kijkt, vraag je je af: wat is de zin? Dan ligt hij vooral op microniveau: mensen kunnen daar geluk ervaren, het kleine wordt dan waar je zin aan ontleent.'

Domineert bij u het religieuze perspectief?
'Ik ben katholiek opgevoed, maar mijn vader was Nederlands-hervormd. Twee geloven op één kussen, daar slaapt de duivel tussen, dat speelde wel – ik ben afkomstig uit de Alblasserwaard, dus de Biblebelt. Mijn oma nam me mee naar de hervormde kerk, mijn moeder naar de katholieke kerk. De katholieken vond ik warmer, hun kerk sprak me meer aan. Tot mijn tweeëntwintigste maakte ik daar onderdeel uit van een groep jongeren. Maar ik begon het steeds ridiculer te vinden dat je een keuze tussen kerken moest maken.

Aan mijn betrokkenheid bij de katholieke kerk kwam met een klap een einde. Op een zondag had ik alle moed verzameld om de hostie te halen, ook al was ik niet gedoopt – mijn ouders hadden mij vrij willen laten in mijn kerkkeuze, vandaar. Na jaren van betrokkenheid vond ik dat ik de hostie had verdiend. Ik kwam vooraan, hield mijn hand op en toen zei de pastoor: "Jij krijgt geen hostie, want je bent niet gedoopt." Dat hoorde de hele kerk! Een traumatische ervaring. Ik heb nooit meer een stap binnengezet.'

Waarom vatte u dat zo hoog op?
'Volgens mij hoort een kerk in te sluiten, niet uit te sluiten. Door die ervaring kwam ik erachter dat deze kerk mij uitsloot. Voor mij was dat wezenlijk – alle pogingen die werden gedaan me weer erbij te krijgen, hadden geen succes. Ik besloot voortaan zelf over mijn plaats in de wereld na te denken. Sindsdien heb ik nog altijd wel iets met het geloof. Ik reken me tot de "ietsisten"; mensen die wel geloven dat er iets hogers is, maar niet bij een kerkgenootschap horen.'

Gelooft u in God?
'Ja, toch wel. Maar dan niet de God zoals hij me tijdens de catechismus werd voorgespiegeld. En al helemaal niet zoals hij in de kunst wordt verbeeld. Tegelijkertijd heb je die verbeelding wel nodig, dat maakt mijn zoektocht naar woorden in ons gesprek wel duidelijk. Op die behoefte speelt de kerk knap in, het kan niet zonder verbeelding. In de kerk gaat het bij uitstek over de zin van het leven, maar als instituut werkt het in de hand dat mensen zich vasthechten aan tradities en juist niet meer nadenken over wat leven en dood inhouden.'

Als u in God gelooft is de zin van het leven toch hem dienen?
'Nee, dat is te simpel. Ik denk dat er iets is waar de creatie van het leven vandaan is gekomen, een kracht buiten ons. Maar dat brengt niet met zich mee dat je je op een bepaalde manier dient te gedragen – die creatie is niet gepaard gegaan met boeken vol regels en geboden. (lachend) En anders is het een Nederlander geweest. Over wat het goede en het kwade is, moeten we telkens afspraken maken.'

Met de tien geboden komen we er niet?
'Nee. Anderen niet vermoorden, dat is eenvoudig, maar het wordt snel ingewikkelder. Bij het bepalen van wat goed is, moet je een oordeel over het leven van een ander hebben. Dat is afhankelijk van de context en de tijd waarin je leeft. En het is als met vrijheid: jouw goede leven grenst aan dat van de ander en gaat soms over die grens heen. Dus je kunt niet autonoom definiëren wat het goede is.'

De Franse filosoof-priester Teilhard de Chardin zag de mensheid met vallen en opstaan evolueren naar een hoger bewustzijn. Je zou de #MeToo-discussie zo kunnen uitleggen. Deelt u die kijk?
'Dat spreekt me zeker aan. Bij #MeToo zag je hoe groepen burgers roepen om normen, buiten de overheid om. Dat is interessant. Nadenken over fatsoenlijk samenleven, mensen met een achterstand een volwaardige plek geven; anderen die excelleren een voorhoedefunctie en weer anderen die dat belemmeren een halt toeroepen, dat soort vragen ligt nu voor.

Na een periode van technocratisch denken zie je nu de vraag opkomen: waarom doen we de dingen zoals we ze doen? Dat is een zoeken naar zingeving dat ik bij de jonge generatie sterk zie. Die vindt andere dingen belangrijk dan waar we de afgelopen dertig jaar de nadruk op hebben gelegd. Dat stemt me hoopvol. Ik denk dat we aan de vooravond staan van een nieuwe manier van naar de wereld kijken: er gaan politieke bewegingen ontstaan, andere manieren van elkaar zien. Dat gaat overigens nooit zonder conflicten, want mensen houden vast aan gevestigde belangen en posities.'

Terug naar de zin van het leven – zou het niet ook zinloos kunnen zijn?
(Denkt lang na) 'Mijn verzet tegen dat standpunt begint ermee dat ik dat liever niet wil geloven. Dat kan niet waar zijn, is mijn reflex, zo cynisch kan het niet zijn. Ik denk dat het leven door een goede kracht is ontstaan. Dat kan naïef overkomen, maar het standpunt dat het geen enkele zin heeft, leidt tot argwaan en cynisme. Dan kies ik liever voor het goede, al zullen mensen me tegenwerpen dat er veel kwaads in de wereld is.'

Volgens sommigen moeten we de zinloosheid juist koesteren. Mensen die meenden te weten wat de zin was, zijn voor genocides verantwoordelijk geweest.
'Natuurlijk doen mensen elkaar vreselijke dingen aan, maar dat maakt nog niet dat het leven geen zin heeft. Die redenering gaat voorbij aan veel andere ervaringen, namelijk van mensen die wel gelukkig leven en die het gevoel hebben dat hun leven zin heeft.'

Is er iets na de dood?
'Dat is de allerlastigste vraag. Ik vind het moeilijk te accepteren dat het eindigt, je wilt toch een stipje aan de horizon. Ik denk dat dat er ook is, maar dat is voor mij niet bepalend voor de zin. Dus ook als er niets is na de dood, kan het leven zin hebben gehad. Maar ik hoop op een vervolg.'

Hoe ziet die hoop eruit?
'Je ziel die opstijgt en in een soort hemel een plekje vindt, zoiets. Maar dan zonder een poort. Ik denk dat mensen een ziel hebben die in de kern het goede in zich draagt. Die je inborst omvat van wie je als mens bent.'

Houdt zingeving u veel bezig?
'Ik ga geregeld naar het graf van mijn opa met wie ik over alles praatte. Dan doe ik dat tegen zijn graf en ben ik me bewust van de eindigheid der dingen. Maar door de alledaagse drukte kom ik er te weinig toe.'

Zou zingeving in het publieke debat een grotere rol moeten spelen?
'Of mensen met het goede bezig willen zijn of niet, is hun eigen keuze. Maar wat je wel kunt bespreken, zijn opvattin-

gen over leven en dood. Wat is je eigen rol en wat mag je van de overheid verwachten? In de jaren zeventig overheerste het geloof in de maakbaarheid waarbij de politiek alles collectief wilde oplossen. Daar zijn politici op teruggekomen, maar je ziet het nu bij burgers: "Weg met alle pech", is de gedachte. Mensen zien zelfbeschikking als hoogste goed, maar houden intussen de overheid voor veel verantwoordelijk. Ik denk dat de verwachtingen ten aanzien van de politiek veel te hooggespannen zijn. Nadenken over leven en dood kan die verwachtingen temperen. Niet elk risico valt uit te sluiten. Het zou boeiend zijn een Kamerdebat over de dood te voeren. Het is een grotendeels onbesproken vraagstuk, omdat we het als privé bestempelen. Maar ik denk wel dat het van invloed is op de drive van mensen, hoe ze in het leven staan en wat hun verwachtingen van anderen zijn. Ik gun de politiek zo'n debat, in plaats van het zich ingraven in dossiers.

De vraag naar de zin zit in veel meer dingen dan we ons realiseren, hij beïnvloedt hoe we naar anderen kijken. En hij kan helpen stil te staan bij onze dagelijkse bezigheden. Nu velen niet meer in de kerk zitten is het verstandig je eigen momenten te zoeken om te reflecteren.'

LEESTIP
Het raadsel van goed en kwaad: over wat mensen beweegt van **Christien Brinkgreve**

'Indringend maakt ze duidelijk hoe belangrijk contact met anderen is, ook voor de samenleving. Verliezen mensen het onderlinge contact, dan groeit het onbehagen over "die ander". Dan dreigt destructiedrang het te winnen van levensdrift.'

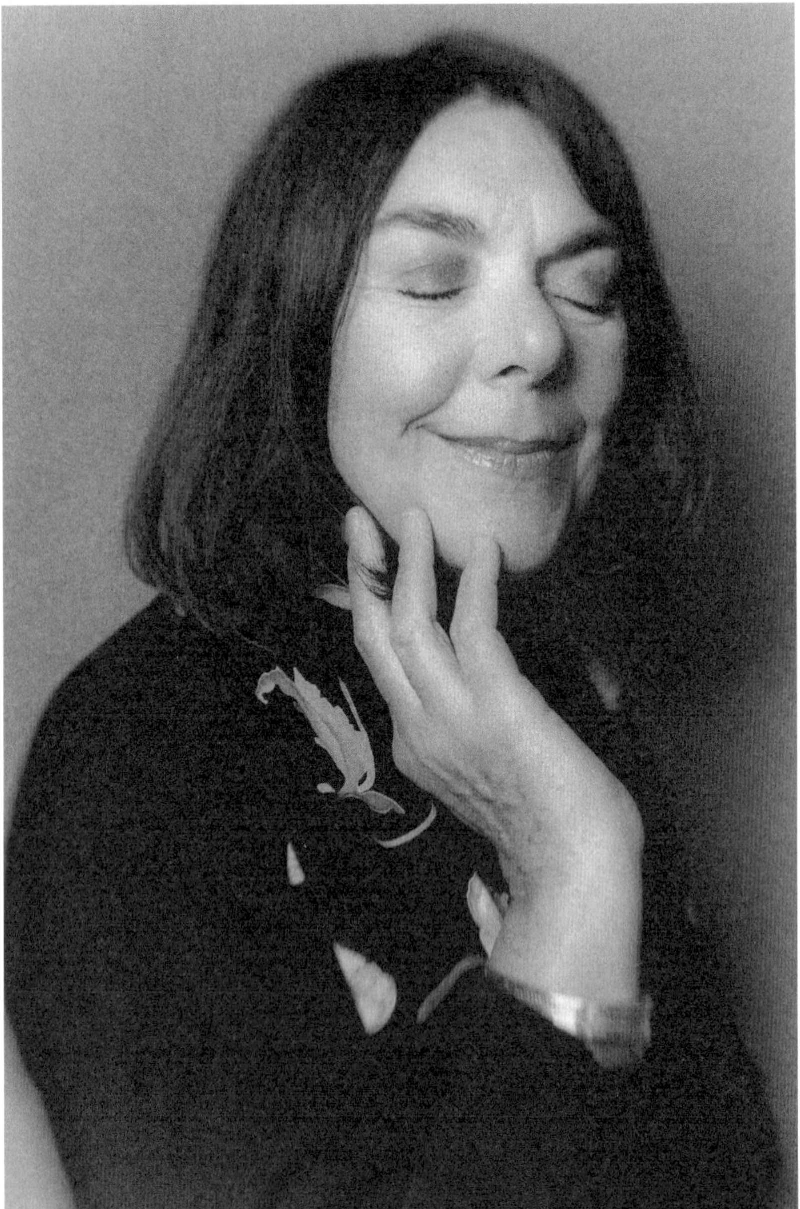

Jolande Withuis, socioloog

'De strijd', dat kreeg ze van huis uit mee als de zin van het leven. Welke strijd? Die tegen het kapitalisme en voor een socialistische samenleving natuurlijk. De communistische ouders van socioloog Jolande Withuis goten haar dat met de paplepel in. Getroost worden was er als kind niet bij, want een communist kon geen verdriet hebben. Ze was slechts een klein radertje in een historisch proces, leerde ze: 'Wat ik helemaal niet heb meegekregen, is dat je zelf iets over je leven te zeggen zou hebben.'

Als negentienjarige werd ze CPN-lid, een paar jaar later viel ze geleidelijk van het communistische geloof af. Dat was 'een bevrijding' en 'een verrijking'. Vanaf dat moment mocht ze genieten van kunst en muziek en had het leven geen vastgesteld doel meer. Ze schreef biografieën over koningin Juliana en verzetsheld Pim Boellaard. In haar boek *Raadselvader* portretteert ze haar vader Berry, schaakjournalist. 'Ik wilde laten zien hoe ideologie aardige mensen aanzet tot verschrikkelijke dingen.' Inmiddels woont de negenenzestigjarige Withuis, na een Amsterdamse periode en een werkzaam leven bij onder meer het instituut voor oorlogsstudies NIOD, weer in Zutphen, de stad van haar vader. Haar levensles? 'Probeer het goed te hebben met jezelf, daar ben ik erg van. Als je vriendelijk over jezelf kunt denken, ben je aardiger voor anderen.'

Wat is de zin van ons leven?
'Geen. We zijn een van de miljoenen organismen op aarde die leven en sterven. We zijn er gewoon. Mijn eerste associatie is een boekje van Jaap van Heerden (wetenschapsfilosoof), *Wees blij dat het leven geen zin heeft*. Hij betoogt dat als het leven een vastgestelde zin zou hebben, er veel wegen worden afgesloten. Want dan is er een ijkpunt waar je al je handelen aan moet afmeten. Het mooie van het leven is juist dat het openligt. Dat het geen zin heeft, geeft eindeloos veel kansen. Van Heerden laat ook zien dat opvattingen die uitgaan van een zin tot groot leed hebben geleid, inclusief massamoorden – denk aan godsdienstoorlogen en het communisme. Dat ben ik met hem eens.'

Dus u bent blij dat het leven geen zin heeft?
'Nou, "blij" vind ik wat overmoedig. Wanneer het in mijn leven lekker loopt, komt de vraag naar de zin niet op. Ben ik aan het onderzoeken dan voel ik me gelukkig. Schrijven is de zin van mijn leven. Mijn werk gaat over wezenlijke onderwerpen. Maar er zijn ook momenten geweest waarop het niet goed ging. Ik ben jaren werkloos geweest. Vreselijk. Dan vroeg ik me af: waar dient het allemaal toe? Dan heb je kennelijk niet meer de mogelijkheid al die mooie kansen te benutten. Mensen die wel een zin of geloof hebben, kunnen daar dan wat aan hebben. De kans op een gevoel van zinloosheid is dan minder. Dat wil ik ze niet ontnemen, alleen is die weg voor mij niet weggelegd. Het leven heeft ook dan nog steeds geen zin, want daar geloof ik nu eenmaal niet in, maar daar ben je dan minder blij om. Je moet wel heel stevig in je

schoenen staan, wil je altijd ervan kunnen genieten dat het geen zin heeft.

De vraag naar de zin roept ook wel irritatie bij me op. Ik heb een intense weerzin tegen mensen die anderen de zin menen te moeten uitleggen. Het Zutphense sufferdje staat vol met kwakzalverige therapeuten die de wijsheid in pacht menen te hebben. Dat is een mensengroep die ik bijna als oplichters zie. Ze verspreiden veel kletspraat, vermomd als diepgang. Minder werken, is hun standaardadvies. Ik denk juist het omgekeerde.'

Houdt die weerzin verband met uw jeugd? Toen kreeg u ook een bepaalde zin van het leven voorgehouden.
'Het communisme geeft inderdaad een uitstekende zin aan het bestaan. Als je maar meedoet aan de strijd, dan is je leven zinvol. Dat is een treurig bedrog, waar veel mensen aan onderdoor zijn gegaan. Er is een prachtig boek van Svetlana Alexijevitsj (Nobelprijswinnares) over de zelfmoordgolf onder Sovjet-veteranen, kort na de val van de Sovjet-Unie. Die mensen hadden hun leven geïnvesteerd in wat een luchtkasteel bleek. Jorge Semprún (Spaanse Nobelprijswinnaar, ex-communist) heeft beschreven hoe de waarheid van de goelags (Sovjet-kampen voor politieke tegenstanders) tot hem doordrong, staand op een Frans metrostation in de jaren zestig. Terwijl hij dankzij zijn geloof in het communisme het concentratiekamp Buchenwald had weten te overleven. "Ik was vrij en mijn bewakers waren de gevangenen," redeneerde hij. Hij was ervan overtuigd deel uit te maken van een historisch juiste beweging, terwijl zijn bewakers onwetend waren. Dat is vergelijkbaar met religie, al is dat de ergste belediging die ik bijvoorbeeld mijn vader kan aandoen. Sempruns geloof stortte in toen de *Goelag*-boeken van

Solzjenitsyn uitkwamen. Zingeving bleek tot moord te kunnen leiden. Hij moest de oorlog opnieuw tot zich nemen, maar dan zonder de troost van het communisme. Het geeft mooi aan hoe de zin van het leven kan werken, maar ook bedrieglijk kan zijn.'

Wat was de zin van het leven die u kreeg bijgebracht?
'Die was een vanzelfsprekendheid. Er werd niet over gediscussieerd, maar het zat impliciet in alles. "Leven is strijd", dat was een favoriete zin, die het leven perspectief gaf, zelfs als het om een huurverhoging ging. Wat een socialistische samenleving zou brengen, werd niet precies omschreven. De gedachte was dat er een eind aan alle ongelukkigheid op aarde zou komen. Alsof mensen dan nooit meer somber, jaloers en egoïstisch zouden zijn! Er was de mythe van een harmonieuze arbeidersklasse. Daarbij werd voorbijgegaan aan andere verschillen dan economische, bijvoorbeeld die tussen man en vrouw. Feminisme kon niet voor communisten, de mannen waren voor hen vanzelfsprekend kostwinners.

(Declamerend) "Niet mijn man, maar zijn baas is mijn onderdrukker." Dat was de leuze – man en vrouw waren allebei van de arbeidersklasse. Ook met het generatieconflict van de jaren zestig konden communisten niks.

Wat ik helemaal niet heb meegekregen, is dat je iets over je leven te zeggen hebt – het idee dat het leven van jou is. Nu zou ik zeggen dat wat je te doen staat, is: ontwikkel je talenten, zorg dat je je tijd goed besteedt, zorg voor je naasten, je poes en je tuin en doe anderen geen verdriet. Maar in het communisme gaat het niet om jou, je bent niet meer dan een radertje. Je weet wat je geacht wordt te denken. Communisten wilden ook nooit gezien worden als individuen, maar als deel van een beweging. Vandaar dat ze op hun begrafenissen geen persoonlijke toespraken hielden. Wel draaiden ze "De Internationale". De "ik" hoorde geen enkele rol te spelen.'

André Roelofs, journalist van *De Waarheid* en later van *de Volkskrant*, zei: 'Het was heerlijk om erin te geloven.' Heeft u dat ook ervaren?
'Nee, heerlijk heb ik het nooit gevonden. Provo vond ik leuk, dat was heel anders. De aantrekkingskracht van de CPN zat erin dat je dingen wist die anderen niet wisten, de wetten over de historisch noodzakelijke ontwikkelingen. Je verhief je zo boven onwetende anderen. Ook keek ik tegen communisten op omdat ze het fascisme hadden verslagen. Die claim versterkte hun gelijk. Er kon geen reden voor somberheid zijn, de toekomst was aan ons, dat was wetenschappelijk bewezen.

Godzijdank ben ik eruit gestapt. Als het voorbij is, begrijp je niet dat je er zo in kon geloven. Dat is gênant, natuurlijk, maar ik heb het in mijn boek wel zo zuiver mogelijk opgeschreven. Als wetenschapper ben ik gehouden aan de waarheid, *Raadselvader* is geen roman. En ik beschrijf het als afvallige, dat is natuurlijk wel een luxepositie. Ik wilde laten zien hoe ideologie aardige mensen aanzet tot verschrikkelijke dingen. Dat vind ik met de islam ook. De meeste moslims zijn vast aardig, maar hun geloof roept op tot narigheid. Ik zie een generatie opgroeien tot salafisten, kinderen die nog vromer willen zijn dan hun ouders. Daar zie ik mezelf in terug. Ga toch alsjeblieft een fijn leven leiden, geniet van muziek en laat je haren in de wind wapperen! En houd het klein zorg dat je het naar je zin hebt en zorg voor je naasten. Doe niet alsof je de wereld moet verbeteren. Mijn motto is: wees hoffelijk tegen gelovigen, maar wees scherp en meedogenloos tegen hun religies. Iedereen mag geloven wat hij wil, maar geloven en culturen verdienen geen respect. Die verdienen kritische bevraging.'

Bent u ooit op zoek geweest naar andere vormen van zingeving? Hoe stond u bijvoorbeeld tegenover het gereformeerde geloof van de rest van uw familie?
'Ik nam van mijn ouders over dat die mensen in sprookjes geloofden. Om dat zo te zeggen was natuurlijk van een genante pedanterie. Verwarrend was dat ik het bij hen zo plezierig vond – het waren hartelijke mensen, precies wat voor een kind fijn is. Ik ging graag met ze naar de kerk, want ik vond dat reuzegezellig. Ik heb nooit de neiging gehad erin te geloven. Of in iets anders. Wat voor mij vooral belangrijk is geweest, was mijn psychotherapie. Daar ben ik in 1972 voor gezwicht, toen ik al jaren leed onder paniekaanvallen. "Een communist wordt niet gek, die gaat niet in therapie," had ik geleerd. Ik had een perfecte jeugd gehad, dacht ik. Alleen had ik angstaanvallen, gelieve die eruit te opereren. Mijn behandelaar heeft dat geduldig uitgezeten. Langzaam kwamen barstjes in mijn geloof in het communisme en vooral in mijn perfecte jeugd. Ik leerde dat je innerlijke conflicten kon hebben, wat in mijn wereldbeeld tot dan toe uitgesloten was. Therapie was voor mij een verrijking. Eindelijk mocht ik van kunst en muziek genieten, dingen die ik fijn vond, maar die in mijn ogen niet hoorden.'

Heeft de zinloosheid van het bestaan waar u op uit bent gekomen, niet ook iets ontgoochelends?
'Nee, zo zie ik dat niet. Het afvallen van het communisme was vooral een bevrijding. Ik heb er een diepe afkeer van fundamentalisme aan overgehouden en van mensen onder morele druk zetten. Wel denk ik dat mijn overtuiging dat het leven geen zin heeft, risico's in zich draagt. Want die opvatting huldigen en ook nog alleen in het leven staan, lijkt me een slechte combinatie. Ik heb een man, maar geen kinderen

en nauwelijks familie. Soms kan ik met een zekere afgunst kijken naar overlijdensadvertenties waar zo'n jaarclub onder staat – mensen die je vanaf je achttiende kennen en die er ook zijn wanneer je doodgaat. Dat ingebed zijn lijkt me een grote bescherming.

In mijn leven is het anders gelopen. Door het afscheid van het communisme heb ik vrienden verloren. Maar ik heb daardoor wel mezelf gevonden, als wetenschapper en schrijver. Als er iets de zin van het leven is, is het wel: je eigen behoeften vinden, je eigen wensen, het vak waar je je talenten in kunt ontplooien. In dat opzicht voel ik me heel tevreden.'

LEESTIP
Zo'n mooie zondag! van **Jorge Semprún**

'Van dit boek heb ik veel geleerd. De Spaanse schrijver Semprún moest hierin zijn kampherinneringen herzien. Die had hij gepubliceerd in *De grote reis*. Daarin had hij het communisme geschetst als tegengesteld aan de onderwereld van het concentratiekamp. Maar in werkelijkheid bleek het een replica.'

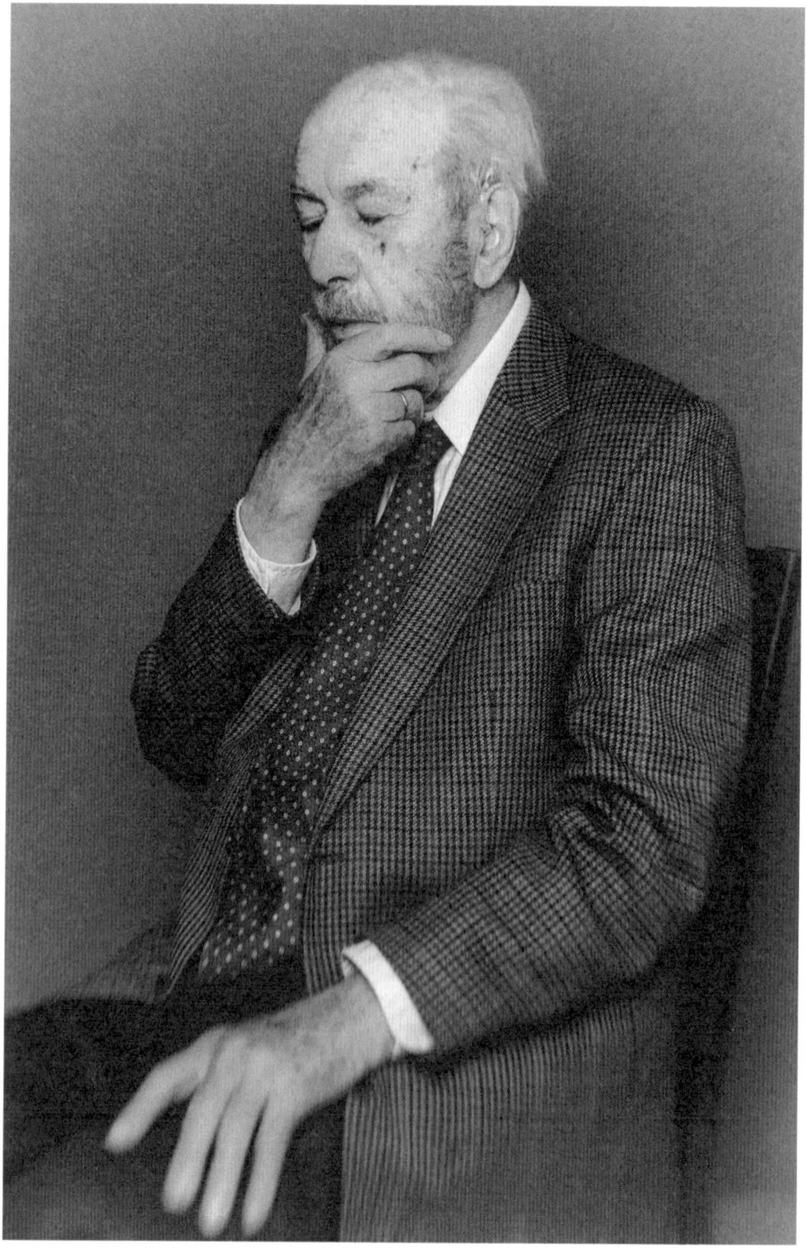

Edy Korthals Altes, oud-ambassadeur

Op viernegentigjarige leeftijd pleit hij hartstochtelijk voor 'een nieuwe mens'. Oud-ambassadeur Edy Korthals Altes is zo goed als blind ('mijn zicht is nog maar een half procent') en dagelijks voelt hij de pijn van het overlijden van zijn vrouw in 2017, na achtenzestig jaar samenzijn. Toch houdt hij zich nog intensief met de wereld bezig. Dit jaar publiceerde hij *Sprokkelhout*, opgedragen aan zijn elf kleinkinderen, waarin hij 'een zoektocht naar zin en geloof' onderneemt. Als motto koos hij een citaat van Dag Hammarskjöld, de voormalige secretaris-generaal van de VN: 'De langste reis van het leven is de reis naar binnen.'

Korthals Altes blijkt goed op de hoogte van de bestsellers van de Israëlische hoogleraar Harari – een apparaatje aan zijn bril maakt foto's van de pagina's en leest voor. In zijn woonkamer voorziet robot Alexa hem van klassieke muziek en literatuur. Gezelschap krijgt hij van familie, vrienden en de 'fantastische dames van de thuiszorg'.

Als ambassadeur in Madrid kwam hij in de jaren tachtig in het nieuws, toen hij zijn ontslag aanbood – zijn afkeer van 'de waanzin van de wapenwedloop' bracht hem daartoe. Tot zijn drastische stap kwam hij na een droom over Jezus. Daarna zette hij zich in voor de dialoog tussen wereldreligies. Politiek evolueerde hij van CDA naar GroenLinks. Een 'grote mentaliteitsverandering' is nodig, meent Korthals Altes, om onze verhouding tot elkaar en tot de natuur 'in overeenstemming te brengen met de grondwet van ons leven'.

Wat is de zin van ons leven?
'Dat is een grote vraag die vooral gaat woelen naarmate we ouder worden. Omdat hij verband houdt met: waar ben ik mee bezig geweest? Was dat wel meer dan het najagen van ijdelheden? Ik zou nuchter willen beginnen: de zin is wakker worden en ons bewust worden van de fundamentele relatie met de oergrond van ons bestaan en ons richten op de grondwet in ons leven. Dat is voor mij de liefde voor de mens en de natuur. Zelf noem ik die oergrond God, maar mensen die zich van religie hebben afgekeerd, kunnen zich er ook in herkennen. Omdat ze weet hebben van een grotere werkelijkheid dan wij ons kunnen voorstellen, het transcendente.'

Hoe kunnen we daarvan weten?
'Je kunt dat beseffen wanneer je je verdiept in het wonder van de geboorte van een kind. Dat ontstaat uit het samenkomen van twee heel kleine deeltjes die na negen maanden tot een volwaardig mens uitgroeien. Onmiskenbaar is dat een wonder. Of je kunt het onmetelijke universum aanschouwen, waarin wij slechts stofjes of vonkjes zijn. Daaruit kun je afleiden dat je ons leven in een grotere context moet zien – niet alleen maar dat van het individu. Het maakt onderdeel uit van een groter verband, waarmee het met huid en haar is verbonden, of het dat nu wil of niet. Dat hangt samen met de vraag naar de bestemming van ons leven. Dan kom ik uit op die oergrond, de grondwet van ons bestaan.'

Kan ik mezelf niet als onderdeel van een groter verband zien zonder die grondwet?
'Jawel, maar dan dreigt u voorbij te gaan aan het wonder zoals ik dat heb aangegeven. Naarmate ik ouder word, voel ik daar meer eerbied voor, ontzag ook. U bent door uw hartstilstand met uw eigen sterfelijkheid geconfronteerd. Dat is een ervaring die u in staat stelt iets van die fundamentele relatie te beseffen. Zo'n episode dwingt je tot het stellen van de vraag: wat doe jij, met jouw mogelijkheden, in onze werkelijkheid? "Adam, waar ben jij?" vraagt God in Genesis. Oftewel: "Mens, wat doe jij, in de korte tijd die je is gegeven?" Waar sta je, waar zet je je talenten voor in?'

Wanneer zet je die verkeerd in?
'Als een mens zich niet richt op de liefde, niet op zijn medemens en niet op de natuur. De mens ontkent vaak zijn plek in het grotere geheel, hij is geneigd tot hoogmoed. Daardoor dreigt hij zijn kompas te verliezen. In mijn definitie van de grondwet van ons leven heb ik niets gezegd over materie of geld. Wie zich richt op het materiële bevindt zich in een cocon, met een reductionistische opvatting van het leven. Dan wordt je bestaan leeg. Je hebt tegenwoordig net opgevoede mensen die vroeger tot de elite konden worden gerekend en die een miljoen verdienen. Die vinden het ook nog een schande wanneer ze aan het eind van het jaar geen bonus krijgen. Dat zij zich niet schamen, begrijp ik niet.

 Zet daar de dames van de thuiszorg tegenover. Die doen fantastisch werk tegen een schamel salaris. Door de regen komen ze hier soms binnen als verzopen katten, met weinig meer dan een tientje per uur gaan ze naar huis. Terwijl ze zich inzetten voor medemensen die zich in de kwetsbaarste fase van hun leven bevinden. Er is een groeiende kloof in de samenleving doordat het individualisme zo is doorgeschoten. Het zou juist moeten gaan om niet-materiële zaken, zoals de liefde.'

Hoe kijkt u in dat licht naar de wederopbouwgeneratie, waartoe u ook behoorde: de vaders richtten zich op het materiële, omdat dat nodig was, wat vaak ten koste ging van hun gezin. Leefden zij daardoor niet in overeenstemming met uw grondwet?
'Dat is de tragiek van de spanning tussen de taken die je moet doen en het privéleven. Laat ik het over mezelf hebben. Ik heb onze kinderen verwaarloosd toen ik in de jaren zeventig bij de Nederlandse vertegenwoordiging in Brussel werkte. Ik had werkweken die ver over de zeventig, tachtig uur gingen. Dat werk moest gebeuren en ik liet de opvoeding aan mijn vrouw over. Ik heb mijn kinderen ook excuses over die periode aangeboden. Het leven is kiezen, je maakt nu eenmaal vieze handen in het bestaan.'

U vindt dat er een mentaliteitsverandering moet komen, zelfs een nieuwe mens. Waarom?
'We hebben een nieuwe mens nodig die gedreven wordt door liefde voor de medemens en de natuur; en die dat weet te vertalen in een ander economisch model en een ander veiligheidsmodel. Dat vergt een andere vorm van leven: materieel soberder, maar rijker van inhoud, met meer aandacht voor de geest. Met onze knappe koppen hebben we een bulldozer ontwikkeld die tot de vernietiging van alles in staat is – van het menselijk leven door middel van kernwapens tot vernietiging van de natuur, zie onze ecologische crisis. Die bulldozer wordt bestuurd door een klein mannetje met een nog kleiner kopje. In zijn geest wordt niet geïnvesteerd, want nee,

we geloven tegenwoordig in algoritmen! Dan zeg ik: juist nu hebben we mensen nodig die weet hebben van mens-zijn, die oog hebben voor de krachten die er gaande zijn en die zich de vraag stellen: hoe kunnen we die verantwoord beheersen?'

U bent geboren in 1924, het is nu 2018. Zijn we in al die tijd dichter bij die 'nieuwe mens' gekomen, of ziet u achteruitgang?
'Ik zie dat een aantal mensen wakker aan het worden is. Er is een kentering aan de gang. Bij de jongeren zie ik mensen die genoegen nemen met kleinere salarissen en niet dromen van die mooiere auto dan de buurman.'

Zulke mensen had je in de jaren zeventig ook.
(Stilte) 'Als ik eerlijk ben, ben ik buitengewoon bezorgd. Omdat de kentering te langzaam gaat. Te weinig mensen worden wakker. Neem het misdadige kernwapenbeleid, dat als een zwaard van Damocles boven ons hoofd hangt. Of het milieuverdrag dat leuke afspraken bevat, maar voorbijgaat aan de kern. Dat is ons economisch model, dat in strijd is met liefde voor de natuur. Maar we willen er niet vanaf. We zitten op een cruiseschip, stevenen af op een kolossale ijsberg en roepen ondertussen: "Vooruit!" Met technologische vooruitgang gaan we onze koers heus niet verleggen – het komt aan op een gedragsverandering. Maar triomfantelijk wordt er verkondigd dat vanaf Schiphol een kwart miljoen mensen op een enkele dag zijn vertrokken. Dan vraag ik me af: waar zijn we in godsnaam mee bezig? Er wordt maar gepraat, maar we dringen niet tot de kern door. Die zit in ons gedrag.'

Dan zul je de mentaliteit moeten beïnvloeden. Hoe doe je dat?
(Met stemverheffing) 'Dan zeg ik: zie de Christus! De Poolse, marxistische filosoof Kolakowski heeft een essay geschreven waarin hij duidelijk maakt hoe belangrijk het voor gelovigen en niet-gelovigen is om zich in Jezus te verdiepen. Zijn waarden houden een samenleving samen – het streven naar vrede, gerechtigheid en solidariteit met de zwakkeren. Als die waarden verdampen en we in onverschilligheid vervallen, dreigt de catastrofe.'

Is uw wereldbeeld niet al te pessimistisch? Oorlog, honger en ziekte hebben we in belangrijke mate teruggedrongen.
'Ik probeer te bezien wat gaande is, realistisch, en dat stemt mij buitengewoon bezorgd. De tijd van optimisme of pessimisme is voorbij. Maar ik geef niet toe aan doemdenken, dat nooit. Ik kan daar zo uitgesproken over zijn dankzij mijn overtuiging dat de wereld in Gods handen ligt. In zijn wereld zijn wonderen mogelijk, kunnen exceptionele mensen plots opstaan. Toen veel politici en diplomaten in de jaren tachtig dachten dat het met de Koude Oorlog verkeerd zou aflopen, stond in de Sovjet-Unie ineens Gorbatsjov op. Een belangrijk vernieuwend mens. Mandela was ook zo'n vernieuwer.'

Hoe staat u op uw vierennegentigste tegenover de dood?
'Ik zie het leven als een tijdelijke fase: we komen van God en keren naar Hem terug. Wanneer er een eind komt aan mijn fysieke lichaam dan gaat mijn geest weg, zoals zo'n vogel die je ziet wegvliegen bij een dode op een schilderij uit de zeventiende of achttiende eeuw. Ik geloof in de ziel. Waar die heen gaat weet ik niet, maar ik heb een volstrekt vertrouwen dat je wordt opgevangen. Als de trapezewerker die loslaat: gaat

hij met zijn handen zoeken dan gaat het mis, geeft hij zich volledig over dan komt het vanzelf goed. De vreugde van het evangelie geeft me op dit punt steun.'

U bent waarschijnlijk niet ver van het einde van uw leven, wat wenst u toekomstige generaties toe?
'Mensen, besef wat mens-zijn is. (stilte) Want dat is een ongelofelijk wonder en een enorm voorrecht. Dus kom in beweging. Maak er ernst mee. Richt je niet op miljonair worden, maar zet je in voor een nieuwe, rechtvaardige samenleving en een nieuw denken over vrede en veiligheid. Met hart en ziel. De krachten die we zelf in het leven hebben geroepen, zoals ongelijkheid en klimaatverandering, dwingen ons die nieuwe mens te verwezenlijken. Als we dat niet inzien, loopt het vast. Ons antwoord op de zinvraag wordt bepalend voor de toekomst van onze kinderen en kleinkinderen.'

LEESTIP
Geduld met God van **Tomas Halik**

'In dit boek brengt Halik gelovigen en niet-gelovigen op een verfrissende manier bij elkaar. Dat is van groot belang in de geseculariseerde samenleving waar wij in leven. Hij wijst de weg naar een spiritualiteit waarin contemplatie en actie weten samen te gaan. Zijn open en niet-dogmatische benadering heeft mij zeer geïnspireerd.'

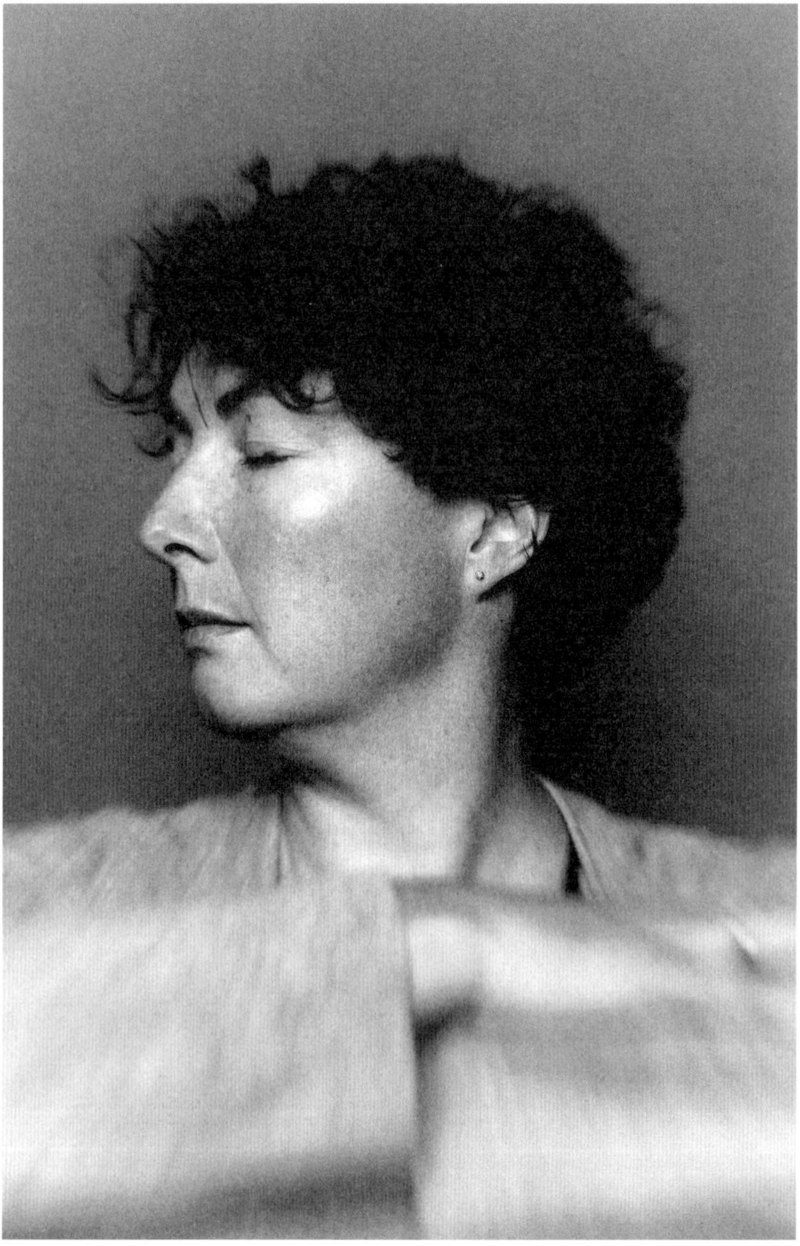

Sarah Durston, biologisch psycholoog

In 2013 belandde ze thuis op de bank. Een auto-immuun-aandoening onderbrak plots haar wetenschappelijke zoektocht in de hersenen naar de oorzaken van ADHD. Sarah Durston, dochter van twee Britse bètawetenschappers en op dat moment een negenendertigjarige biologisch psycholoog, was daar sinds 1998 mee in de weer aan UMC Utrecht Hersencentrum. Als onderzoeker had ze de prestigieuze Veni, Vidi, Vici-onderzoeksgelden toegewezen gekregen. In het laatste traject daarvan liet haar lichaam haar plots in de steek. 'Ik bleek een ziekte te hebben die mijn darmen beschadigde. Ik had al mijn hele leven na iedere maaltijd buikpijn, maar ik dacht dat iedereen dat had.' Dat gold ook voor 'de mist' in haar hoofd: 'Door een aangepast dieet trok die ineens op. Twee weken voelde ik me geweldig.' Daarna sloeg een zware vermoeidheid toe, omdat haar darmen moesten herstellen.

De ziekte verschafte Durston de tijd om na te denken over de essentie van wetenschap, 'eindelijk zonder mist in mijn hoofd'. Ondanks de erkenning die ze had gekregen, voelde ze ook teleurstelling. Met het vinden van ADHD-gerelateerde gebieden in de hersenen was ze op de keper beschouwd weinig opgeschoten. Was haar benadering wel goed? Zag zij niet fundamentele aspecten van de werkelijkheid over het hoofd? En gold dat niet voor alle bètawetenschappers?

Die vragen hielden haar bezig tijdens een sabbatsjaar bij het NIAS-instituut. Met collega Ton Baggerman voerde ze gesprekken met wetenschappers uit andere disciplines. Dat leidde tot het boekje *The Universe, Life and Everything*, waarin ze fundamentele kritiek op de wetenschap levert: 'We zijn bezig de radio uit elkaar te halen om te kijken waar de muziek zit.' Volgens haar reduceert het mensbeeld van de natuurwetenschappen de mens tot materie en is er niet of nauwelijks ruimte voor ons bewustzijn en onze vrije wil. Durston gaat de strijd daarmee aan. Ze houdt het voor mogelijk dat bewustzijn groter is dan de mens en zelfs de planeet: 'Als we onze planeet opblazen, kun je niet uitsluiten dat bewustzijn blijft.'

Wat is de zin van ons leven?
'Het korte antwoord is dat ik het niet weet. Maar ik vind het wel de moeite waard erover na te denken. Ieder kind stelt die vraag, maar pragmatisch als we zijn, laten we hem ook weer los en gaan we ons leven leiden. Bij mij is hij nooit helemaal weg geweest. Van mijn ouders heb ik een heel wetenschappelijke opvoeding gehad, waarin de godsvraag nauwelijks een rol speelde. Mijn volwassen leven begon ik met de overtuiging dat het antwoord op alle existentiële vragen door de wetenschap behoorde te worden gegeven, dus ook die naar de zin van het leven. Maar de heersende wetenschap zal moeten zeggen dat het leven zinloos is. In de gangbare opvatting is leven een toevalstreffer, ontstaan door een reeks toevallige gebeurtenissen, en dient het ook geen doel. Maar ik denk niet dat het zo simpel ligt.'

Biologen zeggen dat het doorgeven van ons genenpakket aan de volgende generatie de zin van het leven is.
'Dat is een stelling waarmee je een deel van de werkelijkheid verklaart, maar lang niet alles. Met name doet het geen recht aan ons bewustzijn. Daarmee kunnen we onszelf analyseren en bijvoorbeeld de vraag naar de zin van het leven stellen. Maar in de natuurwetenschappen wordt het bewustzijn tot een afgeleide van onze hersenfuncties gereduceerd. In die visie doen onze hersenen iets, gericht op overleven en daarbij krijgen we ook nog bewustzijn. Dat zou dan verder geen enkel doel dienen. Dat vind ik heel vreemd. Waarom is bewustzijn dan evolutionair zo persistent? Het zou op z'n minst een doel moeten dienen.'

Hoe verklaart u dat aan het bewustzijn zo'n ondergeschikte rol wordt toegekend?
'Bewustzijn kun je in de hersenen niet lokaliseren. De bètawetenschappen hebben sinds Descartes materie centraal gesteld. Dat is een dogma geworden en de wetenschap een instituut – de ruimte voor spel is verdwenen. Voor minder tastbare begrippen als bewustzijn of de vrije wil is niet of nauwelijks ruimte. Terwijl we die beide wel degelijk ervaren. Neem de vrije wil. Je bedenkt iets en er zit een correlaat ervan in je brein. Hersenwetenschappers zeggen dan: we zien het brein al vuren, voordat de proefpersoon kan rapporteren dat hij van plan is zijn hand te bewegen. Dus "zijn we ons brein" zoals hoogleraar Dick Swaab stelt en zou de mens geen vrije wil hebben. Dat vind ik een ontzettend vergaand standpunt. Dat maakt ons tot zombies zonder vrije wil en met een bewustzijn dat niet meetelt.'

Wat betekent het om bewustzijn wel als belangrijk te zien?
'De extreemste variant is dat je zegt: de hele werkelijkheid komt voort uit bewustzijn, ook de materiële wereld. Die filosofische stroming heet idealisme en geldt als de tegenhanger van het materialisme. Het draait onze hele perceptie van de werkelijkheid om. Minder vergaand is dat je bewustzijn beschouwt als een primaire bouwsteen van de werkelijkheid.

Zelf ben ik nog zoekend. Ik ben erg getraind in een materialistisch standpunt. Het idealisme vind ik interessant als vingeroefening om te bekijken wat dat oplevert. Eigenlijk is het materialistische standpunt net zo extreem als het idealistische. Maar omdat het eerste zo dominant is, wordt het idealisme als vreemd en zweverig ervaren. Voor mij zijn beide standpunten te extreem.'

Wat bedoelt u met het bewustzijn als primaire bouwsteen van de werkelijkheid?
'Het is een essentieel onderdeel van onze werkelijkheid. De wetenschap is traditioneel behoudend, het materialisme domineert al driehonderdvijftig jaar. Maar je ziet nu toch wel dingen veranderen. In de voorbije kwarteeuw is bewustzijnsonderzoek van de grond gekomen. In de psychiatrie is nu grote aandacht voor mindfulness als methode om ernstige stoornissen te verhelpen. Er is een toenemend bewustzijn dat bewustzijn belangrijk is.'

Terug naar de zin van het leven. Als de wetenschap u niet helpt, hoe beantwoordt u die vraag dan?
'Ik ga te rade bij mijn eigen bewustzijn, want dat is het enige dat ik ken: voelt het voor mij alsof er zin is aan mijn leven? Dan is het antwoord: ja, ik heb het gevoel dat ik een steentje bijdraag aan een beter bestaan. Ik zie het als mijn taak tegen

de wetenschap te zeggen: "Misschien moeten we even een stapje terugdoen en zien dat we in een bepaald paradigma denken." Zingeving is iets wat wij de hele dag doen – we vinden van allerlei dingen wat, we leven ons leven met waarden en normen. We doen dingen soms omdat het moet, maar dat is niet ons enige motief. We doen ze ook omdat we ze belangrijk vinden. Zingeving is dus iets wat hoort bij mens-zijn. Sterker, ik denk dat het hoort bij bewustzijn, want daar vindt het plaats.'

Kunnen we ons bewustzijn wel doorgronden?
'Het eerlijke antwoord is: ik weet het niet. Maar als het doel van wetenschap is de realiteit compleet te verklaren dan hebben we de verplichting dat in ieder geval te proberen. Het einde van de exercitie zou kunnen zijn dat we concluderen dat we er te dom voor zijn. Of dat we er vooralsnog te dom voor zijn. Ik denk dat de mensheid evolueert in begrip. Ons collectieve bewustzijn is enorm toegenomen. Je kunt je bijna niet meer voorstellen hoe mensen pakweg vijfhonderd jaar geleden tegen de wereld aankeken. Laat staan dat we kunnen bedenken hoe ze dat over vijfhonderd jaar doen. Ik verwacht dat het met een veel groter bewustzijn zal zijn dan waartoe we nu in staat zijn.'

Wat zou het doel van dat collectieve bewustzijn kunnen zijn, het redden van de planeet wellicht?
'Als ik God was, (lachend) dat is een zin waarvan ik niet dacht dat hij ooit uit mijn mond zou komen, zou ik dan begaan zijn met een individuele planeet? Is het voor het bewustzijn an sich belangrijk dat die voortbestaat? Dat denk ik niet. Als het waar is dat bewustzijn elementair onderdeel is van onze realiteit dan blijft bewustzijn bestaan, ook al blazen we deze

planeet op. Ik sluit trouwens niet uit dat ook het collectieve bewustzijn een vrije wil heeft. Dan zou het beslissingen kunnen nemen waar wij mee te maken krijgen, als onderdelen van dat collectief, zonder dat we dat doorhebben. Ik denk niet dat alles wat ons overkomt alleen maar toeval is.

    Bij het nadenken over deze vragen helpt het me dat ik mediteer, ik doe het een jaar of zeven inmiddels. Op een gegeven moment vallen je gedachten weg en kun je op een andere dan de wetenschappelijke manier exploreren. Dan kan ik met mijn bewustzijn kijken en intuïtief aanvoelen wat belangrijk is. We zijn zo gefocust op ons individuele bewustzijn dat we dat grotere bewustzijn uit het oog hebben verloren. We voelen veel meer het individuele dan het collectieve. Dagelijks mediteren helpt mij verbinding met dat laatste te leggen.'

Bent u door uw inzichten over ons bewustzijn op een agnostisch standpunt uitgekomen?

'Eerlijk gezegd denk ik daar nauwelijks over na. Ik vind de godsvraag niet zo interessant. Als je uitgaat van een bewustzijn dat groter is dan wij dan maakt liefde daar zeker onderdeel van uit. Dat kennen we uit ons dagelijks leven ook goed. Liefde is wat alle religies willen zeggen als ze het hebben over God, Boeddha of wie dan ook. Uiteindelijk hebben alle normen en waarden daarmee te maken. Liefde zit in mijn bewustzijn en in dat van anderen, dus ook in het collectieve bewustzijn. Ik denk dat wat mensen God noemen eigenlijk liefde is. Daarmee vervalt voor mij de vraag of hij bestaat. Liefde bestaat, maar het helpt mij niet dat God te noemen. Als er een hoger doel in het leven is dan zou dat wel eens het streven naar liefde kunnen zijn.'

Hoe kijkt u aan tegen de dood? Het materialistisch-wetenschappelijke standpunt is eenvoudig: dood is dood, einde verhaal.

'Wanneer je bewustzijn als uitgangspunt neemt dan is het dus niet klaar. Mijn perceptie van de dood is veranderd. Ik heb het idee "straks is het helemaal voorbij" altijd heel onprettig gevonden. In mijn ogen is er ruimte voor ons bewustzijn buiten ons leven als mens op aarde. Dus dan wordt het mogelijk dat het na de dood niet helemaal voorbij is. Dat vind ik een comfortabeler standpunt. Al weet ik natuurlijk niet hoe dat eruitziet.

Als we bewustzijn als een bouwsteen beschouwen, ontstaat er ruimte voor zaken waar je het in de wetenschap nu niet over mag hebben. Zoals bijna-doodervaringen van mensen. Die worden weggezet als onmogelijk of als hallucinaties van een zuurstofarm brein. Maar je kunt je voorstellen dat er een andere uitleg is, uitgaand van een tijdelijke dissociatie van het bewustzijn van het lichaam, die een bijna-doodervaring mogelijk maakt. Dat wordt minder iets wat aan de fantasie is ontsproten. Dan kun je het gaan onderzoeken.'

LEESTIP
De Engelse patiënt van **Michael Ondaatje**

'Ik raad zowel de film als het boek aan. Ondaatje beschrijft prachtig hoe vier mensen aan het einde van de Tweede Wereldoorlog in een Italiaanse villa terechtkomen en proberen hernieuwde zin aan hun levens te geven. Mooi is hoe ze troost bij elkaar vinden en betekenis aan elkaar geven. Ik pak het boek graag uit de kast om even in een andere wereld te verkeren.'

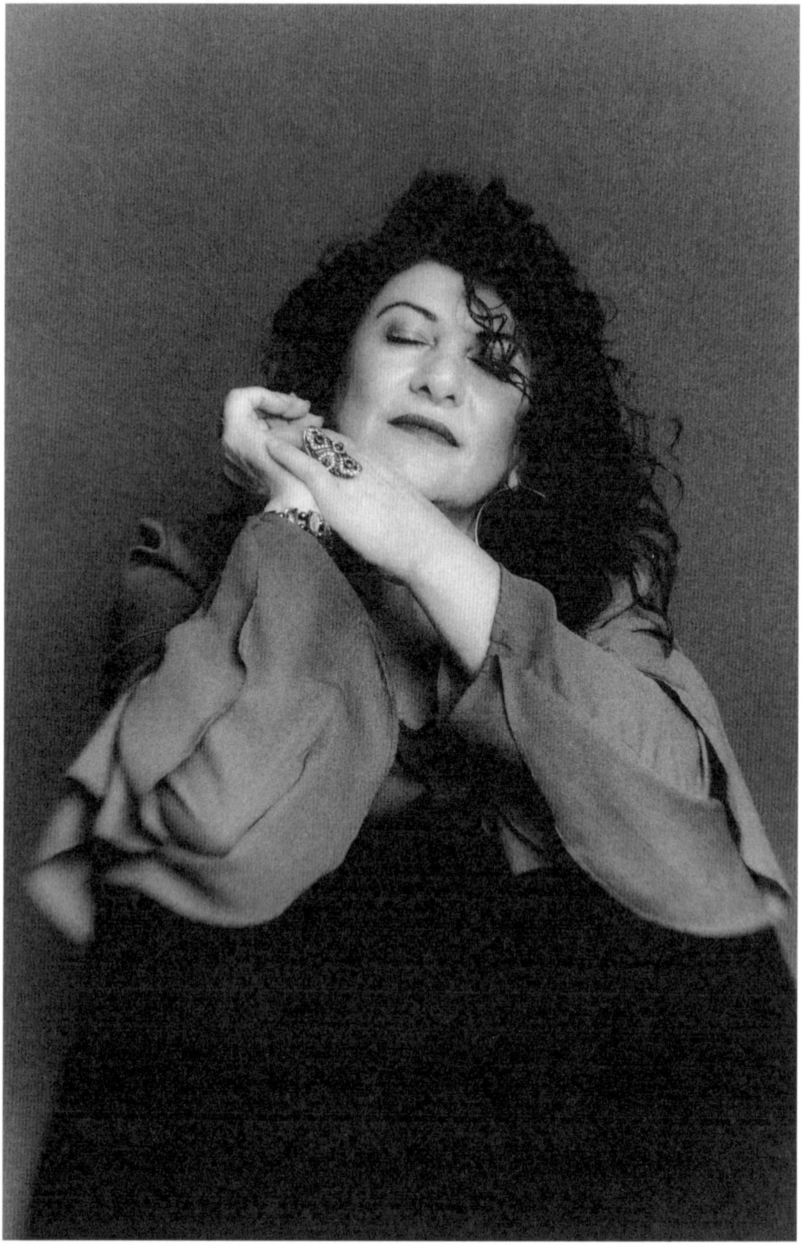

Funda Müjde, acteur en cabaretier

Elf jaar geleden werd ze invalide toen de taxi die haar door Istanbul reed, werd geramd door een jonge wegpiraat. Acteur en cabaretier Funda Müjde (57) hield er een dwarslaesie aan over, wat haar tot een bestaan in een rolstoel veroordeelde. Maar ze weigert zichzelf als slachtoffer te zien: 'Je moet je niet afvragen waarom iets je overkomt, maar hoe je ermee kunt omgaan.'

Haar lot valt haar soms zwaar. In 2013, zes jaar na het ongeluk, had ze een 'zware periode' en ook het afgelopen jaar werd gekenmerkt door 'een terugval'. Die inzinkingen pleegt ze met daadkracht te beantwoorden. Na de crisis van 2013 volgde een fietstocht met een handbike van Nederland naar Turkije in 2014, ter viering van het vijftig jaar oude wervingsverdrag dat Turkse arbeidsmigranten naar Nederland deed komen. Van haar tocht deed ze verslag in *Niemand vraagt meer waar ik vandaan kom (sinds ik in een rolstoel zit)*.

Na haar terugval van dit jaar ging ze voor het eerst alleen op reis, naar Aruba. Inmiddels rolt ze het toneel op voor haar nieuwe voorstelling *Funda stelt zich aan*. De boodschap: angst en onvrijheid zitten meer in onszelf dan in de buitenwereld. En tegenslagen maken je niet alleen sterker, maar helpen ook jezelf te ontplooien. Müjde, moeder van vier volwassen kinderen, woont met haar Nederlandse man in een oud klooster in de Zaanstreek. In die regio bracht ze ook haar jeugd door, in een gematigd gelovig gezin met zes kinderen, nadat ze de eerste zeven jaar van haar leven in Turkije had gewoond.

Wat is de zin van ons leven?
'Als kind zocht ik het in heroïsche daden: de wereld redden en hopen dat mensen over honderd jaar zouden zeggen: "Er heeft ooit een Funda geleefd." Mijn rol was dan altijd dienstbaar, ik bood hulp. Ik was van het magisch denken en dacht dat God een plan met me had. Ons gezin was alevitisch, een gematigde stroming van de islam. Voor mijn moeder was het geloof belangrijk, maar mijn vader permitteerde zich grapjes over God. Hij vond het vooral belangrijk dat wij ons ontwikkelden, ook zijn dochters. Als kind dacht ik dat het mijn taak was Nederland en Turkije met elkaar te verbinden. Later, als actrice, wilde ik een Oscar winnen en de Oprah Winfrey voor het Midden-Oosten worden. Dat soort fantasieën koesterde ik.

Tegenwoordig zie ik de zin van het leven minder duidelijk, ik weet het niet meer zo goed als destijds. Ik ben niet cynisch geworden, want daar ben ik te optimistisch voor. Ik zoek het in kleinere dingen. Ik ervaar de zin van mijn leven wanneer ik iemand help. Ik ben niet meer zo'n wereldbestormer. Sartre heeft geschreven: "De zin van het leven verzin je niet, die ontdek je." Dat spreekt mij aan. Ervaringen opdoen, ontdekken en delen, daar gaat het om.'

Welke ervaringen hebben u gemarkeerd?
'Vanaf mijn zeventiende heb ik zes jaar lang als kraamhulp gewerkt. Die geboorten van kinderen waren telkens onbe-

schrijfelijke ervaringen. Ik heb zelf ook twee kinderen in mijn lichaam gedragen. Dat zijn momenten dat je overtuigd raakt van een God, een creator of hoe je het verder wilt noemen. Het is te ingenieus, te knap. Het zijn goddelijke ervaringen wanneer je ziet hoe het leven wordt doorgegeven. Ik zie daar vooral onze verbondenheid met de natuur in. Die speelt een steeds grotere rol in mijn leven. In de natuur zijn is een ervaring van geluk, maar ook vaak van nietigheid. Op mijn handbiketocht naar Turkije was ik veel alleen in de bergen. Daar begreep ik wat Spinoza bedoelde met "de natuur is God". Zo'n gelukservaring kan me overigens ook verdrietig maken, wanneer ik bedenk: dit is het, meer is er niet.'

U deed niets aan uw geloof, schrijft u in uw boek. Maar enkele weken na uw ongeluk had u een intense behoefte een hogere macht te danken, toen u voor het eerst alleen kon douchen.
'Na mijn ongeluk was ik in eerste instantie helemaal niet blij dat ik nog leefde. Wel voor mijn moeder die geen kind hoefde te begraven en ook voor mijn kinderen, maar niet voor mezelf. Ik dacht vaak: ik ben even gespaard, zodat mensen eraan kunnen wennen dat ik straks doodga. Die gedachte beangstigde me niet, ik hechtte niet zo aan mijn leven.

De dankbaarheid kwam later, onder die douche. Ik kon alleen maar zeggen: "Dank u dat ik kan zitten, dank u dat ik warm water heb." Dat gevoel heb ik tot op de dag van vandaag vastgehouden. Dankbaarheid is mijn antidepressivum, het geeft me een intens blij gevoel. Ik had onder die douche een diepe behoefte aan overgave. Daardoor kon ik weer hoop voelen. *Have faith*, dat waren de woorden die telkens bij me opkwamen. "Verzet je niet tegen je lot, laat het over – het komt goed." Dat hield ik me voor, wanneer ik de beangstigende gedachte had dat ik nóóit meer zou kunnen lopen. Maar het was niet zo dat ik zei: "God, help me", omdat ik in nood was. Zo heb ik het niet ervaren. Ik denk dat dat "have faith", noem het kracht of optimisme, al in me zat.'

Maar tijdens uw revalidatie ergerde u zich aan mensen die zeiden: 'Houd hoop.' Waarom?
'"Je moet hopen", "hoop doet leven", "ik hoop dat je gaat lopen, maar jij moet erin geloven". Mensen relateren dat vaak aan God. In het Turks is dat zoiets als: "Als je het aan God laat, is er altijd hoop." Dat geloven in God en het lot vind ik heel gevaarlijk aan het geloof, vooral in islamitische landen. "Hoop doet leven," zeggen ze, maar dat is dan een vrijbrief om geen reet te doen. Afwachten is een gevaarlijke vorm van slachtofferschap. Het leidt tot fatalisme: God heeft ons gestraft of beloond en wij kunnen er verder niks aan doen. Dat zie ik bij veel moslims. Dat lamgeslagene bij Turkse vrouwen van in de veertig en vijftig, uitgeblust, met zo'n houding van: nu is het te laat, ik ben oma.

"Have faith" was voor mij deels accepteren en dat gaf rust. Maar het was ook: "Nu aan de slag." Voor sommige dokters was ik te fanatiek. Ze vonden mijn doelen veel te hoog gegrepen. Dan zeiden ze: "Wordt het niet tijd dat je aan je acceptatie gaat werken? Je bent zo met dat lopen bezig." Nou, ik kan het nog niet, maar ik ben wel veel verder gekomen dan ze voor mogelijk hielden. Natuurlijk, je mag mensen geen valse hoop geven, maar hun hoop van ze afnemen, vind ik erger. Ik heb mensen in enkele maanden daardoor zien verschrompelen, uitdoven. Je kunt hopen tot je een ons weegt, of in mijn rolstoel tot ik honderddertig kilo weeg, want die kant gaat het op als ik niet oppas, maar dan gebeurt er niks.

Ik houd niet van slachtoffergedrag. Dus concentreer je niet

op: waarom ben ik invalide geraakt? Die vraag suggereert dat er iemand is geweest die je heeft willen straffen of belonen. Dat biedt geen enkele geruststelling. Nee, de vraag is: hoe ga je ermee om? Dat vind ik veel troostender. In mijn ervaring wordt ons leven maar voor 10 procent bepaald door wat ons overkomt en voor 90 procent door hoe we over tegenslagen denken, voelen en ermee omgaan.'

Hoe kwam het dat u het dit jaar zwaarder had met uw invaliditeit dan in andere jaren?
'Ik voelde veel verdriet over de beknotting van mijn vrijheid. De praktische gevolgen van immobiliteit. Zelf naar de wc, zelf je krantje halen, zelf je bed in en uit, weet je wel hoe lekker dat is? Daar kon ik soms zo naar verlangen. De Aruba-reis was mijn antwoord – vier weken lang alleen. Daarna voelde ik voor het eerst weer dat ik echt hecht aan het leven. Ik wil nu ook best wel weer oud worden. Ik moet ervoor waken dat ik me dan meteen zorgen ga maken: hoe moet dat, oud zijn in een rolstoel? Ik zie in dit dorp tachtigers in hun tuintje en vraag me af: wat kan ik straks nog? Dan corrigeer ik mezelf: "Nee, ik moet terug naar mijn eerste gevoel. Niet die zorg over mijn toekomst, maar terug naar mijn gehecht zijn aan het leven."

Hoe is de gehechtheid aan het leven teruggekomen?
'Ons lichaam takelt wel af, maar als je doorgaat met je ontwikkelen dan valt er nog zoveel te ontdekken. Grote vragen zoals die naar de zin van ons leven, hebben niet zoveel zin. We proberen die intellectueel te beantwoorden, maar met je verstand kom je er niet. Ik hecht meer aan een innerlijk weten dat ingeeft wat te doen. Pas nu, boven de vijftig, begin ik het leven een beetje te begrijpen.

Vroeger verheerlijkte ik de groepscultuur boven de individualistische cultuur. Die Turkse gemeenschapszin is op zich zeer waardevol, het begaan zijn met buren en familie. Maar vrouwen die niet zichzelf mogen zijn, dat vind ik verschrikkelijk. Hoe kun je je in een groepscultuur ontplooien als je met de paplepel ingegoten krijgt: "Rekening houden met, opofferen." Vrouwen zijn al opofferingsbereid en dan komt die opvoeding er nog eens bovenop.

Wat ik prachtig vind aan de Nederlandse cultuur is de gezonde kant van egoïsme en individualisering. Dat je kunt zeggen: 'Ik wil acteren', en dat dan echt kunnen doen. Dat wordt ongezond als je op anderen gaat staan om verder te komen. Je moet niet over lijken gaan, maar anderen pijn doen hoort er wel bij, bijvoorbeeld wanneer je gaat scheiden. Ik waardeer steeds meer de vrijheid die het individuele met zich meebrengt. Mijn grootste droom is dat ik de fietsreis naar Turkije nog een keer alleen zal maken, waarbij ik onderweg bij mensen logeer. Ik wil bewijzen dat wij als mensen aardiger voor elkaar zijn dan wij vaak denken.'

Hoe staat u tegenwoordig tegenover de dood?
'Ik ben er nooit bang voor geweest. Of er nu wel of niet iets is na de dood maakt niet uit. Misschien heb ik dat te danken aan mijn eerste jaren in Turkije. Daar heb ik gewoond in een grote stad, waar de dood, gehandicapten, pijn, ziekte allemaal onder handbereik waren. Je hielp oudjes die door onze gemeenschap werden verzorgd tot ze doodgingen. Dan ging je keihard huilen en vervolgens meehelpen met de soep maken. En je maakte de dood van dieren mee, ons eigen schaap – hard huilen en protesteren, maar daarna toch ook smikkelen. Ik denk dat de dood er onderdeel van het leven was, terwijl dat hier niet meer zo is.'

LEESTIP
Onverwacht Inzicht van **Jill Bolte Taylor**

'Van alle breinboeken die ik heb gelezen, heeft dit mij het meest beïnvloed. Een emotionele reactie is een chemisch proces dat maar negentig seconden duurt, leert deze neuroloog. Maar allesbepalend voor hoe we in het leven staan, is hoe we vervolgens met de herinnering aan die emotie omgaan.'

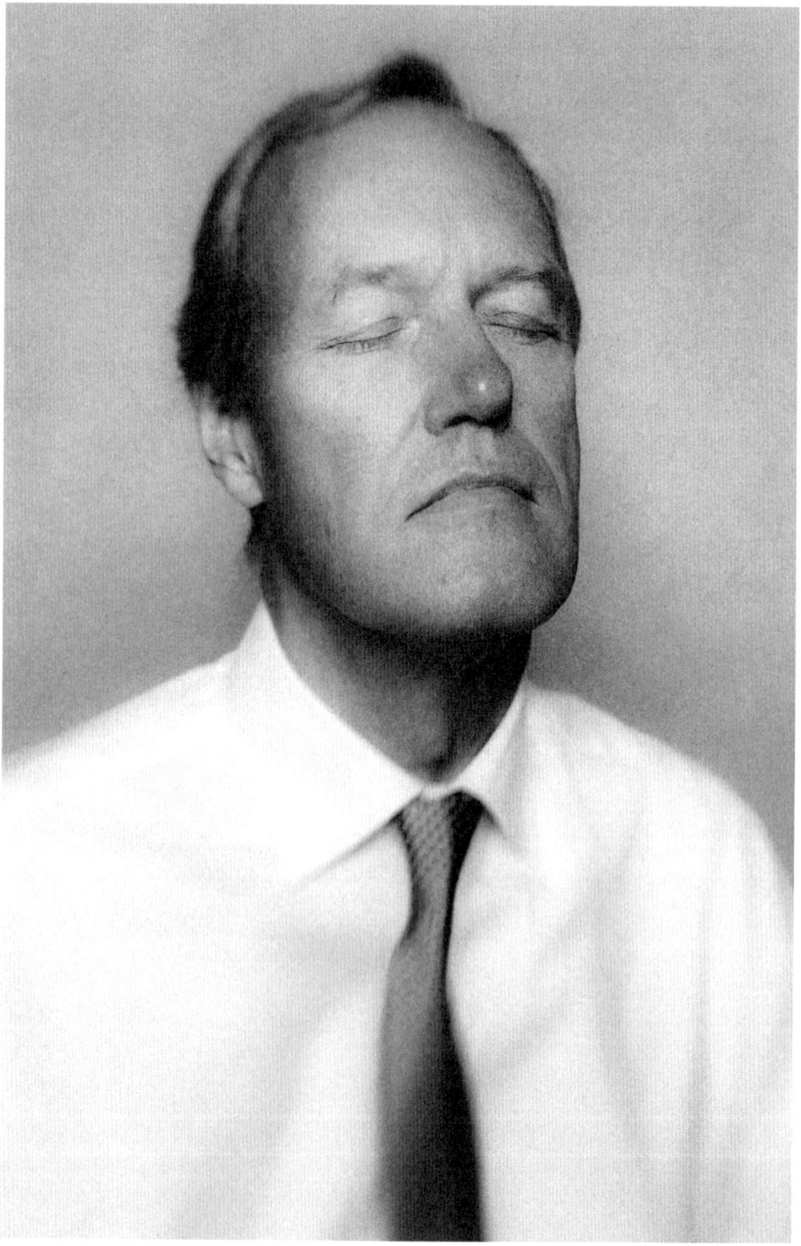

Pieter Riemer, Zuidas-advocaat

'Als je je eenzaam voelt, moet je iets voor een ander doen.' Die raad kreeg Pieter Riemer van zijn vader, toen hij als tiener naar een kibboets in Israël vertrok. Zo'n veertig jaar later is hij een zevenenvijftigjarige topadvocaat aan de Amsterdamse Zuidas. Van het gelijk van zijn vader is hij diep doordrongen: 'Wanneer je iets voor een ander doet, doe je dat voor je eigen geluksgevoel.'

Als partner van Linklaters, een mondiale firma met vijfhonderd partners en vijfduizend medewerkers, vliegt hij de wereld over om juridisch advies te geven bij grote deals. Sinds hij in 1996 naar Londen verhuisde om er een advocatenkantoor op te zetten, laveert hij tussen culturen. In 2005 begon hij met enkele partners de Nederlandse tak van Linklaters, daarna kwam hij in het hoogste bestuursorgaan, opnieuw in Londen. Tegenwoordig richt hij zich weer op zijn praktijk. Onlangs schakelde een Chinees staatsbedrijf hem nog in bij de verkoop van Zuid-Amerikaanse bedrijven aan een andere Chinese gigant. Riemer, die in de nabijheid van de Loosdrechtse Plassen woont, meent dat culturele verschillen op termijn er steeds minder toe gaan doen: 'Uiteindelijk worden we één, daar ben ik van overtuigd.'

Wat is de zin van ons leven?
'Voor mij staat voorop dat ik een enorme drang heb om er te zijn. Praten over de zin van het leven vind ik daardoor niet erg relevant. Heeft het zin dat alles er is? Nou, ik heb dat nog niet kunnen ontdekken. Ik durf dan ook niet te beweren dat het leven zinvol is. Maar gegeven het feit dat we er nu toch zijn, boeit mij vooral de vervolgvraag: is er een bepaalde manier waarop je het zou moeten doen? Kunnen we op een meer of een minder zinvolle manier leven? Is zuster Immaculata uit het gedicht van Reve, die al vierendertig jaar verlamde oude mensen waste, zinvoller bezig dan, ik noem maar wat, de seriemoordenaar, de advocaat aan de Zuidas of de journalist? Dat is een vraag die me al lang bezighoudt.'

Heeft u al een antwoord?
'Niet sluitend, maar ik heb wel een denkrichting. De mens is van oorsprong een dier met instincten zoals angst, groepsgedrag en macht. Maar hij wil zich ook boven die driften verheffen. Tussen die wens tot verheffing en het dierlijke wordt hij voortdurend heen en weer geslingerd. Daarbij zoekt hij geluk. Onze beleving daarvan kan op verschillende niveaus zijn. Het kan gaan om basaal genot, zeg een lekkere appeltaart; het kan tevredenheid zijn, je zaakjes voor elkaar hebben. Maar het kan ook een slag dieper gaan. Dan kom je op het vlak van zingeving. Naarmate ik verder in het leven kom, heb ik daar meer behoefte aan.'

Zuster Immaculata zal door velen worden gezien als iemand met een voorbeeldig leven, waar de Zuidas-advocaat niet aan kan tippen.
'Maar het kan heel goed zijn dat mevrouw Immaculata uiteindelijk niet veel anders heeft gekund dan te doen wat ze

doet. De geluksbeleving die zij creëert, kan fantastisch zijn, zeker. Maar ik geloof dat je dat ook in heel andere rollen kunt bereiken. Het is niet zo dat je alleen een nuttig leven leidt wanneer je in de ziekenboeg werkt, of dingen voor een ander doet. Het leven van iemand die niet de persoonlijkheid heeft om anderen te helpen, kun je niet afdoen als niet nuttig. Wat je te doen staat, is te excelleren op de vlakken waar je kwaliteiten liggen. Want dan voel je je volkomen en heb je een geluksbeleving. Als jij een voortreffelijk artikel schrijft, geeft dat een gevoel van voldoening waardoor je je één voelt met je wezen. Dat moet je zoeken in jezelf.'

Waarom wantrouwt u altruïsme?
'Bij mezelf zie ik dat in ieder geval niet. Als ik iets voor een ander doe, krijg ik er een schitterend gevoel voor terug, dus voor mij is het dan in wezen een egoïstische daad. Ik heb er nog een ander argument voor. Ik heb een geadopteerd zusje uit Korea en heb me erin verdiept wanneer adoptie werkt. Als je het alleen maar doet om de wereld te verbeteren, werkt het niet. Die drive is niet sterk genoeg. Met een echte kinderwens lukt het doorgaans wel. Dat vind ik in dit verband een belangrijke les.'

Maakt uw werk als advocaat uw leven zinvol?
'Het is een prachtig vak waarin ik kan excelleren en dat mij in staat stelt in harmonie met mijn eigen kwaliteiten te komen. Dan kun je ook waarde toevoegen. Er is nu eenmaal een onvoorstelbare behoefte om dingen goed te regelen. Als dat niet gebeurt, kunnen zaken erg fout gaan. Ik faciliteer interactie in de samenleving, dat is een nuttige rol. In het begin van mijn carrière draaide het vooral om mijn zelfontplooiing, tegenwoordig probeer ik mijn geluksgevoel te optimaliseren door

aan een breder verband bij te dragen. Dat kan op kantoor zijn, wanneer ik mensen de ruimte geef. Of dat kan in mijn werk voor vluchtelingen zijn, maar daar wil ik me verder niet op voorstaan.'

Waarom niet?
'Omdat ik absoluut niet de indruk wil wekken dat ik mezelf rechtvaardig. Ik heb niets te rechtvaardigen en heb lak aan gemakkelijke, morele oordelen. Dan kom ik liever over als een steile Zuidas-advocaat. Wanneer Bill Gates besluit geld aan anderen weg te geven, draagt dat bij aan zijn geluk. Voor mij geldt hetzelfde. Als ik me voor vluchtelingen inzet, optimaliseer ik mijn eigen geluksgevoel door mij met anderen te identificeren. Ik wil hen begrijpen: waar komen ze vandaan, wat beweegt hen?

'Dat heb ik ook in mijn werk. In de internationale zakenwereld is dat essentieel. In onze *board* zat ik geregeld aan tafel met een Japanner, een Belg, een Amerikaan en een Chinees. Ze hielden hun vork allemaal op een andere manier vast, maar als je bereid bent daar voorbij te kijken, zie je een enorme rijkdom. Iedereen kijkt anders tegen een probleem aan. Dat is een bron van creativiteit. De verschillen zijn er, zeker, maar uiteindelijk zijn er vooral vlakken waar we elkaar raken. Mijn overtuiging is dat we uiteindelijk één zijn.'

Hoe bent u tot dat inzicht gekomen?
'Wellicht doordat ik mijn moeder kwijtraakte. Ze was een vitale vrouw van drieënzeventig, de motor van de familie. Ineens was ze weg, in twee weken tijd. Dat was een ongelofelijke schok voor mij. Ik ben een kind van de zon, ik heb maar heel weinig tegenslag meegemaakt. Ik geloofde in grip op je leven houden en voer de hele tijd scherp aan de wind: ik doe dit, dit

en dit, dan doe ik dat, dat en dat en dat brengt me dit. Teams aanvoeren, de koers uitzetten, zeggen wat we gaan doen, dat was mijn hele leven. Ik was bezig te handelen, perfectionistisch.

Ik weet nog dat ik mijn moeders begrafenis regelde en ik de mevrouw van het begrafenisbedrijf op twee fouten wees in het overlijdensbericht, waarop zij zei: "Meneer, wordt het geen tijd dat u uw verdriet toelaat?" Ik zei: "Wanneer dat gebeurt, dat bepaal ikzelf. U moet zorgen dat dit bericht juist in de krant komt." Maar er zat wel wat in. Op de dood van mijn moeder had ik geen antwoord. Een tijdje na de begrafenis zat ik op een bankje in een park in Amsterdam-Zuid en vroeg me af: "Hoe verklaar ik dit?" Ik was geschokt door de ruwheid, de abruptheid van het bestaan. De totale chaos die permanent om ons heen is.

Jij zit nu tegenover me, maar voor hetzelfde geld lag je nu onder de zoden en had ik gedacht: "Toch jammer dat die kerel dood is", maar ik was gewoon verdergegaan. Nu zit je hier en voeren we dit gesprek. Chaos. Ik ben toen gedichten gaan lezen en probeerde tussen de regels door te begrijpen, te rijmen dat het is zoals het is. Hoe kon ik weer grip krijgen? Die kreeg ik door te zeggen: ik ben jou, jij bent mij.'

Waarom gelooft u dat?
'Het is geen geloof, maar een bewustzijn. Na de dood van mijn moeder heeft bij mij de gedachte postgevat dat het bestaan niet vanuit een enkel individu maakbaar is, maar dat je onderdeel van het grotere geheel bent. Als je dat echt voelt, ontstaat er veel rust. Want dan maakt het eigenlijk niet meer zoveel uit of jij er nu bent of dat een ander er is. Dat is een troostrijk gegeven, je eigen dood wordt dan minder belangrijk.

De wetenschap levert me bewijzen dat het die kant ook opgaat. We delen al organen met elkaar, dat is het prille begin. We gaan naar een punt waarbij onze geesten rechtstreeks met elkaar communiceren. Nu al kun je op die manier het spelletje Tetris spelen. De wetenschap op dit vlak maakt een steile curve door. Straks lig je met je vrouw in bed en zeg je: zullen we hem even aanzetten? Dan kom je bij elkaars geest binnen. Geweldig! Dan zeg je: die coïtus was helemaal niks, dit is pas echt mens-zijn, de ultieme voldoening.

Abel Herzberg heeft ooit geschreven dat de mens een fragment is en doelde op het grotere verband waarin we leven. "We zijn fragmenten", dat heeft diepe indruk op me gemaakt. In zijn optiek was daarbij een God, in die van mij niet, maar dat maakt niet uit. Ik ben ervan overtuigd dat we op weg zijn allemaal één te worden. Tenzij we zo stom zijn dat we onszelf vernietigen. Bijvoorbeeld doordat we ons afwenden van degenen voor wie we moeten zorgen. Dan houdt het op. Over jouw belang kan ik gemakkelijk nadenken, maar het gaat me ook om die man hier verderop op de dijk. Die woont er met zijn iets te dikke hondje en groet me altijd afgewend, als ik in mijn auto langsrij. Hij is even belangrijk. Als we niet voor hem zorgen dan wend je je af. Dat is wat de elite in mijn ogen momenteel te veel doet.

We moeten ophouden steeds grotere hekken om onze huizen te bouwen en ons naar de maatschappij gaan keren. Als ik op mijn roeivereniging ben, zit ik in de boot met allemaal mensen die het goed hebben. Dan kunnen we eindeloos over roeien praten, de snelheid en de slag. Hartstikke leuk. Maar dat mag niet het enige zijn. Als we ons daartoe beperken, wordt die boot uiteindelijk opgeblazen. Dan profiteren lieden die uit de elite voortkomen van het ongeluk van mensen om wie we ons niet hebben bekommerd. Dan grijpen de populisten de macht. Onze vrijheid is als kraanwater. We beschouwen het als normaal. Maar dat is het niet. Vandaar dat ik zeg: denk niet dat die ander echt een ander is, maar identificeer je met hem. Dat is in je eigen belang.'

LEESTIP
Job van **Joseph Roth**

'Dit is zo mooi geschreven, het is bijna een gedicht. De hoofdpersoon Mendel Singer woont in Rusland met zijn vrouw en vier kinderen, van wie er een gehandicapt is. Die laatste laat hij achter bij zijn emigratie naar Amerika. Daar overkomen hem rampen en verliest hij alles en iedereen, waarna hij zijn geloof loslaat. Dan gebeurt er iets. *Job* is een boek waardoor je bijna weer zou gaan geloven.'

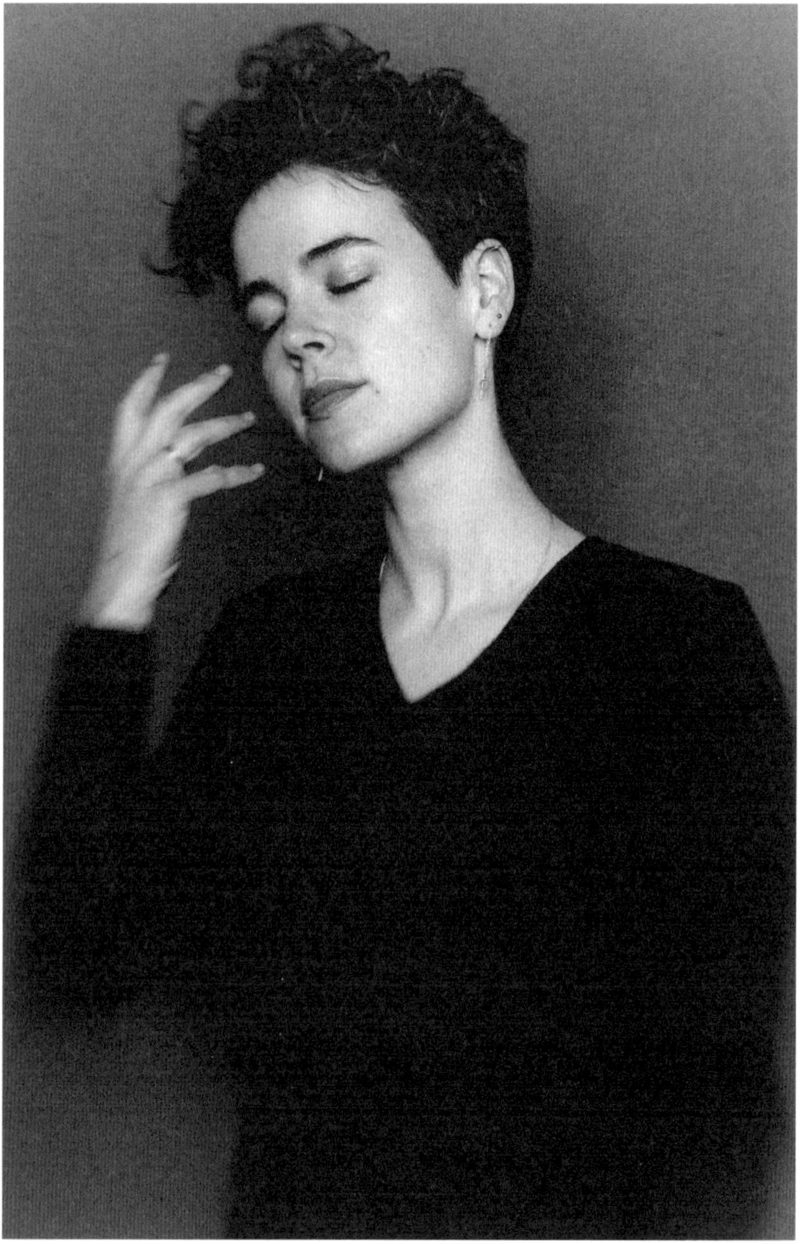

Bregje Hofstede, schrijver

Staand voor haar boekenkast met de vraag welk werk haar iets geleerd had over de zin van het leven, trok schrijfster Bregje Hofstede het ene na het andere boek eruit. Tot haar eigen verbazing: 'Ik wist niet dat ik er zo mee bezig was.' Instemmend citeert ze dichter Hans Lodeizen: 'Al het schrijven wat niet op de een of andere manier helpt te leven, is vergeefs.'

De net dertigjarige Hofstede, die Frans en beeldende kunst studeerde, publiceerde onlangs haar roman *Drift*. Daarin beschrijft ze met een eerlijkheid die geregeld pijnlijk aandoet, het mislukte huwelijk van haar hoofdpersoon, Bregje Hofstede. 'Als ik stop waar het gaat schuren, mis ik mijn doel,' vindt ze. In haar ogen 'vertelt iedereen fictie over zichzelf' om zijn leven betekenis te geven. Romans schrijft ze als 'een vermomming om een diepere waarheid te laten zien'. Haar kijk op het leven valt ook af te leiden uit haar essays voor *De Correspondent* en uit *De herontdekking van het lichaam*. In dat boekje voorziet ze de burn-out die haar op haar vierentwintigste overkwam van een maatschappelijke en filosofische context. De naar eigen zeggen 'ongeneeslijk ernstige' Hofstede schrijft al vanaf haar jeugd ook dagboeken: 'Betekenisvolle ervaringen of gedachten ongezegd voorbij laten gaan, vind ik onmogelijk. Dan heb ik het gevoel dat de betekenis er meteen weer uit loopt.'

Wat is de zin van ons leven?
'Van huis uit is mij geen zin van het leven aangereikt. Ik ben ongelovig opgevoed. Mijn vader is evolutionair bioloog en mijn moeder een praktische, nuchtere vrouw. Voor een bioloog wil het leven zichzelf alleen maar in gang houden, dat is wat cellen en soorten doen. Ik zit op die lijn. Ik geloof niet dat het leven een zin heeft buiten ons, dat we met z'n allen onbewust meewerken aan een groot masterplan. Dit is het en als je doodgaat, ben je dood, schluss. Tot die tijd, tja, mag je er iets moois van maken. Voor mij is het leven een dunne draad die over een complete leegte loopt.'

Heeft u geen enkele twijfel over die zinloosheid? Sommigen zeggen dat ons brein te klein is om de werkelijkheid te doorgronden.
'Ik ben het er zeer mee eens dat we geneigd zijn onze eigen intelligentie te overschatten. Maar aan die constatering heb ik niets om de zin van mijn leven te bepalen. Ik moet het doen met wat ik zie. Dan ben ik overtuigd van de intrinsieke zinloosheid. Kijk maar naar de gangen van de wereld en waartoe de mens in staat is. Dan kan ik maar twee conclusies trekken: ofwel er is helemaal geen plan, ofwel het is gemaakt door iemand die totaal kierewiet is. God zie ik als een trui die de mens voor zichzelf heeft gebreid, om te verhullen dat hij naakt is. Voor mij bewijst de behoefte aan God vooral hoezeer de mens gedreven is zin in het leven te zoeken. Dat zie ik als een bewijs voor de intrinsieke zinloosheid.'

Hoe gaat u met die zinloosheid om?
'De dunne draad van je leven moet je aan meerdere punten zien te verbinden. Zo kun je betekenis vormen. Dat antwoord zie je terug in de eerdere interviews in deze serie, de mens alleen is nooit genoeg. Het is zaak een verhaal voor je leven te bedenken en verbanden met anderen te leggen. Zo moet de draad sterk genoeg zijn om je 's ochtends uit bed te trekken. Dat is voor iedereen een grote klus. Ik vind het mooi dat je dat web niet in je eentje kunt weven. De zinloosheid is een enorme motivatie er wat van te maken.'

Hoe belangrijk vindt u de vraag naar de zin van het leven?
'Die vraag doet me denken aan een uitspraak die aan Socrates wordt toegeschreven: "Het niet-onderzochte leven is het leven niet waard." Dat is een dictum waar ik mijn leven naar heb ingericht, aandacht voor je leven en de vraag of je het zinnig vindt. Aandacht zie ik als een instrument van zingeving. Je kunt daar niet de hele tijd mee bezig zijn, niet wanneer je in de supermarkt tussen twaalf soorten pindakaas moet kiezen. Maar wel bijvoorbeeld tijdens seks. Dat is voor mij zo'n moment om te beseffen: ik heb een hartslag, zit in een lichaam, dat is eindig, en het gaat niet eeuwig zo behaaglijk zijn. Dat is een moment van bewustzijn, gekoppeld aan de zin en eindigheid van het leven. Die gedachte heeft als staart: wat ga je doen met de korte tijd die je hebt? Hoe ga je daar betekenis aan geven?

Virginia Woolf schrijft in *Moments of Being* dat voor haar elke dag meer "niet-zijn" dan "zijn" bevat. Dat niet-zijn omschrijft ze als een soort bewusteloosheid, katoenpluis dat in haar hoofd zit. Maar af en toe is er een moment van bewustzijn, waarin ze de structuur achter de dingen ziet en beseft wat het allemaal betekent. Dat moment probeert ze dan in woorden te vatten. Daar zit voor mij ook het grootste plezier, het reiken naar die achterliggende betekenis. Schrijven is de meest complexe en genuanceerde manier van communiceren die we als mensen hebben uitgevonden. Voor mij is het het meest zinvolle dat ik met mijn leven kan doen.

Schrijven helpt mij om betekenis te destilleren uit een in beginsel vrij absurd en arbitrair leven. En ik hoop dat wat ik schrijf anderen kan helpen door er betekenis voor hun leven aan te ontlenen. Dat is ook de reden dat ik zover ga in het delen van persoonlijke gevoelens en ervaringen. Juist de dingen die pijnlijk zijn, wil ik van een betekenis voorzien, juist daar wordt schrijven zinvol. Als ik het web dat ik heb geweven kan uitstrekken naar een ander, wordt het ook voor mij steviger. Maar het is paradoxaal: ik communiceer door vele uren alleen in mijn kamer door te brengen. Via die eenzaamheid kan ik iemand bereiken.'

Er zijn mensen die zeggen: je moet niet zo nadenken over de zin van het leven, maar het leven.
'Voor mij is het iets wat je juist moet formuleren om dan te bedenken: wat vind ik waardevol? Tijdens mijn burn-out kwam ik erachter dat ik volgens wetten had geleefd, niet volgens waarden. Ik dacht bijvoorbeeld dat ik vooral hard mijn best moest doen en productief moest zijn. Maar ja, waarvoor eigenlijk? Die vraag had ik niet gesteld, ik was alleen bezig een goede leerling te zijn. Dan blijf je onzeker of je het wel goed doet. Het is een bron van kracht als je bij jezelf kunt nagaan wat je waardevol vindt en dan daaraan kunt toetsen.'

Draaide het tijdens uw burn-out ook om de zin van het leven?
'Zeker. Alle zinvolle activiteiten vielen weg, dus dat leidde tot

een acuut probleem van zingeving. Het was bijna een soort zingevingsoefening: wie ben ik nog als ik niet kan schrijven en geen gesprek meer kan voeren met mensen om wie ik geef, omdat ik het idee heb dat ze tegen me schreeuwen? Ik werd geconfronteerd met de leegte achter de dingen, staarde in die leegte en moest me tegelijkertijd de vraag stellen: hoe ben ik hier terechtgekomen? Waarom ben ik als een blinde blijven hollen, tot ik over het randje viel? Waarom was het nooit goed? Ik kwam erachter dat ik helemaal niet wist waar ik naartoe aan het hollen was.'

U constateerde ook dat u zich in een 'kooi van plichtsgevoel en prestatiedrang' bevond. Was die van eigen makelij of zegt dat iets over onze maatschappij?
'Allebei. Voor veel mensen is het onduidelijk wat er van hen wordt verwacht. "Doe wat je leuk vindt en haal alles eruit wat erin zit", dat zijn de vage doelstellingen die je meekrijgt. Die vrijheid is fijn, maar legt ook druk op je. Want je moet zelf bedenken wat jouw bijdrage wordt. Religie schetst je geen kader meer en je hebt veel minder vaste, sociale rollen als huisvrouw worden of je vader opvolgen. Bovendien kun je je tegenwoordig met de hele wereld vergelijken. En dat doen we, heel onrealistisch, met de top. Honderd jaar geleden ging het om het slimste meisje uit de buurt, nu is de vergelijking met het succesvolste meisje van het westelijk halfrond.

Gelukkig stelt het leven ook praktische eisen. Dat kun je als een redding zien, want als je de hele dag bezig zou kunnen zijn met vraagstukken van zingeving dan kom je in de buurt van het antwoord dat de Britse schrijver George Eliot aan Socrates gaf: "Een niet-onderzocht leven is misschien niet de moeite waard, maar een al te bestudeerd leven is volstrekt onleefbaar." Voortdurend staren in die grote leegte, waar je overheen probeert te balanceren, kan verlammend werken. Ik kan me heel goed voorstellen dat mensen een kind krijgen en dan opluchting voelen: "Zo, nu hoef ik niet meer erover na te denken waarvoor ik opsta."'

Hoe ziet u dat voor uzelf?
'Sinds ik een paar maanden dertig ben, is dat veruit de meestgestelde vraag. Ik stel hem ook aan mezelf. Ga ik betekenis aan mijn leven geven door het zorgen voor een ander en me voort te zetten in een kind? Of doe ik het door te schrijven en me voort te zetten in woorden? Biologisch is de keuze gemaakt, het voortzetten van de soort, maar wij mensen hebben de vrijheid anders te kiezen. Ik weifel nog.'

Hoe kijkt u tegen de dood aan?
(Zucht) 'Ik heb eerder dit jaar een goede vriendin verloren. Dat was voor mij een confrontatie met hoe totaal arbitrair, absurd en zinloos de dood is. Ik had het eerder over de betekenis die we weven, een dun laagje "zin" als een dampkring waarbinnen het leefbaar is. De dood slaat daar een gat in, een deel van de betekenis wordt je plots ontnomen. Stel dat je partner of je kind wegvalt, iemand met wie je je leven dagelijks deelt, dan slaat dat zelfs een enorm gat. Dat maakt voor mij heel naakt zichtbaar hoeveel werk het is je leven van zin te voorzien. Om weer nieuwe betekenis te vinden, vraagt een enorme inspanning. Het geeft voor mij aan hoe kwetsbaar ons leven is.'

Is die kwetsbaarheid ook de essentie van ons bestaan?
'De essentie ligt vooral in onze omgang ermee. Veel van ons doen en laten is erop gericht ons van die kwetsbaarheid af te wenden. Bijvoorbeeld door afleiding te zoeken in consu-

meren en onszelf materiële zekerheid te verschaffen. Of door emotionele stabiliteit te zoeken in het beloven voor eeuwig bij elkaar te blijven. Alles om maar het gevoel te hebben dat het een continue staat van zijn is, ook al fluctueert het gevoel dat je voor een partner hebt. Het is bedoeld om de fundamentele onzekerheid over ons bestaan te sussen.'

LEESTIP
De wand van **Marlen Haushofer**

'Een vrouw wordt door een onzichtbare muur afgesloten van de wereld. In de bergen, met alleen een kat, een hond en een koe. Zolang ze die kan verzorgen, blijft ze vechten. Haushofer laat zien: zoals een woord niets betekent zonder een web van taal, zo ontstaat ook "zin" enkel in interactie met andere wezens.'

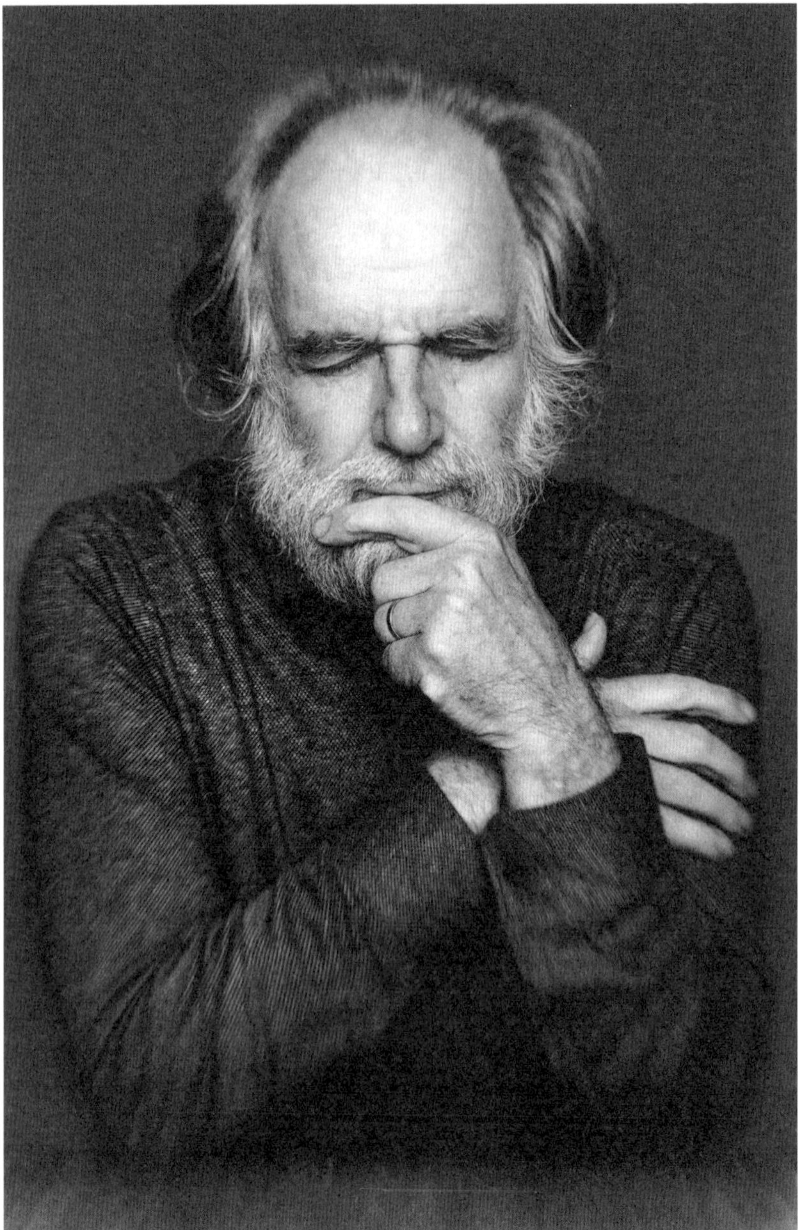

Gerard Bodifee, astrofysicus

Gepromoveerd astrofysicus, filosoof, chemicus, journalist en schrijver – het zijn enkele van de etiketten die de tweeënzeventigjarige Vlaming Gerard Bodifee in de loop van zijn leven heeft verzameld. Als tiener groeide hij, zoon van Nederlandse ouders, op in naoorlogs Antwerpen. Hij raakte gefascineerd door de sterren en voelde zich 'aangeraakt door iets groters' – met een dagelijkse gang naar de kerk als misdienaar tot gevolg. Later promoveerde hij op de patronen die na de geboorte van een ster in sterrenstelsels ontstaan, waarbij Nobelprijswinnaar Ilya Prigogine zijn intellectuele voorbeeld was. In de kerk is hij inmiddels teleurgesteld geraakt ('die heeft gefaald'), maar zijn geloof in God is ongebroken. Al hanteert hij wel zijn eigen definities van 'geloven' en 'God'.

Vanaf ongeveer zijn vijftigste is de natuurwetenschapper Bodifee, auteur van tientallen boeken, zich vooral op filosofie gaan toeleggen. Woonachtig in een landhuis in Belgisch Limburg richtte hij met zijn vrouw, televisieprogrammamaker Lucette Verboven, een 'Huis voor Filosofie' op. Over de oude Griekse filosofen ('ik ben platonist') spreekt hij inmiddels met evenveel gemak als over de kwantummechanica en het universum. Bodifee prijst de natuurwetenschappen om de vooruitgang die zij hebben gebracht, maar meent ook dat hun beoefenaars te veel preties hebben gekregen. Zij behoren te zwijgen over existentiële vragen, natuurwetten hebben niets van doen met ethiek: 'De werkelijkheid heeft geen zin van zichzelf, die moeten wij eraan toevoegen.'

Wat is de zin van ons leven?
'De zin moet je buiten je eigen bestaan zoeken. Als je hem in jezelf zoekt, wil dat zeggen dat je iets wilt bereiken of bezitten. Dat kunnen natuurlijk doelstellingen in je leven zijn, maar dat levert nog geen waarachtige zin op. Want die is dan begrensd tot een werkelijkheid die ophoudt met jezelf. Misschien kun je de vraag beter ruimer formuleren: wat is de zin van het bestaan als zodanig?'

Akkoord.
'Dan hebben we het over het geheel van de werkelijkheid, waarin onze planeten niet meer zijn dan zandkorreltjes die om een wat grotere zandkorrel, de zon, heen draaien. De mens vraagt zich af: wat is de betekenis van mijn aanwezigheid in dit enorme geheel? Dat is de echte vraag. Waarom is er het universum, waarom is er een wereld? Ik denk dat alleen een vrij simpel antwoord houtsnijdt, namelijk de zin van het bestaan is het bestaan zelf. Het feit dat je bestaat, is een zinvol gegeven. Maar dat kun je alleen zeggen als je een zekere waarde aan het bestaan toekent. Oftewel: je moet het bestaan goed vinden. Als het goed is te bestaan, is het zinvol te bestaan.'

Maar hoe goed is het bestaan? Er zijn genoeg bewijzen van het tegendeel.
'Dat het een irrationeel en gevoelsmatig antwoord is, besef ik. Maar er gaat ook iets zeer krachtigs van uit: ja, ik vind het

goed dat de werkelijkheid bestaat. Ik ben niet zo'n Bijbellezer, maar ik vind de eerste bladzijde heel mooi. Die wordt vaak verkeerd begrepen. Onze wereld is in 14 miljard jaar geschapen, niet in zes dagen, dus de Bijbel bevat klinkklare onzin, zeggen wetenschappers. Maar dan lees je het verhaal verkeerd. Het gaat niet om het feitenrelaas, maar om de constatering: "God zag dat het goed was." Dat is het geloof waarop onze hele cultuur steunt, of je jezelf nu joods-christelijk noemt of niet.'

Maar hoe ziet u dan het kwaad?
'Natuurlijk, het bestaan is ook chaotisch en wreed, meedogenloos en willekeurig. Alles wat niet goed is, wordt een opdracht. Dus direct gekoppeld aan de kosmologische gedachte "het bestaan is goed" zit het ethische idee "het goede staat ons te doen". God zegt tegen de mens: ik heb de wereld gemaakt, zet het werk voort. Dus nu is het aan ons. Dat is de manier waarop ik in de wereld sta. Het werk is onvoltooid en de wereld schreeuwt om hulp, want er is zoveel kwaad. Onze vermogens zijn beperkt, maar we hebben ze wel. We beschikken bijvoorbeeld over de wetenschap.'

Heeft uw studie van het universum u inzichten over de zin van het leven gegeven?
'Wetenschap zie ik als een zeer vruchtbare manier van kijken naar de werkelijkheid, maar draagt hier geen haar aan bij. Als ik mijn kijk op het leven ontvouw, krijg ik vaak als reactie: "Ja, maar je bent een wetenschapper, je weet dat je een toevallige verzameling eiwitten en nucleïnezuren bent, ontstaan door een proces van mutatie en selectie. Blinde processen, doelloos. En jij bent aan het praten over de zin van alles, je bedriegt ons." Die kritiek is op zich juist, de werkelijkheid heeft

geen zin van zichzelf. Die moeten we eraan toevoegen. Dat doet de stelling: het is goed te bestaan. Dat is het stempel dat we op het bestaan drukken. De mens beschikt over het vermogen ideeën te bedenken, zoals te zeggen dat het bestaan goed is, ook al spreekt er veel tegen.'

Waarom is de puur wetenschappelijke kijk voor u onbevredigend?
'Niet onbevredigend, want ik verwacht geen antwoorden op ethische vragen van de wetenschap. Dat kan zij niet. Wetenschap is waarnemingen doen en een model bedenken waarmee je voorspellingen kunt doen. Bij de zin van het leven gaat het erom betekenis aan die feiten te geven. De wetenschap neigt ertoe zich daarmee te bemoeien, zeker moderne wetenschappers.'

Uw Amerikaanse collega-astrofysicus Steven Weinberg zegt: 'Naarmate we meer weten over het heelal, wordt het bestaan zinlozer.'
'Dat soort uitspraken krijg je wanneer wetenschappers zich op terreinen bewegen waar de wetenschap niet over gaat. Weinberg heeft verstand van fysica, niet van morele en existentiële vragen. Het is een groot probleem van deze tijd dat het geloof in de wetenschap veel te absoluut is. De wetenschap blijft een van de mooiste dingen die de mens heeft voortgebracht, maar we moeten haar begrenzingen zien. We hebben haar op de plaats van religie gezet, maar dat kan haar plek niet zijn.'

Gelooft u in God?
'Geloven kan voor mij niet zijn: iets aannemen waarvan ik niet weet of het waar is. Zeg dan dat je het niet weet, maar ga niet zeggen: ik geloof het. Dat vind ik dom. Maar geloven

in de zin dat je ergens vertrouwen aan hecht, is wel zinvol. Ik vertrouw op het goede van dit bestaan en op basis daarvan engageer ik me in deze wereld. Is dat een geloof in God? Ik denk het, want het woordje "god" betekent in essentie voor mij: het volkomen goede. Deze wereld is goed tot op zekere hoogte, het kwaad is waar de wereld tekortschiet. Maar de wereld evolueert door de morele mens in de richting van het goede. Het is een scheppingsproces. Het ultieme doel, de voltooiing van dat proces, noem ik God.'

Het gebruik van dat begrip leidt tot een tweedeling tussen gelovigen en niet-gelovigen – is het niet beter over het 'volkomen goede' te spreken?
'Wat we moeten doen, is het woord "god" zijn juiste betekenis geven. Ik denk dat we die naam nodig hebben, er schuilt zo'n rijke traditie achter. Die kun je niet zomaar van je afschuiven, alsof het niets is. De ietsisten doen dat. "Er is iets," poneren zij. Ze doen alsof ze iets ontdekt hebben, maar willen het niet met het voorgaande in verband brengen. Hoe flauw. We hebben zo'n rijke filosofische en religieuze traditie in Europa, maar die wordt vanwege onbekendheid ermee terzijde geschoven. Dan komen de ietsisten met iets wat intellectueel armoedig is. "Er is iets" – laat ze Thomas van Aquino lezen! Die schreef: God is "die is". Voor mij is God het bestaan. Vandaar dat ik de vraag "bestaat God?" absurd vind. "Besta ik?" kun je je beter afvragen. Nou, tot op zekere hoogte en binnenkort niet meer.'

U ziet de mensheid in de richting van het goede evolueren. Waar leidt u dat uit af?
'Lees Aristoteles over de deugdethiek van 2500 jaar geleden. "Wat is een goede man?" vraagt hij zich af. Hij denkt dus al-

leen aan de man. Dan zegt hij: iemand die goed is voor zijn slaven. Meteen ervaar je de vooruitgang in ons ethisch besef, want slavenbezit is voor ons een misdaad. Of lees de opvattingen van Plato en Socrates. Neem kinderen naar het slagveld om hun dapperheid te ontwikkelen, zeggen zij. Nu ziet niemand dat nog als een goede plek voor kinderen. Het besef dat oorlog niet goed is, is breed gedeeld. Ethische groei is er zeker.'

Waar brengt die ons?
'Een eindtoestand is ver van waar we ons bevinden. Een paar duizend jaar geleden kon niemand zich iets voorstellen bij wereldwijde hulpverlening of internationale diplomatie. De toestand over enkele duizenden jaren kunnen we onmogelijk bedenken. We kunnen enkel de weg voortzetten waarop we ons bevinden. Paulus spreekt bij de eindtoestand over de volheid der tijden: alles is voltooid, het eindeloze, het ongelofelijke.'

Wat wel vaststaat, is onze dood. Boezemt die angst in?
'Je zou eerder bang moeten zijn voor het leven, dat is pas een hachelijke toestand. Onwillekeurig zijn we angstig voor de dood door toedoen van onze overlevingsinstincten. Die zijn gericht op zelfbehoud, de dood is een flagrante schending daarvan. Onze biologische reflex is aangeboren, maar filosofisch absurd, want de dood is inherent aan het leven. Met onze geboorte zijn we het leven in gedoken, het onbekende tegemoet. Onze volgende duik in het onbekende is onze dood.'

Wat volgt er dan, denkt u?
'Er verandert eigenlijk niets. Mijn lichaam en gedachten zijn er niet meer. Maar in een ander perspectief bezien leven we

eeuwig voort. Ons bestaan is begrensd doordat we het in tijdelijkheid beleven. Maar dat is een beperkte blik: er is alleen het nu, het verleden is niet meer, de toekomst nog niet. Maar ons vermogen bewust te zijn van de realiteit van verleden en toekomst groeit. Neem alleen het feit dat we ons nu verantwoordelijk voelen voor de bewoonbaarheid van de planeet over honderd jaar. Dat is een wonderlijk vermogen van de mens, handelen met het oog op een tijd die ver voorbij zijn fysieke bestaan ligt. Met zo'n verruimd bewustzijn bereik je op den duur het perspectief op het bestaan waar Spinoza het over had. Hij pleitte ervoor het vanuit de eeuwigheid te bekijken, *sub specie aeternitatis*. Dan is ons bestaan niet weg te nemen uit het geheel. Nu u hier tijdelijk bent, kan die realiteit nooit meer ongedaan worden gemaakt. In die zin zijn we onsterfelijk, er blijft na onze dood een stukje tijd waarin we er wel voor altijd zijn. Dat blijft voorgoed zo. Dat woordje is hier mooi op zijn plaats. Het is goed dat we er zijn.'

LEESTIP
Orde uit chaos van **Ilya Prigogine** en **Isabelle Stengers**

'Dit boek heeft mij veel deugd gedaan. Het leven is geen product van toeval, maar van natuurlijke processen die orde creëren en die ruimte laten voor spontaniteit, stellen zij. Zij schetsen een alliantie tussen mens en natuur, waardoor het leven kan zijn wat het altijd is geweest: origineel, creatief en vrij.'

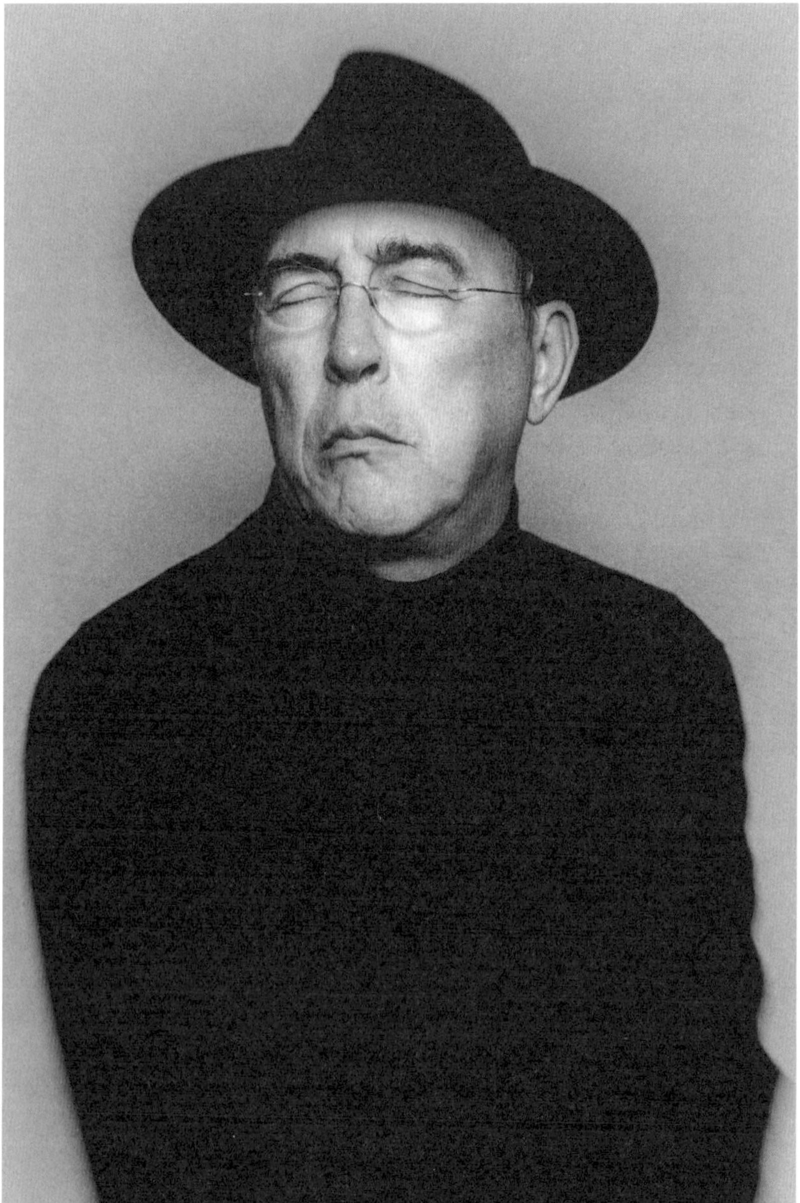

Henk Blanken, schrijver

'Het leven lacht me toe.' Hij beschikt nog maar over een kwart van de energie die hij vroeger had. Praten gaat soms moeilijk, lopen doet Henk Blanken vaak met een stok. De pijn die hij heeft, bestrijdt hij met zo'n tweehonderd pillen per week. Blanken heeft parkinson, de kans dat hij dement wordt, is 50 procent. Toch constateert de schrijver en oud-journalist dat het lot hem gunstig gezind is, dat hij 'gelukkiger is dan ooit' – uitgesproken op zachte toon, zonder zijn vroegere bravoure.

Bijna acht jaar geleden, op eenenvijftigjarige leeftijd, kreeg hij te horen dat hij de ziekte van Parkinson had – een geleidelijk afsterven van de zenuwcellen, met invaliditeit en mogelijk dementie als consequenties. Sindsdien heeft hij zijn leven een nieuwe wending gegeven. Vóór zijn ziekte was hij bovenal een hardwerkende journalist met een gouden pennetje, onder meer werkzaam bij *de Volkskrant*. Daar leerde ik hem kennen als ambitieus, onrustig, geestig en eigenzinnig. Blanken was de expert 'nieuwe media' en 'digitale snelweg' – zijn verhalen over internet waren hun tijd (te) ver vooruit. Hij vertrok naar Groningen, waar hij bij het *Dagblad van het Noorden* naar eigen zeggen 'geen geweldig goede adjunct-hoofdredacteur' was. Tot een neuroloog zijn ziekte vaststelde en het doek viel over zijn bestaan als man van het nieuws. Sindsdien heeft hij de tijd om te lezen, te denken en vooral te schrijven.

Over zijn ziekte publiceerde hij in 2015 zijn aangrijpende 'non-fictie roman' *Pistoolvinger* die in het Duits is vertaald en het afgelopen jaar een uitgebreide heruitgave kreeg met *Je gaat er niet dood aan*. Voor *De Correspondent* is hij werkzaam als 'correspondent Dood&Aftakeling', waarmee hij wil doorgaan 'tot het einde'. Maatschappelijk voert hij een 'eenmansguerrilla' voor wijziging van het strafrecht. Want zijn familieleden moeten het recht krijgen zijn moment van euthanasie te bepalen, mocht hij dement worden: 'Mijn dood is niet van mij.'

Wat is de zin van ons leven?
'Er zijn drie vragen waar de mens altijd mee bezig is: hoe is alles begonnen, waar gaat het naartoe en waarom? De laatste is die naar de zin van het leven. Filosofen worstelen er al vijfduizend jaar mee. Ik zie het als een zinloze vraag, omdat alle andere antwoorden dan hetgeen dat je geeft, ook goed zijn. Het is net zo zinloos als delen door nul, waarvan we hebben afgesproken dat het niet kan. Tegelijkertijd is het de tragiek van de mens dat hij met de zinvraag bezig blijft, omdat hij een grote behoefte heeft aan zeker weten. Hij kan niet leven met het feit dat hij doodgaat, met de tijdelijkheid van zijn bestaan, terwijl de tijd en ruimte om hem heen niets anders dan oneindigheid suggereren. Met onzekerheid kan hij slecht uit de voeten. De mens is bang voor de leegte, het niets, de witte plek op de muur.'

Kan God uitkomst bieden?
'God biedt antwoord op die drie filosofische vragen, zeker, maar eerlijk gezegd lijkt het me onwaarschijnlijk dat hij be-

staat. Zelf mis ik in ieder geval het talent om te geloven. Na ruim veertig jaar ging ik een keer met Kerstmis naar een kerkdienst, samen met mijn zoon. Ik werd diep geroerd door een psalm. Ik voelde de intensiteit, het puur kinderlijke geluk dat geloof teweeg kan brengen. "Stil maar, wacht maar, alles komt goed" – dan ben je weer even kind, veilig, opgenomen in een gemeenschap. Even is er niets wat je bedreigt. Ik zag de schoonheid, de troost ook die het geloof kan bieden. Maar toen ik na afloop naar mijn auto liep, dacht ik: nu weer normaal doen. Ik ben te rationeel om te kunnen geloven.

Het enige wat in mijn ogen voor het bestaan van God pleit is dat zoveel mensen in hem geloven, ook onafhankelijk van elkaar. Gezien die miljarden durf ik niet mijn laatste geld eronder te verwedden dat ik gelijk heb. Maar ik denk al sinds mijn puberteit dat het de mens is die God heeft geschapen en niet andersom. Uit pure noodzaak, omdat hij niet langer tegen die leegte, die witte plek op de muur, aan wil kijken. En omdat het hem evolutionair voordeel biedt, zoals ik in *Sapiens* van Yuval Noah Harari las. De mens is niet gebouwd op groepen van meer dan honderdvijftig soortgenoten. Als dat dan toch moet, gebruikt hij mythes, zoals God en de natie.'

Als God geen antwoord biedt, hoe verhoudt u zich dan tot die leegte?
'Persoonlijk heb ik niet zoveel moeite met de eindigheid van het bestaan. Acceptatie is voor mij het sleutelwoord. Accepteren dat er op de hoofdvragen van het bestaan geen antwoorden zijn, accepteren dat je de mens bent die je geworden bent, dat je het niet anders gekund had. Cees Nooteboom schreef in een gedicht: "Ik had duizend levens en nam er een." Je hebt oneindig veel mogelijkheden gehad, je hebt er een gekozen. Het kost me geen enkele moeite te aanvaarden dat dat zo is.

Dat geldt ook voor mijn ziekte. Ik ben in die afgelopen acht jaar nog niet één dag kwaad geweest. Ik heb me niet één keer afgevraagd: waarom ik? Het accepteren van je lot leidt ertoe dat je je energie niet zinloos besteedt en maakt dat je veel dingen kunt doen.'

In uw boek omschreef u de eerste tijd als patiënt zelfs als een fase van kalverliefde.
'Dat was het ook. Letterlijk van de ene op de andere dag was ik een man zonder haast geworden. Ik kon samen met mijn vrouw vier uur lang naar de ondergaande zon kijken. Waarom niet? Ik had geen enkele reden meer om op te staan en aan het werk te gaan. Inmiddels ben ik bijna acht jaar ziek en heb er misschien nog acht te gaan, voordat ik echt ga afbladderen en invalide word. Ik heb het er maar mee te doen.'

Hoe beoordeelt u uw leven tot dusver?
'Nietzsche heeft een soort test bedacht voor je geluksgevoel. Stel dat je het leven over mocht doen, maar dan wel precies zoals het tot nu toe is verlopen, dus met alle liefdes en mislukkingen, alle hoogtepunten en dieptepunten, zou je dat dan willen? Als je daar ronduit "ja" op zegt, bereik je wat hij *amor fati* noemde, de aanvaarding van je lot. Ik zeg daar duizend keer "ja" op. Ook al ben ik met al die haast van me, met mijn egocentrische ambitie, geen al te aardig mens geweest voor mijn omgeving. Mijn vrienden waren collega's, het ging met hen vrijwel altijd over werk. Ik was niet al te trouw in mijn huwelijk. En ik was vooral geen al te geweldige vader voor mijn kinderen – ze hebben me verweten dat ik er nooit was. De laatste jaren heb ik geprobeerd iets goed te maken. Maar spijt heb ik niet. Dan is het net alsof ik anders had kunnen zijn, alsof ik niet de man ben die ik ben, alsof het me een beetje overkomen

is. Maar ik heb dat leven van mij met mijn volle verstand geleefd en zou het niet anders hebben willen of kunnen doen.

Door mijn ziekte heb ik doorgekregen dat ik een raar soort egoïst ben geweest. Toen ik dat constateerde, bedacht ik ook dat Nietzsche eigenlijk niet de goede vraag stelde. Die is niet of je het zelf een goed idee vindt, maar: vinden de anderen het een goed idee dat je terugkeert om hetzelfde leven te leiden? Het gaat om het geluk van de ander, dat is een gedachte van de laatste jaren die bij mij steeds meer post begint te vatten.'

Is de literatuur, het schrijven, de zin van uw leven geworden?
'Ja. Punt. Toen ik in die spreekkamer van de neuroloog zat en te horen kreeg "je bent ongeneeslijk ziek en je zult invalide worden", realiseerde ik me meteen: dit is mooi materiaal voor een boek. Ik ben een aantal keren van mijn fiets gevallen en dan kan ik het niet helpen te denken: hoe ga ik deze buiteling opschrijven? Als ik me dan details herinner dan is zo'n val fijn. Het verzacht de landing niet, ik heb viermaal een rib gekneusd, maar er zit schoonheid in het lijden. De ondertitel van *Pistoolvinger* bevat de notie van "de schoonheid van het verval". Denk aan de herfst of een oude Citroën DS die bijna uit elkaar valt. Aftakelen met al zijn kwetsbaarheid wordt kunst als je het mooi opschrijft. Vandaar dat ik graag over dood en aftakeling schrijf. In mijn ervaring moet je lijden intens beleven, wil je ook de toppen in het leven kunnen ervaren.'

Nadeel is wel dat u altijd met uw ziekte bezig bent.
'Ja, maar toch ga ik ermee door. Dat heeft te maken met mijn missie, een beter lot voor diep dementen en hun familiele-

den. Het gaat in alle debatten over euthanasie en dementie veel te weinig over die naasten. Mijn basisgedachte is: mijn dood is niet van mij. Ik ben er niet bang voor, ik weet niet wat dood-zijn is en zal het nooit weten, waarom zou ik me er dan druk over maken? Of over mijn halfdood die dementie is? Ik ben het niet die straks in een luier rondloopt, dat heeft alleen nog betekenis voor mijn naasten. Dan laat ik het graag aan hen om over mijn dood te beslissen. Ik heb in dat debat nog meer te doen. En verder vind ik het als schrijver een fantastisch onderwerp. Een oud-collega zei me eens: "Je verhaal wordt beter naarmate het slechter met je gaat."

Zolang ik kan lezen, denken en schrijven, gaat het goed. Ik schrijf elke dag. De krankzinnige paradox is dat ik meer tijd voor schrijven heb sinds ik te horen kreeg dat mijn tijd beperkt is. Tien jaar kreeg ik, dat voelde als lang. Ik ben al twintig jaar met een roman bezig, versie tachtig, maar dat is zo verdomd moeilijk. Schrijven is voor mij het ultieme geluk. Dan heb ik het niet over het applaus, al is het kicken om als eerste Nederlander tot *The Guardian Long Read* door te dringen. Maar het gaat me vooral om het formuleren, het slijpen aan een zin. Soms komt die me zomaar aanwaaien, dat is zo fantastisch mooi.'

Was u toch niet liever gezond gebleven, zonder de ellende van parkinson, dan de zieke schrijver die u nu bent?
'Op die vraag heb ik lange tijd "ja, uiteraard" geantwoord. Maar dat is het sociaal wenselijke antwoord. En eerlijk gezegd flauwekul. Ik had dit niet willen missen.'

LEESTIP
Odes van **David Van Reybrouck**.

'Vlaming, wereldberoemd sinds *Congo*, schreef voor *De Correspondent* deze korte liefdesverklaringen. Gebundelde odes aan een ex-geliefde, Parijs na Bataclan, aan zijn littekens ook. Ik word misselijk van jaloezie: de opgewektheid, de belezen passie voor kunst, en vooral die stijl.'

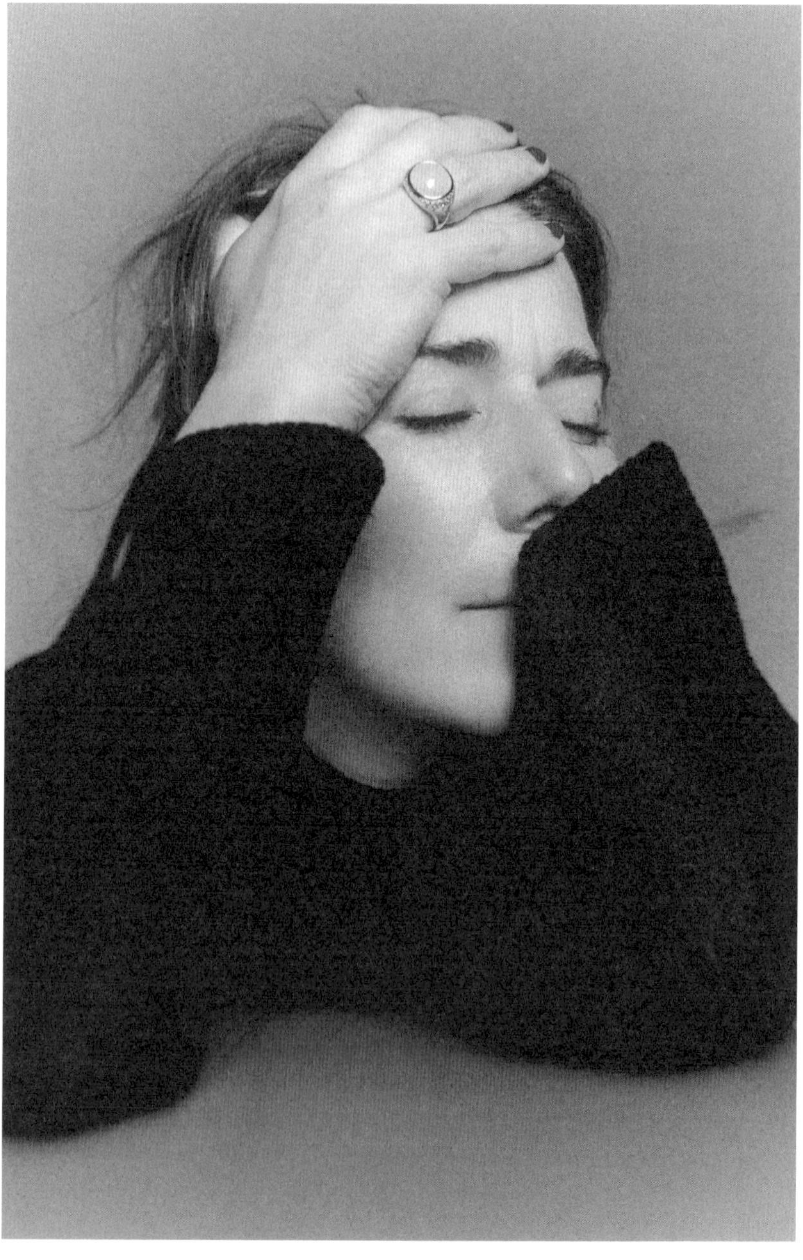

Monique Maarsen, vastgoedondernemer

Ze is topvrouw in de mannenwereld van het vastgoed. De vijftigjarige Monique Maarsen geeft leiding aan het familiebedrijf Maarsen Groep, dat met name in Amsterdamse en Rotterdamse kantoorpanden investeert. Het Amstelveense bedrijf werd in 1946 door haar grootvader opgezet en door haar vader uitgebouwd. In 1998 nam zij de leiding over, na aanvankelijk haar eigen pad te hebben gekozen bij multinationals als Shell en Nestlé. Naast haar vastgoedprojecten heeft ze commissariaten en is ze voorzitter van de raad van toezicht van KiKa ('Kinderen Kankervrij'). Die laatste functie vloeit voort uit ervaringen in haar eigen jeugd.

Als meisje van twaalf kreeg ze het zwaar te verduren. Terwijl haar lievelingsoma in Duitsland op sterven lag, kreeg zij, brugklasser van het Amsterdamse Vossius Gymnasium, te horen dat ze de ziekte van Hodgkin had. Ze overleefde de zware behandelingen, stortte zich op een studie bedrijfskunde in Groningen en een carrière in het bedrijfsleven. Maar de ziekte bleef haar achtervolgen: op haar negentiende, haar tweeëntwintigste en haar drieënveertigste kreeg ze opnieuw hodgkin. Op haar zesentwintigste raakte ze geobsedeerd door de gedachte dat de ziekte nogmaals zou toeslaan en belandde ze in een mentale crisis. Met hulp van een psycholoog wist ze overeind te krabbelen. Enkele jaren later ontmoette ze bij Venezolaanse watervallen haar Cubaanse man. Van haar artsen had ze begrepen dat ze niet zwanger kon worden. Tegen alle medische verwachtingen in lukte dat toch – ze is moeder van drie kinderen, inmiddels tieners.

Wat is de zin van ons leven?
'"De zin van je leven schrijf je zelf", is een citaat van Loesje. Dat bevat voor mij een kern van grote waarheid: de zin is het leven zelf en het is aan jou er iets van te maken. Voor mij is het vooral de kunst te leren omgaan met de spanning tussen groep en individu. De groep staat dan voor: erbij horen, verbinding met anderen, samen optrekken, voor elkaar zorgen. Terwijl het individu staat voor: je ontplooiing, je eigen verantwoordelijkheid, maar ook voor egoïsme, jezelf op de eerste plaats zetten. Die "ik" is uiteindelijk eenzaam. Wat die twee, groep en individu, verbindt, is empathie. Die kun je voor anderen opbrengen, maar die moet je ook voor jezelf leren voelen. Dat laatste is misschien wel mijn grootste zoektocht.'

U kreeg op uw twaalfde te horen dat u de ziekte van Hodgkin had. Wat gebeurde er toen?
'Ik herinner me dat de dokter mij heel serieus nam. Mijn ouders zaten er wel bij, maar hij richtte zich helemaal tot mij. Ik besefte heel sterk: dit gaat om mijn leven, ik moet dit zelf doen. Het was existentieel. Ik kon het wel aan, vond ik toen, want ik was een verstandig meisje en opgevoed met het idee van eigen verantwoordelijkheid. Maar het was natuurlijk ook eng.

Van de dokter mocht ik niets over hodgkin lezen. Dan zou

ik alleen maar dingen tegenkomen die me angstig maakten en die niet op mij van toepassing waren. Als ik vragen had, moest ik die aan hem stellen. Hij vertelde niet dat hodgkin een vorm van kanker was en mijn ouders deden dat evenmin. Goed bedoeld natuurlijk, ze wilden me beschermen, maar ik ben daar later heel boos over geweest. Van een ander meisje op de afdeling waar ik lag, hoorde ik dat Hodgkin ook kanker was. Ik was verbijsterd. Dat maakte me in het vervolg heel onzeker en argwanend. Ik vertrouwde niet meer of mensen wel de waarheid spraken.'

Speelde dat ook toen u het later terugkreeg?
'Ja. Toen ik in Groningen studeerde, voelde ik op een bepaald moment dat het niet goed zat. Mijn huisarts kwam met geruststellende woorden, maar ik had argwaan. Ik heb toen mijn intuïtie gevolgd en ben naar het AMC gegaan. Daar bleek dat het inderdaad weer mis was. Ook de beide keren erna voelde ik de ziekte eerst zelf en kreeg ik later de bevestiging van artsen. Het heeft me geleerd dat je moet leren luisteren naar je innerlijke stem, hoe zwak die ook klinkt. Neem de signalen die je van jezelf krijgt altijd serieus.'

Op uw zesentwintigste, toen u niet meer ziek was, belandde u in een crisis. Waardoor kwam dat?
'Voor Nestlé reisde ik destijds de wereld rond. Dat was mooi, maar ik was ook eenzaam, ik verbleef veel alleen op hotelkamers. Ik raakte geobsedeerd door de angst dat de ziekte weer terug zou keren. Voortdurend bleef ik aan mijn klieren voelen – twee, drie keer per uur, telkens moest ik ervoor naar de wc. Nou, als je je klieren maar vaak genoeg betast, gaan ze vanzelf zwellen. Bovendien kreeg ik na een fertiliteitsonderzoek te horen dat mijn hormonen op een niveau zaten alsof ik al in

de overgang zat. Ik zou geen kinderen kunnen krijgen. In die tijd verbrak ik het contact met de buitenwereld. Zelfs mijn vriendinnen konden mij niet meer bereiken. Het was een heel donkere periode waarin ik me schaamde voor mezelf.'

Waar kwam die schaamte vandaan?
'Ik wilde vooral geen klager zijn, niet zeuren. Ik zat in die corporate wereld van snelle carrières: iedereen was *tough* en gezond, je moest perfect zijn. Het was bepaald geen wereld waarin je over je gevoelens sprak, laat staan over kwetsbaarheden. In ons ondernemersgezin had daar ook maar weinig ruimte voor bestaan. Ik leidde een schizofreen leven. Ik schaamde me voor mijn lichaam dat me zo in de steek had gelaten en tegelijkertijd wilde ik perfect zijn. Want als je dat niet bent, ben je niet succesvol. Dat is echt iets van onze geïndividualiseerde maatschappij. Als je geen succes van je leven maakt, ben je een loser. Als je kanker hebt, ben je ook een loser. Dat is zo verdrietig: niet beter worden en voor een verliezer worden versleten, alsof je niet hard genoeg hebt gevochten. Maar zo zit de maatschappij deels in elkaar, het is *survival of the fittest*.'

Hoe bent u uit die zwarte periode gekomen?
'Ik leerde heel geleidelijk erover te praten. Ik deed een beroep op een psycholoog, iets wat in mijn familie absoluut niet gebruikelijk was. Zij heeft me geleerd nuchter naar mijn angsten te kijken. Ga eens vaststellen wat het ergste is wat je kan overkomen, raadde ze me aan. Dat klinkt gemakkelijk, maar het kostte me enorme moeite. Zij hielp me ook weer in contact te komen met anderen. Ik leerde minder hard over mezelf te oordelen, compassie voor mezelf op te brengen. Dat is nog altijd mijn grootste uitdaging.'

Wat heeft de ziekte u gebracht?
'Heel veel. Ik heb pijn leren koesteren, omdat die me veel verbinding heeft gebracht. Jarenlang heb ik niet over mijn ziekte willen praten. Maar toen ik de moed vond om door die angst heen te gaan, kwam ik in een nieuw soort ruimte. Dat klinkt misschien wat spiritueel, maar dat ben ik ook wel. Je kunt jezelf heel lang voor de gek houden, maar uiteindelijk moet je door allerlei lagen van eerlijkheid heen en naar jezelf luisteren. Dan kun je weer een heel persoon worden. Toen me dat lukte, heb ik daar ongelooflijk veel voor teruggekregen. Mensen gingen fantastische verhalen met mij delen. Ik ben daar nog steeds verbaasd over.

Dankzij de ziekte ben ik op paden terechtgekomen die ik anders nooit zou hebben bewandeld. Ik kwam terecht bij KiKa, dat kinderen met kanker een eigen gezicht geeft. Hun wordt geleerd dat ze trots kunnen zijn op zichzelf, de schaamte voorbij.

De ziekte heeft ook invloed op de opvoeding van mijn kinderen. Ik ben zo open en eerlijk mogelijk tegen ze. De laatste keer dat ik ziek werd, waren ze in de basisschoolleeftijd. Ik heb ze over kanker en de risico's verteld, want ik wilde absoluut niet dat ze *in the blind* zouden worden gehouden, zoals mij was overkomen. Twee jaar geleden heb ik voor mijzelf het summum van openheid bereikt door op een TEDx-lezing over mijn ziekte te spreken. Als individu ging ik naar de groep, ik deelde mijn kwetsbaarheid. Dat deed ik ook met het oog op mijn kinderen. Ik wilde hun laten zien dat er niets geheimzinnigs was.'

Doet u uw vastgoedwerk ook anders door de ziekte?
'Luisteren naar je innerlijke stem is van groot belang bij beslissingen over projecten. Je kunt alle cijfers op tafel hebben,

maar uiteindelijk komt het aan op de beslissing: doe je het wel of niet? Dan speelt vertrouwen een grote rol. Wanneer je voor 100 miljoen euro met elkaar gaat bouwen, is er als het misgaat meer nodig dan mensen die meteen naar de contracten kijken. Ik wil niet in jarenlange procedures belanden. Met een aantal aannemers heb ik door de jaren heen goede relaties gekregen. De schade met elkaar delen en op naar een volgend project, zo leef ik graag.

Bouwprojecten hebben lange termijnen. Ik ben daar graag onafhankelijk in. Altijd wil ik in kaart hebben: wat is het ergste wat ons kan overkomen, wat als we een deadline niet halen? Dan slaap ik beter, dat geeft rust. Mannen zeggen wel eens tegen me dat ik overdreven voorzichtig ben. Dan zeg ik: "Nee, ik ben realistisch." Ik grijp terug op de inzichten die ik kreeg toen ik zesentwintig was. Ik doe niet mee aan dat denken van de corporate wereld: van hup, hup, zo is het, zo doen we het, dit zijn de getallen, dit is het rendement. In mijn ervaring leidt die manier van beslissen vaker niet dan wel tot succes.

Voelen of iets goed is of niet, daar heb ik me in bekwaamd. Ik kan soms voelen of iemand ziek is, gelukkig of niet. Veel mensen doen alsof ze dat zijn, maar ik heb het gauw in de gaten wanneer dat niet zo is. Soms kan ik voelen dat iets gaat gebeuren, net voor het gaat gebeuren. Ik ben hoogsensitief. Dat klinkt vaag, maar die sensitiviteit is onderdeel van de oplossing die ik vanaf mijn zesentwintigste ben gaan vinden. Niet jezelf voor de gek houden, maar naar jezelf luisteren. Moed tonen, niet opgeven. Dat vind ik heel belangrijk. Dat lichaam van me, waar ik lang zo boos en teleurgesteld over was, ben ik gaan zien als een stevig machientje dat iedere keer wel weer opkrabbelt.'

Wat is de bron van die moed?
'Uiteindelijk heel goed weten wie je zelf bent. Authentiek zijn, daar heb ik noodgedwongen veel over na moeten denken. Die authenticiteit wil ik verder vergroten. Ik heb voor mezelf helder gekregen wie ik ben. Op het moment dat je daar vrede mee hebt, ontstaat er ruimte om de wereld met meer moed te bejegenen.'

LEESTIP
Het einde van de eenzaamheid van **Benedict Wells**

'Een prachtige liefdesgeschiedenis, maar voor mij gaat het boek vooral over het verwerken van verlies en eenzaamheid en over de vraag wat onveranderlijk is in de mens. Met het onveranderlijke doelt Wells op onze ziel. De eerste zin van het boek luidt: "Ik ken de dood al heel lang, maar nu kent de dood mij ook." Hoe mooi!'

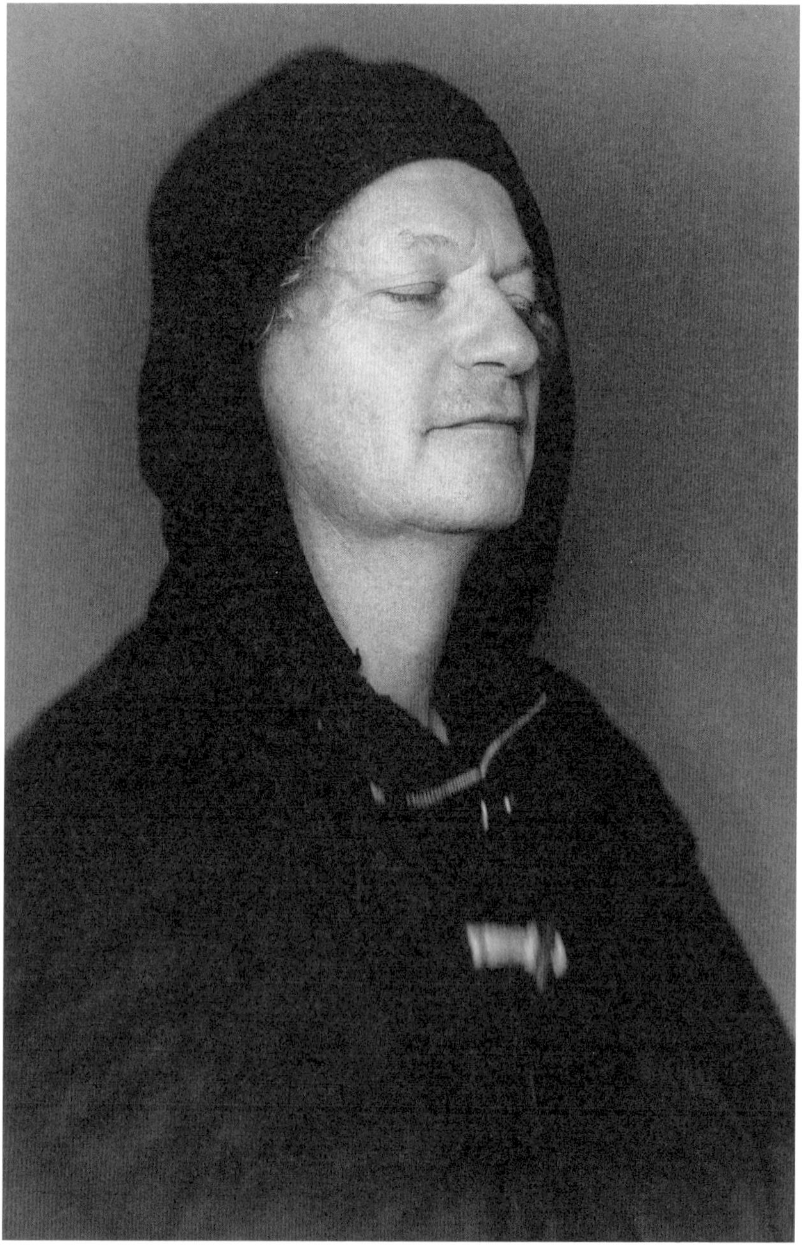

Theunis Piersma, vogelexpert

'Rasheiden.' Dat vulde de grootvader van Theunis Piersma vroeger in bij vragen naar zijn kerkelijke gezindheid. 'Dat vonden wij thuis heel mooi.' Zijn grootvader was boer, zijn vader een VVD-stemmende veearts in het Friese dorp waar Piersma opgroeide. Zelf is hij hoogleraar trekvogelecologie in Groningen. Hij geldt vooral als een kanoetexpert; een kanoet is een strandloper die duizenden kilometers per jaar aflegt, dwars over oceanen en continenten. De zestigjarige Piersma volgt de vogel overal. Daardoor komt hij al veertig jaar in het West-Afrikaanse Mauritanië en is hij geregeld in China en Australië. Zijn expertise wordt mondiaal erkend: er is zelfs een kanoetsoort naar hem vernoemd, de *Calidris canutus piersmai*.

Dat decennialang observeren van vogels maakt dat Piersma met distantie naar de mens kijkt: 'We zijn enorm navelstaarderig, bij mensen gaat het alleen maar om mensen.' Hij maakt werelden zichtbaar die anders onzichtbaar zouden blijven. Daarvoor hoeft hij niet ver te reizen. Rond zijn riante woning, een verbouwde lagere school in het Friese Gaast, barst het van de mussen. 'In hun wereld speelt zich echt van álles af: jaloezie, gevechten over de hiërarchie, noem maar op. Die beesten kennen elkaar heel goed. Als je je ervoor openstelt, pfffoeoe, dan is het superoverweldigend.'

Zorgen maakt hij zich om wat hij 'doorgeslagen genetisch denken' noemt van wetenschappers die aan de genen een veel grotere rol toekennen dan in zijn ogen gerechtvaardigd is: de mens is, net als de kanoet, vooral een product van zijn omgeving. Ook hekelt hij het 'Muskiaanse denken', vernoemd naar de Amerikaan Elon Musk die de planeet Mars als een toevluchtsoord ziet in geval van een ecologische catastrofe: 'Door dat soort denken gaat de mens zich ecologisch arrogant gedragen.'

Wat is de zin van ons leven?
'Ik denk dat een leven ontzettend veel zin heeft, maar dat het niet veel verder gaat dan ons eigen wezentje. Er is een planeet ontstaan, met vervolgens leven en daarop voltrekt zich van alles. Nu zijn mensen dominant en dat gaat vermoedelijk fout aflopen. Daarna gaat het leven verder, ik geloof niet dat daar een hogere zin achter zit. Tegelijkertijd zie ik wel veel zin in een enkel leven, of dat nu een vogel of een mens is. Die is er in relatie tot anderen. In mijn geval gaat het behalve om mijn partner, familie en vrienden vooral om gelijkgestemden, zoals collega's en studenten. Die probeer ik te inspireren om de verhalen van die ongelofelijke dierenwereld te vertellen.

In mijn jeugd, hier in Friesland, had ik een bovenmatige belangstelling voor de natuur. Dat werd opgepikt door mensen in mijn dorp. Die namen me letterlijk bij de hand. Jaap Haga, die nestkastjes controleerde, zei: "Theun, je gaat mee." Klaas Jongstra nam me mee om kievitseieren te zoeken, want "thuis leer je dat niet". Durk Stobbe, de jager, hetzelfde. Die mannen hadden grote invloed op me, ze waren heel anders dan mijn ouders. Voor mij hebben ze bijgedragen aan de zin van mijn leven. Nu vijftig jaar later, wanneer ik er zo over praat, ontdek ik dat pas eigenlijk. Gek. (tranen biggelen over zijn wangen, stilte) Wat heb ik voor ze terug kunnen doen? Misschien iets, misschien niks. En had dat gemoeten?

Maar dit is de kern waar ik steeds op uitkom: de relatie tot anderen. Dat ervaar ik ook in Mauritanië, in een totaal andere cultuur. Ik ben heel trouw aan die plek. Dat is een band met die mensen en met die kanoeten. Al is dat laatste abstract, want ik kan niet zeggen dat ik echt een connectie met die beesten heb. Sterker, ik ben een pestkop voor ze, want ik vang ze en prik hun bloed. Met de mensen is de band enorm. We leggen grote belangstelling voor hun wereld aan de dag. Ik moet daar minimaal één keer per jaar heen, of ik er nou veel te doen heb of niet. Dat is belangrijk voor die mensen. Ze hebben al zo weinig waar ze op kunnen rekenen. We komen daar en ze geven ons iedere keer een onvoorstelbaar welkom, liefde. Zou dat niet de zin van het leven zijn?'

Collega-biologen zeggen: de overdracht van het genenpakket is de zin van het leven.
'Dat is doorgeslagen genetisch denken, waarvan een groot deel van mijn collega's last heeft. We hebben het idee gekregen dat we een blueprint in ons hebben, alsof onze genen alles bepalen. Maar ze zijn niet meer dan een receptuur voor eiwitten, ze leiden hooguit indirect tot eigenschappen. DNA is een van de vele informatiedragers die je maken tot wie je bent. Maar er is zoveel meer: je ouders, de mensen in je omgeving, je eten, wat je overkomt, enzovoort. Met je familie deel je DNA, maar veruit het belangrijkst zijn toch de gedeelde ervaringen. DNA is een mechanisme waarmee we ecologische ervaringen uit het verleden kunnen doorgeven aan een volgende generatie. Meer niet.'

Die definitie van uw collega's benoemt wel de zin van het leven precies.
'Mij gaat het juist om het omgekeerde, de verbondenheid. Dat klinkt soft, maar dat is keihard. Het genenpakket is maar een onderdeel, een relatief onbelangrijk stuk. Die blauwe ogen, die blanke huid, zit daar mijn essentie in? Ik heb zwarte en gele vrienden, in Mauritanië en China, met wie ik me enorm verbonden voel. En die genen zeggen niks over de betekenis van mijn leven.'

Wat leert de studie van vogels u over de mens?
'Ik ben mensen meer als onderdeel van hun omgeving gaan zien. Een kanoet in gevangenschap is niet meer zoals hij buiten was. Daar reageert hij anders op gevaar en op eten. De mens is voor mij niet veel anders, we zijn gespecialiseerde dieren. Alles wat zich in ons hoofd en lijf afspeelt, wordt beïnvloed door onze omgeving, veel meer dan door onze genen. De mens is wat hij eet, hij is wat hij doet.'

De mens is een gespecialiseerd dier, akkoord, maar wel een met bewustzijn.
'Waarom zou een kanoet dat niet hebben?'

Een gesprek tussen twee kanoeten over de zin van het leven is moeilijk voorstelbaar.
'Inderdaad, daar is hun leven ook wat te kort voor. Maar strandlopers hebben onvoorstelbaar veel kennis, vergis je niet. Kanoeten vliegen de wereld over, van Mauritanië via de Waddenzee naar Siberië, waarbij ze zich gedragen alsof ze een gps aan boord hebben. Een kanoet die een beschouwing over mensen houdt, zou ons maar armzalige wezens vinden: we weten nauwelijks waar we zijn, we kennen de seizoenen

niet, we kennen de opwinding niet om op de toendra aan te komen en we zijn ongelooflijk snel verveeld. Net als kanoeten zijn we voor een groot deel emotie en een klein beetje redenering. We hebben niet meer dan een vernisje ratio, dat is onze specialiteit. Maar er zijn een heleboel dingen die wij niet kunnen. Zij staan de hele dag in het wad te boren. Wij denken dat dat saai is, maar dat is voor hen niet zo. Zij vinden dat fantastisch.'

Die emoties schrijft u ze echt toe?
'Er zit veel verlangen in zo'n beestje: naar een andere plek, een partner, het heerlijke gevoel drie weken op eieren te zitten. Die laatste sensatie kennen wij niet. Ik denk dat ze het geweldig vinden. Verlangen speelt een grote rol, dat kan niet anders. Mensen denken vaak: het zijn een soort machientjes, er gaat een knop om en weg vliegen ze. Maar zo simpel is het niet. Trekvogels zijn dieren van vlees en bloed. Wat drijft ze? Hoe halen ze het in hun hoofd vanuit het Waddengebied vijf dagen onafgebroken naar Siberië te vliegen? Daarvoor is omgaan met veel informatie nodig en informatieoverdracht. Dan komen we heel dicht bij elkaar, de mens en de kanoet.'

Stemmen uw observaties tot bescheidenheid over de mens?
'Enorm! Ik vind dat mensen over het paard getilde dieren zijn die zich ongelooflijk navelstaarderig gedragen. Het gaat ze uiteindelijk alleen maar om de eigen soort. Dat is ook wel logisch. Voor ons ligt de zin van ons leven ook in onze relatie tot anderen. En dat geldt voor mezelf evenzeer.'

Want u gaat naar Mauritanië vooral voor de mensen.
'Collectief zijn we erg op onze eigen soort gericht. Daardoor zijn we gaan denken dat we dat planten- en dierenrijk ei-

genlijk niet zo nodig hebben. We doen alsof we het bestaan onder controle hebben. En mocht het toch mislopen met de aarde dan gaan we onder aanvoering van Elon Musk naar Mars. Dat type denken is betrekkelijk gewoon geworden. Het gevoel van diepgaand verbonden zijn met onze omgeving is verdwenen. De mens is grotendeels verstedelijkt. Hij woont in een soort kooi met voorspelbaar eten. Dat wordt hem toegeworpen. Hij heeft minder zorgen, want er is minder gevaar dan vroeger. Dat levert tijd op om allerlei fantastisch leuke dingen te doen. Daardoor is hij gaan denken dat hij de natuur niet zo nodig heeft, het Muskiaanse denken. Hij raakt dan een bepaald bewustzijn kwijt, de sensitiviteit voor zijn omgeving. Daardoor is hij zich ecologisch arrogant gaan gedragen.

Gelukkig zie je tegelijkertijd dat onze empathie ook toeneemt. Het nekkentrekken van de gans kan niet meer, omdat we ons in ganzen zijn gaan inleven. Ook zit er vooruitgang in de hoeveelheid manieren waarop we naar de aarde kijken. Hoe wij in de wetenschap nu bijvoorbeeld vogels met zendertjes over de hele wereld volgen, dat leidt tot een mondiaal bewustzijn dat er tot nog toe niet was. Dat zie ik als een belangrijke kracht tegen het Muskiaanse denken.'

Hoe kijkt u als bioloog aan tegen de dood?
'Nu ik de zestig ben gepasseerd, vraag ik me vaker af hoeveel tijd ik nog heb. Maar verder hoort de dood er gewoon ongelooflijk bij. Door de vogels heb ik veel met hem te maken. Wat ik eigenlijk vooral bijzonder aan ons leven vind, is dat wij er zo lang zijn. Dat je zoveel voorjaren kunt meemaken, te gek, toch? En dan is er ook nog onze capaciteit die ervaringen van voorjaar met elkaar te verbinden. Bij de dood houdt het voor mij allemaal op. Nou ja, je leeft nog even voort in de mensen die je om je heen had en je nagelaten werk. Maar het is wel het

einde, ik geloof niet dat we een ziel hebben. Maar we zijn wel bezield, onze bezieling is de interactie met anderen. Die complexe manieren waarop we met elkaar verbonden zijn, zoals ik dat ben met collega's, maar ook met die mannen uit mijn dorp, dat vind ik fantastisch veel.'

LEESTIP
Het hart van de mens van **Jón Kalman Stefánsson**

'Deze trilogie gaat over een jongen met een passie voor lezen en met het verlangen de wereld te zien. Het is een aaneenrijging van tragische, maar vooral ook mooie verhalen en diepe, maar steeds weer speelse bespiegelingen. Het gaat over het doel van het leven en over kwetsbare, geïnspireerde mensen, die overgeleverd zijn aan de grillen van de natuur.'

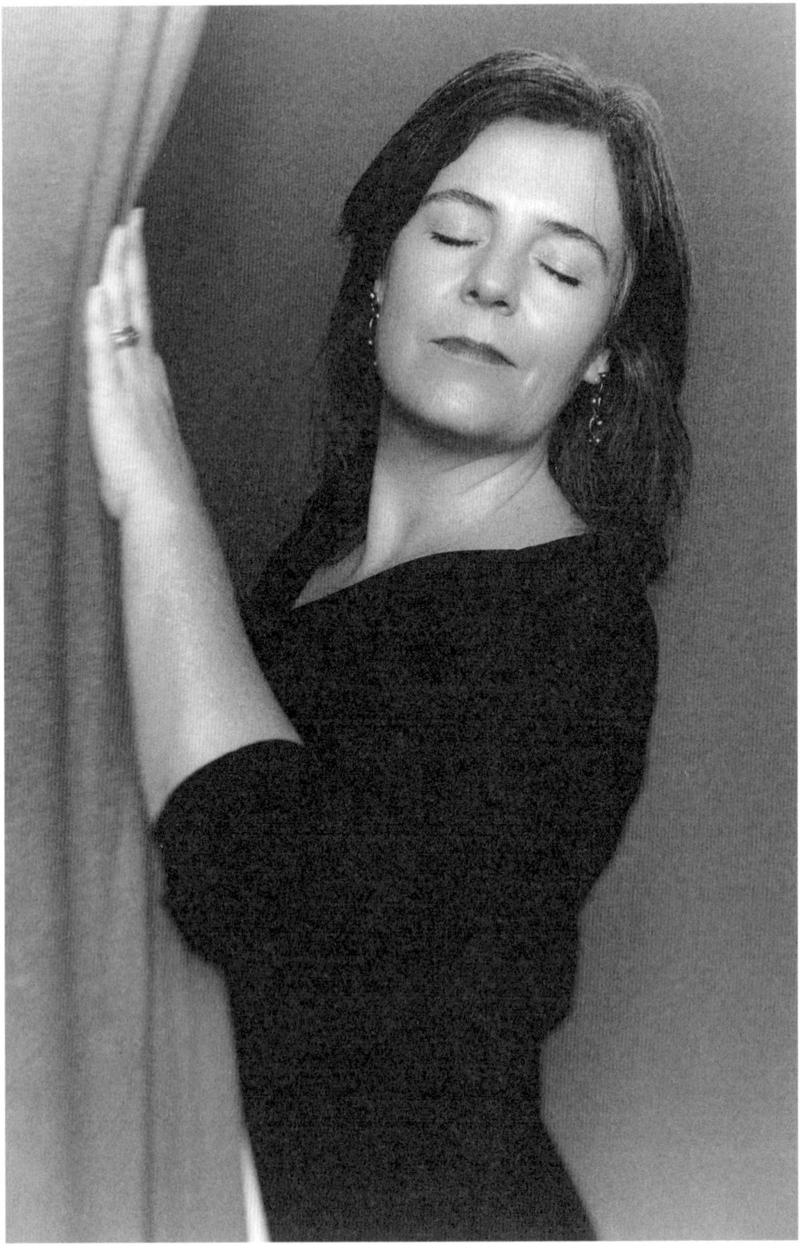

Willemijn Dicke, bestuurskundige

'De atheïst en de orthodox-gelovige staan op dezelfde manier in het leven. Ze laten beiden absoluut geen twijfel toe. Voor mij is twijfel juist belangrijk. Ik probeer open naar de wereld te kijken.' Tien jaar geleden begon de achtenveertigjarige bestuurskundige Willemijn Dicke aan een spirituele speurtocht. Doel was haar bestaan weer zin te geven. Ze was vastgelopen, ondanks een goede baan als universitair hoofddocent, een man en twee kleine kinderen. Wie zat er op haar wetenschappelijke werk te wachten? Kon ze wel een goede moeder zijn, wanneer ze over het bestaan somberde?

Religieus was ze op dat moment allerminst. In haar Nijmeegse studietijd behoorde ze tot een groep atheïstische studenten. Geloven was passé: 'We keken neer op de domheid van gelovigen. Religie was iets voor zwakken van geest, voor mensen die het leven niet aankonden'.

Om een dreigende depressie te bestrijden zocht Dicke het gezelschap van zenboeddhisten, helderzienden en sjamanen. Met new age-aanhangers onderging ze een peyotetrip in een zweethut. Ze beschrijft het op lichte toon, maar zonder te ridiculiseren in haar boek *De sjamaan en ik*. In die tijd ervoer ze 'verbinding met het hogere', dus deelt ze zichzelf nu in bij 'de religieuzen'. Niet behorend tot een kerk, maar wel thuis bij mystieke stromingen: 'Die zie ik als tegenhangers van orthodoxie.'

Wat is de zin van ons leven?
'Voor mij is dat: liefde zijn en liefde doen. Dat klinkt misschien gemakkelijk, maar daarvoor moest ik weer ontdekken dat je liefde bent. Sommige mensen hebben dat vanzelf, bij mij was dat weggezakt. Ik was bezig met wat er allemaal anders moest, aan mezelf en aan de wereld. Daardoor had ik geen toegang meer tot de notie dat de liefde in mij zit. Dat moest ik weer ontdekken. De zin van het leven ontstaat als je de liefde ook kan doen. Dat kan op oneindig veel manieren: van het stoepje vegen van je buurvrouw via liefdevol contact met je kinderen tot geloven dat je in je werk meebouwt aan iets groters dan jezelf.'

Waardoor liep u vast?
'Ik heb aanleg voor een zwaar gemoed. Daarbij was het de levensfase met kleine kinderen die iedere ouder wel kent: alles in je leven is dan zeer vastgelegd, bij iedere meter die je aflegt, moet je je afvragen: kan dit wel? Verder speelde mee dat de zin van mijn baan mij steeds minder overtuigde. Ik had altijd gedacht dat wetenschapper het allerhoogste was, maar zag mezelf artikelen typen waar ik geen enkele reactie op kreeg. Toen ik publiceerde in *Public Management Review*, het voornaamste tijdschrift op mijn vakgebied, kreeg ik maar één reactie: of ik toevallig familie was van een andere Dicke? Onderwijs geven en scripties begeleiden vond ik wel nuttig, maar het wetenschappelijke werk waar het me om te doen was: wat maakte het uit? Dat was een belangrijke prikkel om mijn zoektocht te beginnen. En het was

voor mijn kinderen, die ik zo'n matte moeder niet wilde aandoen.'

Was u depressief?
'De diagnose is nooit gesteld, maar kijk je naar het lijstje symptomen dan klopte dat aardig. Maar ik denk niet dat ik het existentiële gat waarin ik verkeerde met Prozac had kunnen dichten.'

Wat was de meest vormende ervaring in die tien jaar?
'In al die episoden heb ik wel iets geleerd. In mijn boek heb ik ze ook zo beschreven: soms laat ik scepsis doorklinken, maar ik zie ook telkens de waarde van die ervaringen in. Neem mijn retraite in Costa Rica, waar me gevraagd werd angsten en ergernissen uit te spreken. Wat je leerde, was in te zien dat je eigen waarde niet afhangt van anderen. We moesten wel dertig keer op een dag herhalen: "Vergeef me dat ik ben vergeten dat ik wijsheid ben, dat ik liefde ben, dat ik schoonheid ben, dat mijn waarde oneindig veel meer is dan deze verschijningsvorm." Dat herhalen, twee weken lang, had een veel groter effect dan ik van tevoren had gedacht.

Voor mij is vrijheid de ruimte vergroten tussen de prikkel die een ander geeft en mijn eigen gedrag. Wie dat onder extreme omstandigheden kon, was de schrijfster Etty Hillesum. Toen zij in het concentratiekamp zat, wilde ze toch de regie over haar eigen gedachten behouden en niet alle Duitsers gaan haten. Die vrijheid, die ruimte voor jezelf, kun je leren vergroten. Emoties vloeien voort uit gedachten die je al lang hebt. De vrijheid ontstaat wanneer je die gedachten onderkent en ze stil kunt maken. Dat past bij wat je in mystieke stromingen aan beoefening leert.'

Wat spreekt u zo aan in de mystiek?
'Veel mensen zullen bij dat woord denken aan een winkel vol tarotkaarten, dromenvangers en andere zweverigheid. Ik zie mystiek als een manier om wijsheid in jezelf te leren kennen en om open te gaan staan voor een dimensie buiten je. Mystiek zie ik als tegenhanger van orthodoxie, waarin alles is vastgelegd in leefregels en je doet alsof je alles zeker weet. Bij mystiek ga je ook op zoek naar het transcendente, maar dan door naar binnen te keren. Vanuit de stilte die je aantreft, leg je verbinding met het hogere. Alle mystieke richtingen hebben overigens dezelfde troostrijke boodschap voor je: je wordt niet geboren met schuld, alles is liefde, alles komt goed. Dat is ook de oorspronkelijke boodschap van het christendom.'

Wat bedoelt u met 'wijsheid in jezelf'?
'Van huis uit hechtte ik altijd veel belang aan intelligentie. Ik oordeelde snel over mensen. Als ze niet de juiste diploma's hadden, dacht ik: jij kunt me niks leren. Maar waar het om gaat is wijsheid. Om die te ervaren zit intelligentie je eerder in de weg. Nu denk ik: iedereen is wijs, maar we laten ons door gebeurtenissen in ons leven ervan wegleiden. Als je stil wordt en echt naar jezelf leert luisteren, kom je erachter dat je al weet wat je moet weten. Het gaat dan niet alleen om je moreel kompas, maar ook wat goed is voor jezelf. Weten in welke context je gedijt. Het beeld dat ik daarbij heb, is dat van je ziel als een gong. In de ene kamer maakt hij een dof geluid, in een andere kamer klinkt hij prachtig vol en trilt hij uren na. Spreek je je innerlijke wijsheid aan, dan weet je in welke kamer je ziel thuishoort.

Als iemand je een streek levert, kun je leren zien: "Alles is ofwel een roep om liefde, ofwel een uiting van liefde." Dat vind ik een wijze manier om het leven te benaderen. In iedere situatie kun je daarmee helderder zien wat er aan de hand is. Maar het vergt wel dat je eerlijk naar jezelf kijkt. Als je vrolijk bent, kun je je afvragen: waardoor komt dat? Omdat de weegschaal zegt dat ik drie kilo ben afgevallen, omdat ik promotie heb gemaakt, omdat ik een compliment heb gekregen? Is dat nou echt wat mij vrolijk maakt? Je leert zien dat er dan eigenlijk niks verandert: je waarde is intrinsiek gegeven, onveranderlijk. Of iemand je prijst of beledigt, het verandert niets.'

Hoe ziet u die verbinding met het hogere?
'Ik denk inderdaad dat die bestaat, al twijfel ik er soms aan. Maar ik heb momenten gehad waarin ik het heb ervaren. Je kunt het wellicht vergelijken met ervaringen die mensen met muziek hebben. Componist Reinbert de Leeuw zei eens over Bach dat het lijkt alsof de geschreven noten maar een deel zijn van de muziek die er klinkt. Er zit nog muziek achter.'

Wanneer heeft u het zelf ervaren?
'Ik heb een keer een ervaring gehad die mijn leven echt heeft veranderd. Ik was met mijn fiets in de natuur, met achterop een slapend kind. Opeens gleed ik helemaal weg. Zonder voorteken werd alles vloeibaar. De bomen, het zonlicht, het zandpad, de lucht en ik, alles vervloeide in elkaar. Ik versmolt met mijn omgeving, mijn lichaam was in verbinding met alles. Net als mijn geest. Dagenlang hield ik een gelukzalig gevoel. Ik leerde dat het een ervaring van eenheidsbewustzijn was: het inzicht dat we allemaal uit hetzelfde voortkomen, er is geen afscheiding tussen ons en wat ons omringt. Zo kwam ik bij de overtuiging dat er meer moet zijn en dat duid ik aan met "Een Bron van Zijn". Daar voel ik me goed bij. Inmiddels kan ik ook "God" zeggen, omdat ik weet wat ik eronder ver-

sta. Maar ik zou het niet snel gebruiken wanneer ik met een orthodoxe christen praat, want diens godsbeeld verschilt hemelsbreed van het mijne. Ik wil niet in een hokje met mensen die een Jezus Redt!-sticker op hun auto hebben. Ook met een atheïst vermijd ik het woord, want dan plakken ze meteen allemaal dingen op me die niet bij me horen.'

Hoe reageerde uw omgeving op uw zoektocht?
'Ik ben er vriendschappen door kwijtgeraakt. Atheïstische vrienden misten de running gag over God als smeermiddel in de conversatie. Als ik alleen maar het woord spiritualiteit gebruikte, reageerden mensen al defensief. Een collega uit Delft riep: "Ik spuug van dat woord, ik kan het niet eens uitspreken." Wat ik jammer vind, is dat atheïsten niet de mogelijkheid openhouden dat een andere benadering dan de rationeel-wetenschappelijke van waarde kan zijn. Die technieken om verbinding met het transcendente te zoeken, zijn voor hen per definitie waardeloos. Waarom willen zij niet de mogelijkheid openhouden dat ze een hele dimensie zouden kunnen mislopen? Maar goed, dit gesprek lukt dus niet met atheïsten.'

Hoe kijkt u tegen de dood aan?
'Als ik nu dood zou gaan, zou ik er vrede mee kunnen hebben. Dan laat ik mensen in liefde achter. Mijn kinderen zijn stevig genoeg om het leven aan te kunnen. Er is meer warmte om me heen en ik ben vooral blijer met mezelf. Of er daarna nog iets is? Ik vermoed dat onze ziel blijft bestaan, maar ik weet het verder ook niet.'

U begint aan een nieuwe baan. Gaat u die anders aanpakken dan tien jaar geleden?
'Mijn baan is niet meer mijn identiteit. Ik streef naar transparantie en congruentie: ik wil me niet beter voordoen dan ik ben. Er is geen noodzaak meer voor defensiemechanismen. Verder wil ik goed zijn voor de mensen met wie ik te maken krijg, of dat nu de schoonmaker of de hoogleraar is. En werken met meer lichtheid en lol. Tien jaar geleden was het alles of niets. Nu denk ik: nu ja, dit is ook een manier om mijn leven hier, op aarde, te leiden.'

LEESTIP
De groot-inquisiteur van **Fjodor Dostojevski**.

'In dit zestiende-eeuwse verhaal verschijnt Jezus weer op aarde. Hij wordt meteen in de gevangenis gegooid. Wat de groot-inquisiteur in zijn monoloog over vrijheid zegt, heeft mijn leven veranderd. Hij laat zien hoe mensen bereid zijn die op te geven, in ruil voor leefregels. Dat herkende ik. We zijn zoveel vrijer dan we denken te zijn.'

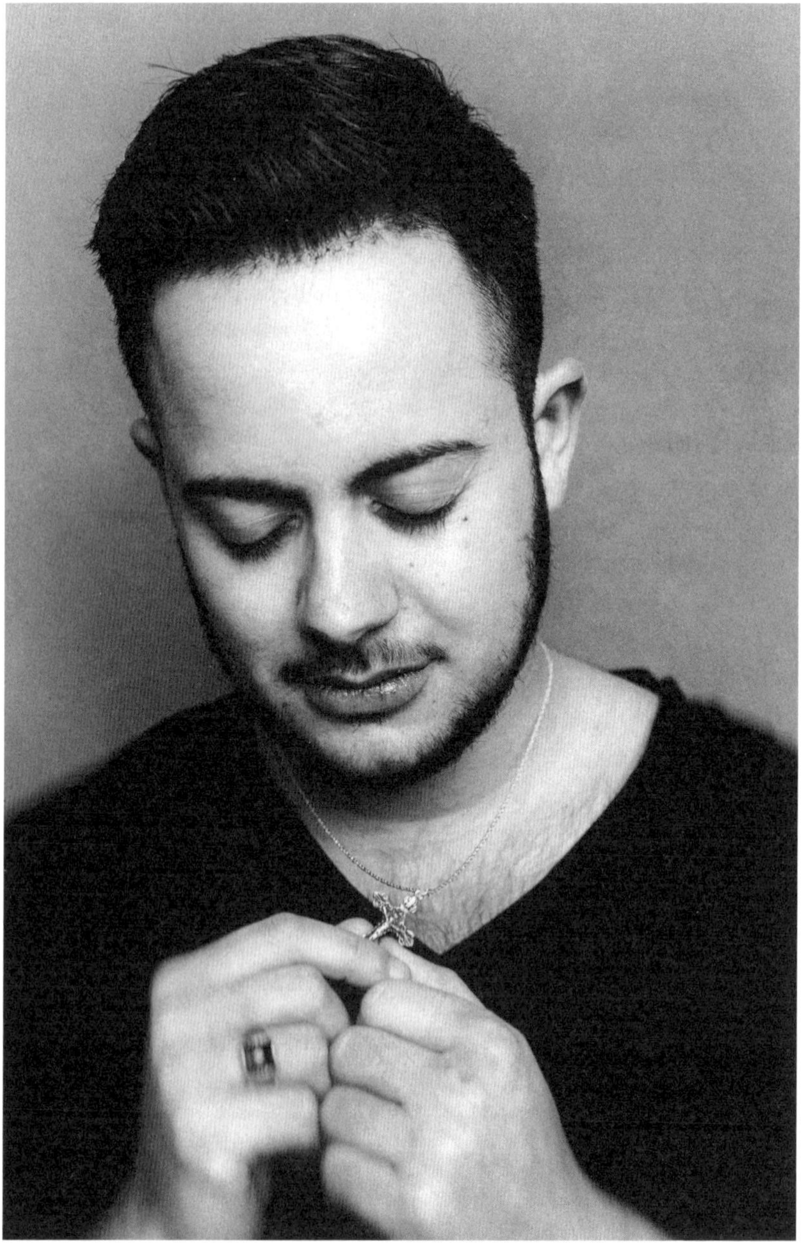

Mounir Samuel, auteur en theatermaker

'Hoe kan het dat jij nog leeft?' Die vraag krijgt auteur, theatermaker en journalist Mounir Samuel geregeld. Hij is pas negenentwintig, maar het lijkt alsof hij al meerdere levens heeft geleid. Als zoon van een Egyptische vader en Nederlandse moeder groeit hij op in een streng protestants milieu in Amersfoort. Hij is een man, maar wordt geboren in een vrouwenlichaam. Als dertienjarige krijgt hij een oogziekte die hem 80 procent van zijn zicht ontneemt; inmiddels is dat 90 procent. Op school verkeert Samuel in een isolement, doordat hij zich aangetrokken voelt tot meisjes – voor de buitenwereld zijn dat lesbische gevoelens. Die worden in zijn milieu bestreden, hij wordt gepest.

Tijdens zijn studies politicologie en islamitisch recht trouwt Samuel met een man, een huwelijk dat na enkele jaren wordt ontbonden. Vanaf 2011 maakte hij furore in met name *Pauw & Witteman* als Midden-Oosten-expert tijdens de Arabische Lente. Hij verhuist naar Amsterdam, waar hij in een artistiek, niet-religieus milieu terechtkomt: 'God was in die tijd nooit ver weg van mij, maar ik wel van God.' Als journalist voor *De Groene Amsterdammer* bezoekt hij het Midden-Oosten, waar hij enkele malen aan de dood ontsnapt. In

2015 maakt hij aan de buitenwereld bekend voortaan als genderqueer-man door het leven te gaan. Dat leidt tot 'een haatgolf' op sociale media en een tijdelijke breuk met zijn familie. Hij vertrekt naar Marokko met het idee een eind aan zijn leven te maken. Maar hij wordt op de valreep gered door een gebedsoproep. Vorig jaar verscheen zijn tiende (!) boek, *God is groot*. Dat gaat over het afpellen van identiteiten, net als zijn theatervoorstelling *En toen schiep God Mounir*. Daarin komt hij na 'zes identiteitslagen' uit bij zijn ziel. Zijn toeschouwers daagt hij uit zich ook los te maken: 'We leven in een samenleving die aan grote geestelijke armoede lijdt. Daardoor klampen mensen zich vast aan een eendimensionale identiteit.' Zelf is hij een christen die ook in een moskee bidt.

Wat is de zin van ons leven?
'Mounir betekent "hij die licht geeft". Ik wil dat iets van het goddelijke licht, dat in ons allen aanwezig is, zich reflecteert en manifesteert in deze duistere wereld. Voor mij is de zin van het leven het volbrengen van onze goddelijke bestemming, voor mij is dat om een lichtdrager te zijn. Er zit een goddelijke energie achter alles, dus ook achter ieder individu. Er is een bestemming en relevantie voor ieder van ons, groter dan we zelf kunnen begrijpen.'

Hoe ziet u in dat licht uw eigen bestemming?
'Als mensen vragen waarvoor ik leef, dan zeg ik: "Ik leef om mijn naasten te dienen." Vaak krijg ik terug: "Wat is dat nu voor een raar antwoord, je leeft toch voor jezelf?" Nee, helemaal niet. Als ik dat zou doen, was ik er morgen niet meer, want dan vind ik het leven niet boeiend genoeg. Mijn gaven zijn er niet voor mezelf, maar om anderen een spiegel voor te houden, zoals anderen dat bij mij doen. Koning Salomon zegt

in Spreuken: "Zoals men ijzer scherpt met ijzer, zo scherpt een mens zijn medemens." Wij zijn elkaars ijzer.'

Hoe kan iemand achter zijn bestemming komen?
'Ieder mens heeft iets wat zijn hart laat zingen. Bij kinderen kun je dat nog goed zien. Geen kind zegt: "Ik ga later boekhouder worden." Een kind is nog in contact met zijn creatieve zelf. De een is goed in sport, de ander in muziek, tekenen of toneel. Helaas verliezen we het vermogen tot onschuldig onderzoeken van onze talenten. Ik daag mensen uit dat weer op te zoeken. Durf voor je talent te kiezen op een manier die overeenstemt met Gods gedachten. Zijn dromen zijn vele malen groter dan onze stoutste verwachtingen. Wanneer je die twee bundelt, je talent en de juiste richting eraan, krijg je een kracht die veel verder reikt dan je eigen ik.'

Welk groter plan heeft God?
'Ik ben God niet. Hij is oneindig groot. Met alle heilige boeken weten we nog niet 1 procent van God. Bij ieder antwoord dat ik hierop vind, komen weer tien nieuwe vragen op. In dit leven gaan we hem of haar nooit helemaal begrijpen.'

Dus blijft het leven een mysterie?
'Ja, dat is de schoonheid ervan, maar ook het pijnlijke. Sommige dingen zijn te verdrietig om vragen over te stellen. De moeder die haar kind heeft verloren, zal vragen: "Waarom moest dat dan gebeuren?" Gruwelijk groot leed. De vraag die we zouden moeten stellen is niet: "Waarom staat u dit toe?" Het verzoek moet zijn: "God, sta dit niet langer toe." Dan kunnen er wonderen gebeuren.

Ik geloof niet in een breekijzer-God, die je hart openbreekt. Mijn God is er een van zachte streling, van vrouwelijke, verleidende energie. Een God die vraagt: "Geef mij de kans die leegte op te vullen." Dat kun je hem vragen door te zeggen: "God, u bent groter dan de omstandigheden. Ik kan het niet met deze omstandigheden, doet u het maar."

Daarin heb ik mijn kracht gevonden: God niet meer ter verantwoording roepen, maar mijn ziel bij hem uitstorten. En God prijzen, te midden van de zwaarste omstandigheden. Ook als je een gebroken hart hebt of je baan kwijt bent, toch *Allahu akbar* durven zeggen, God u bent groot, groter dan mijn omstandigheden. Dat is zo krachtig, probeer het maar.'

In de periode 2012 tot 2015 was u verder van God dan ooit. Waardoor kwam dat?
'Ik verhuisde naar Amsterdam en belandde in een wereld van artiesten, acteurs en de queergemeenschap. Een compleet areligieus milieu, hooguit half-islamitisch. Ik kreeg partners die helemaal niet of alleen maar in naam gelovig waren. Mijn seksualiteit was onderdrukt geweest, dus ik brak los uit dat verleden. Maar ik had ook veel last van schuldgevoel. Ook kwamen pesten en misbruik omhoog – een diepe beerput waarin ik dreigde te verdrinken. Het was een tijd waarin ik veel aandacht kreeg door mijn optredens in talkshows. Er was zoveel schuring in mijn leven, zoveel haat tegen mij ook, dat ik boos was op God zonder dat ik er de vinger op kon leggen.'

Hoe vond u God weer terug?
'Ik was naar Marokko gegaan om een eind aan mijn leven te maken. Omdat ik veel in de media was, kreeg ik vrijwel constant seksisme over me heen – die aanvallen waren heel zwaar. Extra pijnlijk was dat ik me geen vrouw voelde, maar niemand hoorde dat. In mijn relaties leverde dat veel spanning op, omdat lesbische partners voelden dat het geen

vrouw-vrouwrelatie was. Ik was zo ongelukkig, alles zat vast. Het vu-ziekenhuis weigerde mijn transitie, mijn boek zat bij de verkeerde uitgever, ik zat financieel aan de grond. Want nadat ik mijn coming-out als Mounir had gemaakt, verloor ik in één klap 90 procent van mijn opdrachtgevers. In de media werd ik als genderqueer afgemaakt. Mijn vrienden vielen bij bosjes weg, ik was mijn familie kwijt, simpelweg omdat ik zei: "Ik weet wie ik ben, nu jullie nog."'

Wat gebeurde er in Marokko?
'Ik wilde springen van het huis waar ik een kamer had gehuurd. Ik stond al op de dakrand, toen er een gebedsoproep klonk. Dat vond ik geen gepast moment. Toen ontstond er een dialoog met God. Precies op dat moment ontving ik op mijn telefoon de melding van een filmpje van een Amerikaanse pastor. Ik kijk nooit naar preken, nu wel. De preek heette: "It is not over". Van John Gray, superhumoristisch. Ik moest lachen. Hij zei: "Iedereen kan God prijzen aan het begin en het eind, maar kun je ook prijzen in het midden, wanneer je geen uitweg ziet?" Toen ging ik op dat dak God prijzen. Drie dagen later was ik weer in Nederland en kwam alles in beweging.'

Maar de problemen waren er nog.
'Kort na aankomst kreeg ik op één enkele dag groen licht van de vu, kreeg ik mijn boekrechten terug, kwam mijn Egyptische geliefde bij me terug en kreeg ik een belastingteruggave van tienduizend euro. Op een en dezelfde dag! Amen. Als je mijn verhaal hoort, ga je in God geloven.'

Hoe kijkt u aan tegen groepen die dat niet doen, zoals atheïsten, agnosten en ietsisten?
'Nederland is veel minder atheïstisch dan mensen denken.

Vooral wanneer je doorpraat blijkt het aantal mensen dat God echt afwijst heel beperkt. Mensen wijzen wel het instituut kerk af. Dat kan ik goed begrijpen. Ik ben boos op reformatorisch en katholiek Nederland, omdat door hen zoveel mensen uit de armen van God zijn gedreven.

Maar ik ben geen evangelist die de mensen wil bekeren. Overtuigen ligt niet op mijn weg, dat kan God alleen. Ik deel wel mijn ervaringen, anders zou ik God tekortdoen. Er is een breed gedeeld ongemak in het praten over zingeving. Maar mensen voelen dat niet bij mij. Ik luister vaak naar de twijfel van de ander.'

Stond u zo open voor God, omdat u eenzaam was?
'Dat vind ik een typisch Hollandse gedachte: alsof je alleen in God gaat geloven als laatste redmiddel. Ik ben wel alleen in de zin dat ik overal de uitzondering ben, maar ik ben niet eenzaam. Ik heb God aan mijn kant, wat anderen ook roepen. Mijn bestaan gaat wel met grote eenzaamheid gepaard: woestijnperioden, je ziel zoeken, depressie, dat hoort erbij. Hoe meer je in het licht staat, hoe harder het duister trapt. Dat kun je in Nederland goed zien. Mensen die voor radicale verbinding staan, worden afgemaakt. Denk aan hoe Sylvana Simons is bejegend, omdat zij echt inclusief wil zijn. Er heerst een angstcultuur. Mensen verhuizen om in een wijk met gelijk ogende mensen te wonen. Bakfietsmoeders rijden kilometers extra om hun kinderen naar een witte school te brengen.'

Hoe ziet u uw toekomstige rol?
'Ik ben een minderheid binnen alle minderheden. Dan kun je als een calimero op je eiland gaan zitten, of je kunt zeggen: ik ga bij ieder mens kijken wat verbindt. Mijn gelaagdheid stelt

me in staat vertrouwen te winnen en de echo van anderen te zijn. Ik sta voor mensen zonder stem, voor iedereen die afwijkt, die niet mag zijn wie hij is. De vorm is nu theater en schrijven, maar die is niet belangrijk. Wel het doel, waarbij ik altijd sta voor sociale rechtvaardigheid. Ik zie mijn rol als die van de veerman, die mensen van de ene naar de andere oever brengt. Met woorden als liefde en verbinding hoop ik hen uit hun vaste denken over hun identiteit te halen. Zodra je meent te weten wie je bent, is er geen beweging meer. Blijf je open, dan is groei mogelijk.'

LEESTIP
De profeet van **Kahlil Gibran**

'In dit boekje verbindt deze grote Libanese dichter en denker de diepste menselijke wijsheden met goddelijke inspiratie. Hij doet dat in zulke simpele en poëtische taal dat je hart er als vanzelf door in beroering komt. Vrijwel niemand heeft de liefde zo kunstig beschreven. Gibran vat de essentie van Gods wezen prachtig samen.'

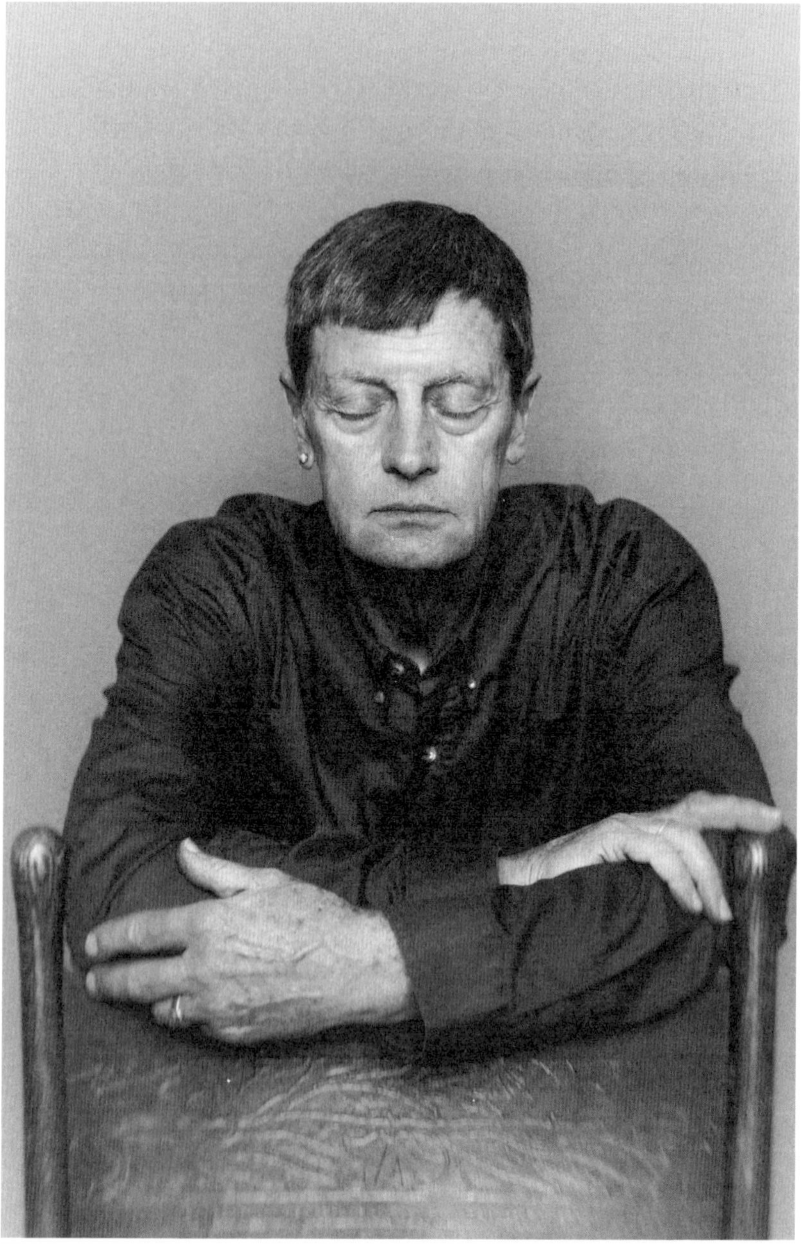

Vincent Icke, sterrenkundige

Een droogzolder boven een verlaten wasserij aan de rand van Utrecht, dat was de eerste woning van Vincent Icke, kort na de oorlog. 'Mijn ouders waren zeer arm. Je hoort wel eens: zijn wiegje was een stijfselkistje. Nou bij mij was het zelfs dat niet. Ik sliep op een opgevouwen deken op de grond.' Ruim tweeënzeventig jaar later is hij hoogleraar theoretische astrofysica aan de Universiteit Leiden en beeldend kunstenaar. Bij het grote publiek staat hij bekend als duider van het heelal. Dat hij het zover heeft gebracht ziet hij als een kwestie van toeval, 'het allesbepalende principe van de evolutie'. Maar ook zijn onderzoeksdrift en talent hebben een rol gespeeld. 'Hoe werkt dat?' was de vraag die al vroeg in hem brandde: 'Ik ben altijd onderzoeker geweest, net zoals ik met blauwe ogen ben geboren.' Talent bezat de jonge Vincent ook: de studies theoretische natuurkunde en sterrenkunde bracht hij tot een goed einde. Dat was eind jaren zestig. 'Mijn haar groeide tot mijn middel en ik had natuurlijk ook zo'n kralenketting en een baardje. Maar ik zat niet aan de wiet of de chemicaliën. Zoals een latere Amerikaanse collega zei: "Ik heb zoveel plezier met mijn hoofd zoals het nu is, daar ga ik verder niets meer aan doen."' Zijn carrière bracht hem in de vs en in Cambridge, waar Stephen Hawking een collega was. Inmiddels heeft hij een twintigtal boeken op zijn naam staan. Veelal richt hij zich daarin tot een breed publiek om te delen hoe 'prachtig ingewikkeld en schitterend' het heelal in elkaar steekt.

Wat is de zin van ons leven?
'We moeten eerst constateren dat ons leven behoort tot hét leven. Er zijn mensen die dat anders zien, die denken dat de mens fundamenteel verschilt van andere levende organismen op deze planeet, maar daar is geen enkele aanwijzing voor. De vraag naar de zin van hét leven is wat mij betreft zinledig. Want dat is een samenspel van atomen en moleculen. Dus dan zou je ook kunnen vragen: wat is de zin van een atoom? Tja, als je me het antwoord geeft, zou ik het niet eens herkennen. Er is niets waar je dat antwoord aan kunt toetsen. Dat maakt de vraag zinledig.'

Dus u ziet geen onderscheid tussen een stapel stenen en een mens, omdat ze allebei uit atomen bestaan. Ondanks onze ratio en ons bewustzijn.
'Wij zijn wel anders dan die stenen, maar daar volgt niet uit dat wij een bepaalde zin hebben en die stenen niet. Natuurlijk zijn we veel ingewikkelder en ook wel interessanter, maar het opmerkelijke is vooral dat we diezelfde atomen zijn, zij het in een andere rangschikking. Je kunt niet zeggen: bij een bepaald aantal atomen krijgt die rangschikking zin.'

Hoe kijkt u aan tegen Descartes die de mens primair als rationeel wezen zag?
'Dat moge voor hem zo zijn, maar ik denk niet dat dit in het algemeen waar is. Denken is niet tot de mens beperkt, dat we-

ten we inmiddels. Descartes behoort tot de denkers die menen dat de mens kwalitatief wezenlijk anders is dan andere levende wezens. Hij zag een dier als een soort automaat, waar je vrijelijk over kon beschikken. Maar inmiddels zijn we wel vierhonderd jaar verder. Wij bestaan uit atomen en moleculen en kunnen op allerlei fascinerende manieren interacteren met onze leefomgeving, maar een zin kan ik daar nog altijd niet uit afleiden.'

U bedoelt: er is geen hoger doel?
'Je moet je afvragen: blijkt ergens uit dat leven een bedoeling heeft? Ik denk eerder dat het tegenovergestelde het geval is. Darwin en Wallace hebben laten zien hoe belangrijk het toeval is, dus juist het ontbreken van een doelstelling. Dat is het bepalende principe van de evolutie. Later hebben biologen de vraag opgeworpen: als leven een doel heeft, waarom zit het dan zo slordig in elkaar? Dat spreekt me zeer aan. Neem de blinde vlek in het menselijk oog. De zenuwen die de signalen naar je hersenen overbrengen, gaan door de retina heen. Dus is er een plekje in je oog dat niet gevoelig is voor licht, omdat die zenuwbanen erdoorheen moeten. Welke sukkel heeft dat ontworpen? Dat had helemaal niet gehoeven, het netvlies van de octopus bijvoorbeeld is onbelemmerd. Als God een Delftenaar geweest zou zijn, zou hij hier nooit op zijn afgestudeerd.'

Maar daar staan toch tal van bijzondere ontwerpen tegenover?
'Ja, maar dat komt door een ander aspect van de evolutie, de selectie. Als het niet werkt, krijg je bikkelhard op je kop. Mijn punt is dat de notie van zin als bedoeling wordt onderuitgehaald door de fundamentele rol die toeval speelt. Dat is

essentieel, want juist daardoor heeft het leven zich zo mooi kunnen aanpassen aan onze planeet.'

Het besef dat we zijn opgetrokken uit atomen die direct na de oerknal zijn ontstaan, is duizelingwekkend. Moeten we dat echt als toeval zien?
'Als je zegt dat het niet zo is, moet je dat waarmaken. Degene die als eerste het beste hiermee is omgegaan is Simon Stevin (1548-1620, natuurkundige). Die had als lijfspreuk: "Wonder en is gheen Wonder." Fantastisch. Want de mechanismen die je ziet in de natuur zijn geen wonder – het is gewone scheikunde, natuurkunde en wat dies meer zij. Maar... het is ook wel een wonder, want het is prachtig, ingewikkeld, het zit schitterend in elkaar en je zou het zelf niet hebben kunnen verzinnen. Dat geldt niet alleen voor leven op aarde, maar ook voor de sterren.'

De stap naar 'er moet wel een kracht achter dit alles zitten' is dan toch niet zo groot?
'Daar komt de neiging van de mens tot geloof om de hoek kijken. Er zijn maar weinig mensen die zichzelf kunnen toestaan te zeggen: "Dat weet ik niet." Of: "Dat begrijp ik niet." Anders dan dieren heeft een mens begrip. Maar dat is altijd onvolledig. Dat wil hij, uit ongeduld of angst, aanvullen tot iets absoluuts. Daarom gaat hij geloven: in goden, geesten, spoken, een leven na de dood, verzin het maar. Wij zijn een gelovige diersoort.'

Hoe kijkt u aan tegen agnosten die zeggen: of er een God is, weet ik niet?
'Ik ben geen atheïst die zegt: het staat vast dat er geen goden of geesten zijn. In de natuurwetenschappen kun je eigenlijk

nergens zeggen: "Dat kan niet." Je zult mij dus niet betrappen op de uitspraak: "Goden en geesten bestaan niet." Ik zeg wel dat er geen enkel houdbaar bewijs is dat ze bestaan. De waarschijnlijkheid dat het toch zo is, lijkt me zo klein dat het geen zin heeft er rekening mee te houden.'

Volgens de Belgische kosmoloog Gerard Bodifee gaat de wetenschap niet over de zin van het leven. Alleen via ons ethisch besef kunnen we zin toevoegen aan ons leven.
'Dan heeft hij het over zin in de morele betekenis. Dus niet over zin als zijn, de atomen, of over zin als bedoeling, wat door de fundamentele rol van het toeval onderuit wordt gehaald. Zin als morele kwestie is in mijn ogen iets anders. Het is heel goed mogelijk dat we langs die weg zin aan ons bestaan kunnen toevoegen. Wat mij dan interesseert is: wat is daarvan de functie? Ik denk dat dan de conclusie moet zijn: ons gehele morele besef dient ertoe om ons als mensgroep te laten samenwerken. Daar zit een grens aan: wij zijn in staat met honderdvijftig man samen te werken, maar wordt de groep groter dan gaat het mis. De moraal is ervoor bedoeld die samenwerking te laten functioneren.'

Boekt de mensheid op dat morele vlak vooruitgang?
'Dat betwijfel ik. Je kunt wel zeggen dat de kwaliteit van het leven is verbeterd – armoede, oorlog en ziekten zijn meetbaar afgenomen. Maar of onze ethiek erop vooruit is gegaan? Natuurlijk zijn we tegen slavernij, maar het komt nog steeds voor. We kunnen ons dat standpunt vooral permitteren dankzij de welvaart – ik hoef geen slaaf meer te hebben, want ik heb een wasmachine. De reden dat we in het vrije Westen zo "beschaafd" kunnen zijn, is dat we het ons kunnen permitteren. Ethische vooruitgang zie ik eerlijk gezegd nauwelijks.'

Hoe kijkt u aan tegen het eind van het leven?
'Ik merk het wel. Voor mij persoonlijk houdt het een keer op, vooruit dan maar. De zin van mijn persoonlijke bestaan zit in mijn omgeving: zorgen dat het mijn vrouw en dochter goed gaat. Voor mij is van belang dat ik naar eer en geweten kan zeggen dat ik de anderen niet onverzorgd achterlaat.'

Is daarmee uw bestaan zinvol?
'Nee. Het is maar goed dat mijn bestaan geen zin heeft, want als ik terugkijk op die 72,5 jaar dan heb ik nogal wat dingen gedaan die ik absoluut niet had moeten doen. Echte rotstreken. In dat opzicht zijn er ongetwijfeld mensen die denken: "Had hij maar niet bestaan." Nee, daar ga ik verder niets over vertellen. Maar geloof me dat ik mijn portie aan narigheid aan anderen heb uitgedeeld. Dat is niet meer recht te zetten. Je kunt je excuses aanbieden en het proberen goed te maken, maar gebeurd is gebeurd.

Kijk, je roeit in je leven met de riemen die je hebt. De praktische zin van mijn bestaan draait om twee dingen. Ten eerste wil ik erachter komen hoe dingen werken, dat vergezelt me al mijn hele leven. Ten tweede is er de sociale zin: die zit in mijn omgang met geliefden en anderen, met name mijn intellectuele nakomelingen, zoals studenten en promovendi.'

U hebt veel energie gestopt in uitleg aan het grote publiek. Waarom is dat?
'Ten eerste is het zo prachtig hoe dat heelal in elkaar zit, dat wil je delen. Net zoals het zingen van een lied leuker is met z'n allen dan in je uppie. Het tweede is: ik ben terechtgekomen waar ik ben, doordat de maatschappij mij dat heeft toegestaan. Ik zit hier van jouw belastinggeld. Daar mag je wat voor terug hebben. Mensen waarderen dat ook. Natuurlijk,

het is leuk om te doen, maar het is voor mij een vorm van dankbaarheid tonen. Dat meen ik echt.'

Heeft dat wellicht te maken met uw nederige afkomst?
'Zonder enige twijfel. Ik ben bepaald niet met een gouden lepel in mijn mond geboren. Die dankbaarheid die ik voel, is ten opzichte van mijn ouders en hun voorouders. En ten opzichte van mijn medemensen. We hadden het al eerder over de rol van het toeval. Nou, dat heeft in mijn leven ook een grote rol gespeeld.'

LEESTIP
Het avondrood der magiërs van **Rudy Kousbroek**

'Kousbroek heeft ongeveer alles wat ik in een schrijver bewonder: meesterlijk taalgebruik, grote onderwerpen, kritisch vermogen, intelligentie, begrip, geleerdheid, logica, relativiteit, humor. En heel veel moed, ten overstaan van grote onderwerpen, van anderen en vooral van zichzelf. Mijn ontzag voor zijn enorme oeuvre is des te groter omdat hij zichzelf eigenlijk nooit herhaalt.'

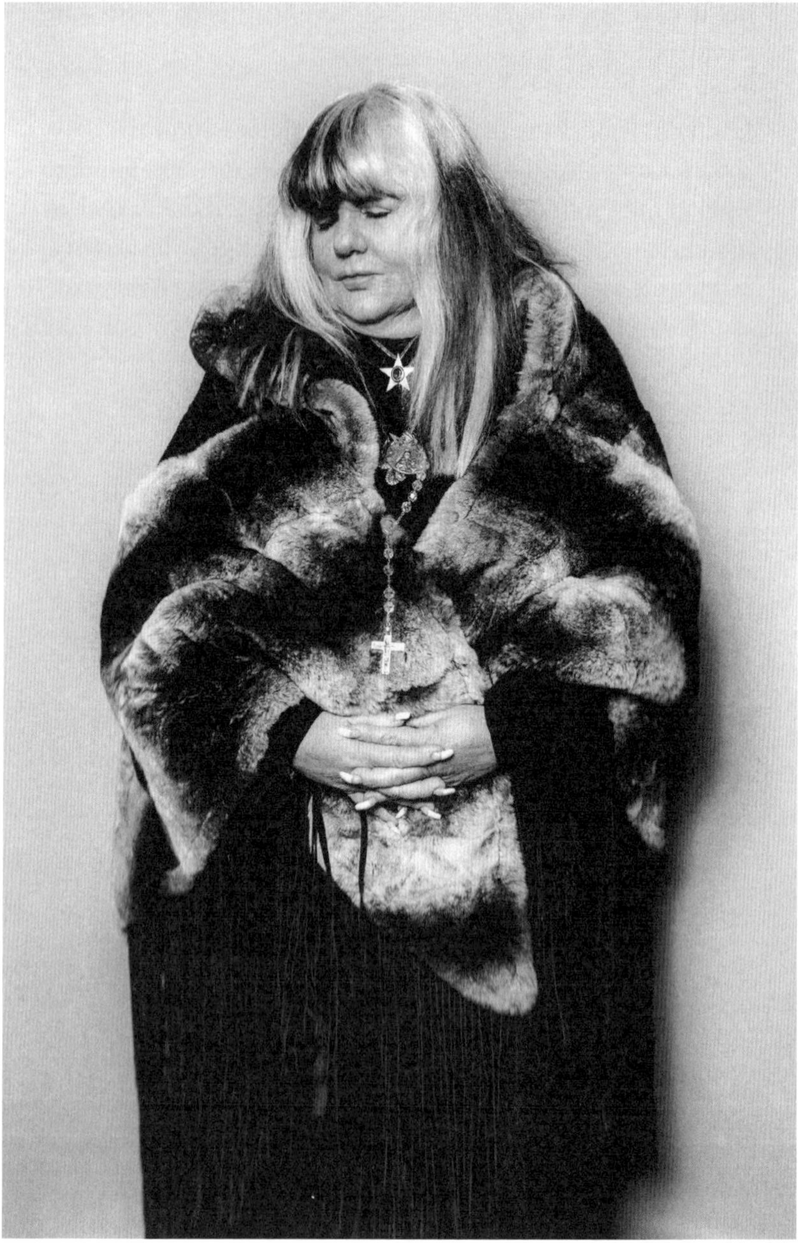

Maria Riemen, medium

'Ik hou zelf helemaal niet van zweverig. Je hebt nu zelfs opleidingen tot medium, dat slaat nergens op. Je bent het of je bent het niet.' De zesenvijftigjarige Johanna Maria Riemen, geboren en getogen in Den Haag, zegt het nuchter en stellig. Ze ontvangt haar klanten, deels afkomstig uit de Haagse zakelijke en politieke elite, in haar Scheveningse flat, met weids uitzicht op zee en vol met beelden van Jezus, engelen en heiligen. Al zesendertig jaar werkt ze als medium, min of meer tegen wil en dank: 'Ik moest er wat mee. Ik werd enorm nerveus als ik alle dingen die ik zag niet kon uiten.'

Ze was de jongste in een katholiek gezin met vier kinderen – haar vader was rechercheur, moeder huisvrouw. 'Beste mensen hoor, maar ze konden niks met me. Ze vonden mij maar raar.' Als vijfjarige zag ze een brand in haar ouderlijk huis, nog voordat die was begonnen. Ze waarschuwde de buurvrouw, die haar later de schuld gaf. Het leerde haar dat ze beter haar mond kon houden. Dat ervoer ze ook op haar katholieke school, toen ze een van de nonnen waarschuwde: 'Je moeder gaat binnenkort dood.' Dat klopte, maar de waarschuwing werd niet gewaardeerd. 'Ze vonden het duivels. Ik kreeg vaak klappen.' Riemen belandde op haar dertiende bij een psychiater. 'Die nam me wel serieus. "Ze is helderziend, verder is er niks mis," zei hij tegen mijn ouders.'

Op haar twintigste opende ze een praktijk voor voetreflextherapie, wat ze met haar mediumschap combineerde. Horecaman Ron Goedvolk, 'de burgemeester van de Denneweg', was een van haar eerste klanten. In zijn zaak kwam 'de Haagse jetset', die hij naar Riemen doorstuurde. Maar ook 'gewone mensen' staat ze bij met adviezen van 'gene zijde'. Sommigen komen al decennia bij haar: 'Mensen merken dat het klopt, dus blijven ze komen.' Ze heeft drie boeken uitgegeven, waarvan de laatste *Een sleutel... om het slot te openen* heet. Publiciteit wil ze eigenlijk niet, maar over de zin van het leven praten wel. 'Daar wordt in onze maatschappij te weinig over gesproken, terwijl er wel grote behoefte aan is.'

Wat is de zin van ons leven?
'Alle mensen zijn hier om dezelfde reden: je wordt geboren om je ziel te ontdoen van de schillen die eromheen zitten. Die moet je opruimen, want dan kun je in een hogere laag van bewustzijn terechtkomen. Dat gaat via reïncarnatie. Wanneer je in de hoogste, zevende laag bent beland, ben je bij je kern. Dan ben je een kind van God en hoef je niet meer terug te komen. Dat zie ik als het grootste geluk, want zo leuk is het hier niet. Er is geen gerechtigheid op aarde. Die is er gelukkig wel aan de goddelijke kant.

In een van je interviews las ik over Nabokov, die zei dat het leven een lichtflits was tussen twee perioden van duisternis. Dat vond ik heel heftig. Wat ben je dan aan het doen hier? Leef je dan alleen maar voor dit moment, is dat genoeg voor je? Dat zou ik echt niet kunnen. Voor mij is het precies andersom. Ik zie dit als een duistere tijd, tussen twee perioden van licht. Als ik zou weten: *this is it*, dan spring ik vandaag nog uit het raam. Al die ellende, al die lijdende mensen, al dat verdriet, dat dan nergens toe zou dienen. Gelukkig is er de goddelijke wereld en kunnen we in ons leven groeien.'

Hoe gaat dat in zijn werk?
'Je ruimt op via andere mensen, dus via familie, vrienden, collega's. Via hen word je geconfronteerd met jezelf. Dan is de vraag: hoe ga je ermee om? Stel iemand zegt iets lelijks over je en je wordt boos. Dat zegt iets over jezelf. Als je ziet dat die boosheid bijvoorbeeld op je onzekerheid is gebaseerd, is het de kunst die een volgende keer niet te laten overheersen, maar die kwetsbaarheid te tonen. Dan heb je iets opgeruimd en iets van je negatieve ego weggewerkt. Zo houd je je positieve ego over. Dat staat ieder mens te doen. Hoever iemand is, kun je niet uit zijn of haar beroep afleiden. Ik heb wc-juffrouwen gezien die *skyhigh* op zielsniveau zaten en ministers die je beter door de plee kon trekken.'

Hoe bent u aan deze kennis gekomen?
'Ik heb zeven begeleiders, die ik in eerdere levens ben tegengekomen. Die zie ik al sinds mijn kindertijd. De nonnen werden daar gek van. Ik zei tegen hen: "Niemand is alleen, maar ik heb er zeven nodig, omdat ik veel werk moet doen." Ze dachten natuurlijk dat ik gek was. Begreep ik ook wel. Toen ik elf was, hebben die begeleiders mij een jaar lang iedere avond meegenomen naar de zeven onderlagen en zeven bovenlagen, zeg maar de hel en de hemel. Dat was een erg zwaar jaar, ik verloor twintig kilo. Ik heb schriften vol erover opgeschreven, die kennis staat nu in mijn boeken. In de bovenlagen zie ik zielen in hun menselijke verschijningsvorm. Ze zijn vooral bezig met mensen op aarde te begeleiden. Ouders wachten op

kinderen. Als hun gezin weer compleet is, zie je ouders vaak weer terugkeren naar aarde. De kinderen wachten dan weer op hun kinderen.'

Heeft u het idee te worden geloofd?
'Wel door mijn cliënten. Maar de buitenwereld is verdeeld. Er zijn mensen die het onzin vinden, maar er is ook een groep die het wel wil geloven, maar dat toch niet echt doet. Ron Goedvolk zei het altijd zo: "Ik geloof niet in wat ze zegt, ik weet het zeker." Veel mannen die hier komen, willen dat nooit aan anderen laten weten. Zakenjongens met een grote vragenlijst en foto's van personen: moet ik met die man in zee, of met die? Moet ik deze manager houden of juist niet? Dat zijn leuke gasten vaak, die geloven dat er meer is tussen hemel en aarde. Politici komen vaak voor privézaken. Die willen niet gezien worden, net als een paar sterren. Het leukst vind ik de mensen met wie ik al lang een band heb. Eerlijk gezegd interesseert het me niet zo of mensen me geloven, ik hoop vooral dat ze hun voordeel doen met mijn boeken. Soms wil iemand een biografie over me schrijven, maar dat vind ik helemaal niet interessant. Dit gaat niet over mij.'

Is aandacht voor u een valkuil?
'Als medium loop je het gevaar dat je jezelf belangrijk gaat vinden. Er zijn mensen die tegen me zeggen: "Als ik jou niet had..." Dan zeg ik altijd meteen: "Dan had je een ander." Ik wil niet gaan denken dat mensen me nodig hebben. Als je je als mens laat verafgoden, gaat het verkeerd. Ik wil totaal geen goeroe zijn, dat voel ik als een gevaar. Je moet ook erg oppassen met financiën. Voor een consult wordt betaald, ik moet ook leven, maar sommige dingen wil ik gratis blijven doen. Ik heb te veel gezien hoe het misgaat wanneer het om het geld

gaat draaien, ook bij mensen van wie ik dacht dat ze voor die verleiding niet gevoelig zouden zijn.

Als mensen me enorm gaan bedanken, zeg ik: "Ja, nee, het is wel goed hoor." Ik voel me dan altijd een beetje opgelaten. Als ik iemands leven red door op tijd te waarschuwen, laat ik het direct weer los. Misschien omdat ik toch alleen maar een doorgeefluik ben, ja, ik krijg het ook maar door. Maar alles wat te maken heeft met persoonlijke groei vind ik interessant. Dat beklijft meer.'

Weet u wellicht waarom u dit lot heeft?
'Ik heb dat geregeld aan mijn helpers gevraagd, maar ik krijg dan alleen maar als antwoord: "Daarom." Nou ja, dan ben je ook uitgekletst. Ik had dit allemaal liever niet gewild, eerlijk gezegd, want zo leuk is het niet. Mijn familie vond het niks en het levert ook spanningen op met vriendinnen. Eentje wilde voor de vierde keer trouwen en vroeg of ik wilde getuigen. Ik zei dat ik dat niet wilde, omdat ik haar toch weer zag scheiden. Meestal houd ik in zo'n geval mijn mond. Dan denk ik: jullie zijn gek op elkaar en je moet gewoon je karma doen. Mijn mond houden is wel de grootste les in mijn leven. Ik zeg ook nooit tegen mensen in welke laag ze zitten. Anders krijg je een soort competitie, dat leidt alleen maar af.

Maar als ik jou was tegengekomen een paar dagen voor je hartstilstand dan had ik er zeker iets van gezegd, of je er nou om had gevraagd of niet. Als je dat vervelend had gevonden, jammer dan, maar ik voel me dan verplicht dat te doen. Maar soms ligt de afloop vast. Ik had hier een meisje dat aan een ongeluk dood zou gaan. Drie ongelukken overleefde ze, het vierde niet. Dat vind ik dan heel moeilijk. Het wordt bepaald door je karma, je levenspad, hoeveel levens je hebt gehad, dat soort factoren. Maar in andere gevallen kan het nog beide kanten op gaan. Je hebt een vrije wil en soms een keuze.'

Zijn we eigenlijk op de goede weg?
'Nee, ik vrees dat het kwaad bezig is te zegevieren. De groep die al bewust is, wordt wel bewuster, maar de groep die dat niet is, wordt almaar vervelender. De mentaliteit en de omgangsvormen van mensen verslechteren. En het is heel jammer dat kinderen op school helemaal geen voeding meer krijgen op zielsniveau. Vroeger leerde je over het geloof. Daar kun je het mee oneens zijn, maar het is wel iets anders dan rekenen en schrijven. Nu missen kinderen dat soort voeding vaak volledig.

Door de eeuwen heen zijn er veel zeer bewuste mensen met een liefdevolle boodschap geweest, zoals Boeddha, of in onze tijd moeder Teresa en de dalai lama. Alleen willen de meeste mensen niet meer naar hen luisteren, lijkt het wel. Er zijn theorieën die zeggen: er komt een splitsing tussen de goeden en de slechten. Maar ik zie dat niet voor me, hoe zou dat moeten? Ik zie eerlijk gezegd achteruitgang. Neem internet: al het slechte wordt daardoor groter. Vroeger was kinderporno niet wereldwijd, nu kunnen die mannen elkaar zo vinden. Het kwaad kan zich veel gemakkelijker bundelen. Natuurlijk, goed kan dat ook. Wie gaat winnen, ik heb geen idee, maar ik ben er niet gerust op. Maar dit is maar een leerschool, niet het echte leven. Dat zit aan de andere kant.'

LEESTIP
Het epos van de God-Mens van **Maria Valtorta**

'Dit is een serie van twaalf boeken die door Jezus aan Maria Valtorta zijn geopenbaard. Ze leren ons hoe we goed kunnen leven. Iedere keer wanneer ik er iets in lees, vind ik het leerzaam. Het maakt erg goed duidelijk hoe en hoeveel wij als mensen nog kunnen groeien.'

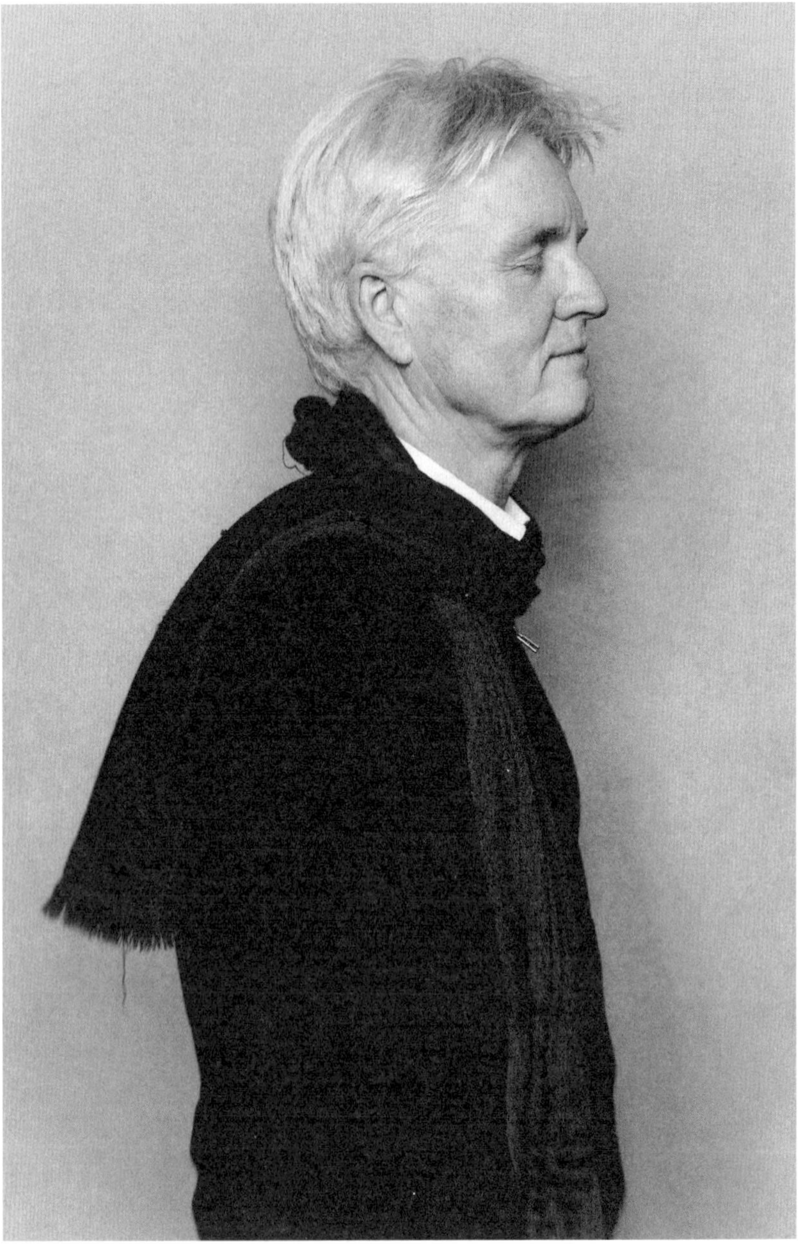

Bert Poolman, biochemicus

'Mij fascineert het begrijpen van de grens tussen leven en dood.' Als hoogleraar biochemie werkt Bert Poolman op dat snijvlak. Hij geeft leiding aan een vijfentwintig man sterke, internationale onderzoeksgroep die een reusachtige ambitie heeft: een levende cel bouwen. Dat zou een wereldprimeur zijn. 'Een cel heeft enkele miljoenen componenten, ongeveer evenveel als een Boeing 747. Vliegtuigen kunnen we bouwen, het grote verschil is dat in een cel alles beweegt en dat beïnvloedt de eigenschappen van de componenten. Een Boeing zal niet plots een vleugel afgooien.'

Van de dode materie van moleculen naar levende cellen – de mens zou er een fundamentele grens mee oversteken. De 'synthetische cel' is de eerste stap op het onbekende pad van kunstmatig leven. Het bouwen van complexere organismen ligt nog verder in het verschiet, dat gaat zeker nog decennia duren.

Dat zijn ambities zover zouden reiken, lag niet voor de hand toen Poolman in 1959 ter wereld kwam – hij was de zoon van ongeschoolde ouders in het Overijsselse Dedemsvaart. Zijn geluk was dat de schooldirecteur onderkende dat hij meer in zijn mars had dan de in het dorp gebruikelijke mavo. De glansrijke wetenschappelijke carrière die volgde, bracht de dorpsjongen in Zwitserland, Frankrijk en de vs, maar hij schoot wortel in Groningen. Daar woont hij met zijn liefde van de middelbare school, hun vier kinderen zijn het huis uit.

In zijn puberteit verloor Poolman het geloof in God, dat hem lichtjes was meegegeven tijdens zijn calvinistische opvoeding. Religieuze bedenkingen tegen kunstmatig leven koestert hij dan ook niet. Hij ziet vooral kansen: 'Inmiddels kan de wetenschappelijke gemeenschap dingen waarvan ik nog maar tien jaar geleden niet kon dromen. Als je die versnelling doortrekt, kan het wel eens heel hard gaan. Maar we kunnen ook zulke grote problemen tegenkomen dat het bouwen van een levende cel wel eens veel langer kan duren.' Daarom houdt hij het op 'één of enkele decennia', voordat de eerste synthetische cel ter wereld is. De mogelijke toepassingen zijn dan 'eindeloos'.

Wat is de zin van ons leven?
'De evolutie van het heelal zal niet worden beïnvloed door wat wij hier op aarde doen. We hebben geen enkele impact op het universum. Maar die hebben we als mensheid natuurlijk wel op de aarde. Op die kleinere schaal heeft ons leven zeker zin. Voor mij is dat meer dan "het doorgeven van onze genen aan een volgende generatie". Die biologische definitie klopt wel, maar ik vind dat veel te beperkt. Voor mij komt er een culturele zin bij: het opbouwen en doorgeven van kennis, normen en waarden, waarmee je een beschaving stapsgewijs op een hoger plan probeert te brengen.'

Dient dat nog tot een hoger doel?
'Kan dat op zichzelf niet het doel zijn? Het is voor mij onder-

deel van de evolutie van de aarde en de mensheid. Dat gaat verder dan alleen een evolutie via de genen.'

Waar gaat die heen?
'Ken je het boek *Factfulness* van Hans Rosling? Dat spreekt me erg aan. Tegenover het wereldnieuws, dat voortdurend de indruk wekt dat het slecht gaat en dat het onveiliger wordt, stelt hij een verhaal met een positieve ondertoon: de wereld wordt veiliger, de mensheid wordt gezonder en welvarender, zelfs in de allerarmste landen. Er valt best wat op zijn stellingen af te dingen, maar ik ben het met hem eens dat we de goede kant op gaan. Natuurlijk zetten we soms stapjes terug, maar bekijk je het op een grotere tijdsschaal dan is de vooruitgang onmiskenbaar.'

Als we straks kunstmatig leven kunnen creëren, maakt dat dan verschil voor onze kijk op leven?
'Voor mij niet. Maar ik kijk er natuurlijk primair fysisch-chemisch naar. Ik heb wel eens een lezing gehouden voor bèta-leraren van reformatorische scholen. Toen zei iemand: "Voor u is dat een levende cel, maar voor mij is het dat niet. Voor mij is het een ding." Want hij vond dat een levend organisme alleen uit de evolutie kon voortkomen, niet uit een laboratorium. Dat zie ik anders. In mijn ogen is er van leven sprake als die cel zichzelf in stand kan houden, kan groeien en delen.'

Is het kunstmatig willen creëren van leven niet hoogmoedig?
'Ik zie het als onze taak, als mensheid, om het leven te doorgronden en de mogelijkheden ervan te benutten. In dit geval zie ik allerlei biomedische toepassingen, zoals in het geval van erfelijke ziekten. Je kunt je voorstellen dat we langs deze weg

in staat zijn genetische defecten te repareren. Dan is niet de vraag of je dat mag doen, maar is het een must. Dat kan via genoom-*editing*, het bewerken van ons DNA. Natuurlijk moet je daar wel zorgvuldig en voorzichtig in zijn.

'Ik krijg wel eens de reactie: "Hoe weet je zeker dat je niet een monster creëert dat alles overneemt?" De kans daarop is nihil. Dat heeft te maken met hoe technologie werkt. Wanneer je probeert iets te maken op basis van je kennis is iedere volgende stap een logische vervolgstap. Je creëert dus niet zomaar een organisme dat iets gaat doen wat we niet willen. Dan zouden we daar gericht aan moeten gaan werken, dat zie ik niet gebeuren.'

Vanuit religieuze hoek kan de kritiek zijn: u gaat op de stoel van God zitten.

'Maar ook vanuit religieuze hoek kun je er positief tegen aankijken. Nanofysicus Cees Dekker, een zeer gelovig mens, vindt dat de mens qua onderzoek dat moet doen waartoe hij in staat is – God heeft die talenten aan ons gegeven en het is onze plicht ze te gebruiken. Zelf zie ik het als onze taak het leven te doorgronden, dus fundamentele kennis vergaren over elk niveau ervan. Elke technologische ontwikkeling kan zowel ten goede als ten kwade worden gebruikt. Genetisch ingrijpen bij een dodelijke, erfelijke ziekte zal geen weerstand oproepen. Maar het scenario van te creëren übermenschen roept uiteraard veel vragen op, dat is een horrorscenario.'

Wat te denken van een verbeterde homo sapiens: eentje die verantwoordelijk met de planeet omgaat en niet agressief is?

'Dat is wel heel ver weg. De grenzen die je daarin trekt, zullen verschuiven met de tijd. Als je me nu vraagt of dat een wenselijke route is, zeg ik: nee. Maar over honderd jaar ligt dat vast anders. Wat vooral moeilijk is, is de consequenties te overzien. Dat heeft veel debat en tijd nodig, kijk alleen maar naar ons euthanasiedebat. Dat is een mooi voorbeeld van hoe percepties verschuiven.'

Denkt u de stap van dood naar leven echt te kunnen zetten?
'Ja, het aantal benodigde componenten is niet oneindig groot en er is geen factor x – er is geen magische natuurkracht die we erdoorheen moeten roeren om die cel levend te krijgen. Alles is besloten in fysische wetmatigheden.

Familieleden hebben wel eens de vraag gesteld: "Wanneer ben je nu eens klaar?" Mijn antwoord is dan: "Iedere vraag die we oplossen, levert weer tien nieuwe vragen op." Soms heb je wel eens het gevoel: we weten steeds meer, maar raken ook steeds verder van huis. Een voorbeeld: we zijn erachter gekomen dat eenvoudige, genetisch identieke cellen in dezelfde omgeving zich niet hetzelfde hoeven te gedragen. Dat heeft met toeval te maken, het al dan niet meekrijgen van bepaalde moleculen bij de deling van de cel. Twintig jaar geleden gingen we nog uit van identiek gedrag. Dat maakt je ook bescheiden, we gaan niet even die synthetische cel bouwen. Het kan dat we niet over tien jaar klaar zijn, maar pas over een eeuw.'

Is die bescheidenheid een levensles?
'Zeker. Elke keer als we een stap verder komen, besef ik hoe weinig we eigenlijk nog weten. We doen continu experimenten, maar de antwoorden die we krijgen zijn bijna altijd anders dan we van tevoren bedenken.'

Is de onderzoeker iemand die in een oerwoud staat en niet weet welke kant hij op moet kappen?
'Ja, je probeert eruit te komen, maar komt er iedere keer achter dat het oerwoud veel groter en ingewikkelder is dan je had gedacht. Toch kun je wel de overtuiging hebben dat je er ooit uitkomt door op een systematische manier te werk te gaan en je telkens af te vragen: waar staat de zon en loop ik wel in een bepaalde richting en niet in kringetjes?'

In 3,5 miljard jaar van eencelligen tot de mailende mens – we zijn ook wel opgeschoten.
'Ja, de homo sapiens is maar een paar honderdduizend jaar oud. Dat we de genen hebben ontdekt, is van de afgelopen vijftig, zestig jaar. Daarin hebben we aardig wat ontdekt – er is sprake van een exponentiële versnelling op allerlei vlakken. Niet alleen van kennis, maar ook de wijze waarop we die gebruiken, denk aan het vervuilen van de aarde. De mens is het meest onbescheiden levende wezen op de planeet. In dat licht past niet alleen bescheidenheid, maar ook voorzichtigheid. We zien de onvoorziene consequenties van ons gedrag wel, maar passen ons gedrag onvoldoende aan. Die protestmarsen van scholieren tegen klimaatverandering vind ik daarom ook fantastisch. Ik denk dat zij de urgentie veel meer voelen dan oudere generaties. Dat stemt mij hoopvol. Soms gaan de zaken flink fout, maar komen we als samenleving toch weer tot inkeer. Met alle weerstand die president Trump oproept, maken we dat misschien nu ook wel mee, als we over honderd jaar terugkijken.'

Dat is ons helaas niet gegeven. Hoe is het om te werken aan een project waar u mogelijk het einde niet van meemaakt?
'Natuurlijk weet ik dat het goed is dat we als levende wezens

niet het eeuwige leven hebben – het zou de evolutie tot stilstand brengen, wanneer dat anders was. Maar voor mezelf vind ik het benauwend. Ik hoop dit jaar zestig te worden en dan ben je uiteraard royaal over de helft. Ik maak plannen voor over tien jaar en langer. Je moet er rekening mee houden dat het dan ook al afgelopen kan zijn. Als ik terugkijk op de zestig jaar die ik nu heb geleefd, is het snel gegaan. Eigenlijk zou ik nog zo'n periode willen meemaken.'

Het geloof biedt u geen troost.
'Nee, ik ben niet spiritueel ingesteld. Ik geloof ook niet dat er enig vervolg is na mijn dood. Als we doodgaan vergaan we tot stof. Bij familieleden heb ik wel gezien dat ze veel baat hadden bij hun geloof, de acceptatie van sterfelijkheid is dan wellicht wat gemakkelijker. Die troost heb ik helaas niet.'

LEESTIP
De naam van de roos van **Umberto Eco**

'Wat mij boeide, was de strijd die de hoofdpersoon, een franciscaanse monnik, voert tegen de tijdgeest. Hij volgt het pad van rede en logica om de mysterieuze verdwijning van monniken te verklaren. Daarmee gaat hij in tegen zijn geloofsgenoten die er het werk van de duivel in zien. Een prachtige vertelling op het snijvlak van wetenschap en geschiedenis.'

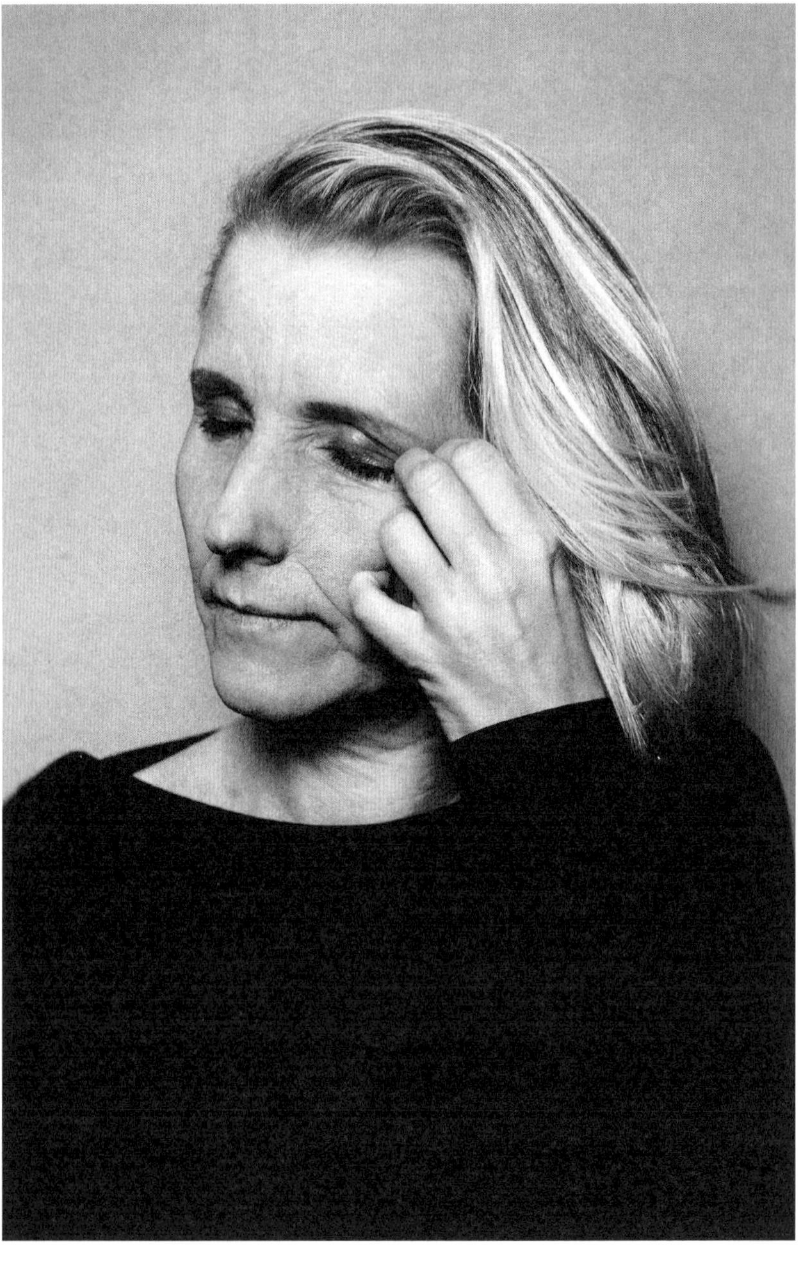

Yfke Metz, bladenmaker

Wanneer ze de deur van haar nieuwbouwwoning in Lelystad opent, krabt ze over haar hals en nek. Even later in haar huiskamer zegt Yfke Metz kalm: 'Ik heb zes weken jeukvrij geleefd.' De eenenveertigjarige bladenmaker doelt op de eerste weken van haar bestaan in Wapserveen, waar ze geboren werd als de oudste in een gezin met vijf kinderen. Vader beroepsmilitair, moeder huisvrouw, behorend tot de 'Gereformeerde Kerken vrijgemaakt', een orthodoxe stroming.

Jeuk was er altijd, ze wist als kind niet beter. Tot haar achttiende viel het haar eigenlijk nog mee, meent ze nu, al waren er zware perioden. 'Ik stond wel eens met mijn hoofd tegen de muur te bonken. Mijn moeder heeft later gezegd dat ze dan bang was dat ik een einde aan mijn leven zou maken, maar die gedachte heb ik toen nooit gehad. Het geeft wel aan hoeveel jeuk ik had. Je wordt soms wanhopig, omdat je geen moment rust hebt. Ik heb het vierentwintig uur per dag, nu ook.'

Artsen konden niets anders bieden dan hormoonzalf. 'Daar had ik slechte ervaringen mee, omdat het aanbrengen ervan ontzettende pijn deed. Als kind krijste ik dan het hele huis bij elkaar.' Met haar moeder begaf ze zich in het alternatieve circuit, maar ook dat bood weinig soelaas. Toch slaagde ze erin haar leven vorm te geven. Ze ontmoette haar man en kwam in Lelystad terecht, waar ze bij de gemeente als secretaresse werkte en ook nog een hbo-opleiding facility management doorliep. In 2008 kreeg ze een zoon en in 2010 een dochter. Juist toen een mooie periode van klein gezinsgeluk had moeten aanbreken, sloeg de huidirritatie onbarmhartig toe: 'Mijn jeuk werd het ergst toen ik het gelukkigst hoopte te zijn.'

De reden: haar beide zwangerschappen veroorzaakten grote hormoonschommelingen. Die leidden tot een ziekte in haar darmen, coeliakie, oftewel intolerantie voor gluten. Maar de behandelende specialisten kwamen niet tot die diagnose. 'Je moet er maar mee leren leven,' hield een dermatoloog haar voor. 'Een wrange grap, want juist dat kon ik niet meer.'

Alleen al het verplaatsen van lucht door te lopen deed pijn, 'zo kapot was mijn huid'. Haar man Robert lag boven met de kinderen, zij sliep alleen op de benedenverdieping: 'Iedere nacht was een hel, zoveel jeuk had ik. Vaak kon ik alleen maar huilen en kreunen, omdat ik niet wist waar ik het moest zoeken.' Ze betwijfelde of ze het leven kon volhouden: 'Van nature ben ik optimistisch ingesteld, maar het werd echt ondraaglijk.'

Dankzij de thuiszorg kreeg het gezin vierentwintig uur per week hulp: 'De hoogste indicatie, maar dat was ook echt nodig. Robert bouwde een bedrijf op, hij moest twee kinderen verzorgen en had een vrouw die niet meer wilde leven.' Niet dat ze somber was: 'Ik was niet chagrijnig, maar wist gewoon niet meer hoe ik door kon gaan. Ik moest veel huilen om de pijn eruit te werken. Als je geen woorden meer hebt, kun je alleen nog huilen.'

Speurend op internet kreeg ze het vermoeden dat ze een

glutenintolerantie had. Bloedtesten wezen haar gelijk uit, waarna ze haar voedingspatroon aanpaste. Sindsdien is de jeuk draaglijker. Geleidelijk kon ze weer om zich heen gaan kijken, al omschrijft ze haar toestand nog altijd als fragiel. Niettemin werd ze oprichter en *creative director* van haar vier keer per jaar verschijnende tijdschrift *Liefke Magazine*. Dat magazine met het gevoel van een boek vraagt aandacht voor 'de schoonheid van het alledaagse'. Met haar blad voor 'gewone mensen' wil ze 'een kalm tegenwicht bieden in een wereld waar "iets moeten" continu overheerst'.

Wat is de zin van ons leven?
'Ik denk daar niet over na. Ik vind mijn leven zo al moeilijk genoeg. Met de vraag waarom mij dit overkomt hou ik me ook niet bezig. Ik krijg daar toch geen antwoord op. Ik weet alleen dat het leven iets magisch moois is en dat je ervan moet genieten. Maar ik denk niet na over de zin, omdat ik dat verspilde energie vind.'

Vindt u het een onbelangrijke vraag?
'Nee, dat niet. Maar ik wil er ook niet te veel over nadenken, omdat ik bang ben dan depressief te worden. Dat kan ik er niet nog bij hebben. Depressief ben ik nooit geweest. Ik zie altijd het mooie in alles.'

U bent gelovig. Heeft u tijdens uw ziekte aan God getwijfeld?
'Nee, voor mij is zijn bestaan een gegeven. Hij steunt mij. Op een nacht was ik wanhopig. Ik was aan het bidden en had de Bijbel erbij gepakt, ik moest me aan iets kunnen vasthouden. Toen heb ik God gevraagd: "Laat me alsjeblieft sterven of maak me beter, want zo kan het niet langer." Toen voelde ik

een hand over mijn rug en iemand zei tegen me: "Heb geduld."

Die ervaring leerde me dat ik een keuze had: ik kon kiezen om dood te gaan, maar ook om te blijven leven. Het stelde me in staat me op het allerbelangrijkste te richten: een positieve instelling. Voor die nacht wist ik vaak niet hoe ik een dag door moest komen. Alleen al wakker worden was zwaar, omdat door beweging het bloed ging stromen en dan kreeg ik vreselijk veel last. Dus zag ik enorm op tegen uit bed komen. Na die nacht ging ik het positief bekijken: wat kan ik? Mijn voeten naast mijn bed zetten ging ik zien als kiezen voor het leven. Stapje voor stapje ben ik zo weer opgekrabbeld.'

Dankt u die kracht aan uzelf of aan God?
'God heeft me gemaakt, maar die kracht komt uit mezelf. Met mijn vrije wil heb ik ervoor gekozen het te doen zoals ik het doe. Mijn beeld van God is veranderd. In 2015 heb ik me onttrokken aan de vrijgemaakte kerk. Voor mij heeft religie niks met God te maken. Ik lees de Bijbel met mijn kinderen, omdat er levensvragen in aan de orde komen. Maar ik geef ze niet het beeld mee waarmee ik ben opgegroeid, van een heel strenge God, met hel en verdoemenis en met het leven op aarde als lijdensweg.'

Die lijdensweg kunt u wel herkennen.
'Maar toch zie ik het niet zo. Er is een Bijbeltekst die zegt dat geen beproeving voor de mens te groot is en dat je kracht zo groot is als de beproevingen die je weet te doorstaan. Nou, dan ben ik erg sterk, dat kan niet anders.'

Heeft uw lijden ook zin?
'Ja, dat heb ik voor mezelf besloten. De gedachte dat het zinloos zou zijn, vind ik onaanvaardbaar. Dat ik hier allemaal

doorheen moet voor de grap, dat kan toch niet waar zijn? Het moet wel ergens toe dienen. Het zou wel eens zo kunnen zijn dat God mij voor deze taak heeft uitgekozen. Zodat ik hier iets te betekenen heb, hoe groot of klein dat dan ook is. Ik geloof ook dat het belangrijk is dat ik mijn verhaal vertel, wellicht kan ik andere mensen iets aanreiken. Dat probeer ik via mijn tijdschrift te doen. Maar of ik ze echt kan steunen, weet ik niet.'

Waarom schrikt u voor steunen terug?
'Dat is zwaar, ik moet mezelf al overeind houden. Bij steunen denk ik ook: kan en mag ik dat wel? Dat heeft te maken met een gevoel over mezelf. Toen ik niet meer constant met overleven bezig was, keek ik voor het eerst in lange tijd in de spiegel. Omdat ik ook weer vrouw wilde zijn. Ik barstte in tranen uit. Juist in mijn gezicht was mijn huid versleten geraakt, terwijl ik zo van schoonheid hou. Ik ben toen in een periode van diepe schaamte terechtgekomen.'

Hoe kwam u die schaamte te boven?
'Op een gegeven moment had ik een YouTube-filmpje van Sylvana Simons gezien. Dat ging over het kunnen houden van jezelf. Ze vertelde over een oefening: contact maken met jezelf via de spiegel. Dus niet kritisch kijken of je er goed uitziet, maar liefdevol contact met jezelf maken. Voor mij was het moeilijk niet naar mijn huid te kijken, maar puur naar mijn ogen. Toen dat lukte, kwam de vraag op: hoe heb je jezelf zo in de steek kunnen laten? Ik was hard geweest met het oordeel: "Je bent lelijk, je doet er niet toe." De volgende gedachte was: wat ontneem ik dan mijn man en mijn kinderen? Ik heb toen besloten van mezelf te gaan houden. Omdat ik niet wilde dat mijn kinderen zouden opgroeien met een

moeder die zich voor zichzelf schaamde, maar ook omdat ik dacht: je hebt het overleefd, nu ga je je het leven niet laten ontnemen door het in schaamte door te brengen.'

Hoe kijkt u inmiddels aan tegen de dood?
'Ik noem het "de andere kant van het leven". De dood zie ik als iets nuttigs. Het nut is dat je 's ochtends opstaat. Ik zie het leven niet als lijdensweg, maar als een groot cadeau waar ik elk jaar weer iets van uitpak. Bij mijn magazine ontdek ik nu met mijn team een nieuwe manier van werken. We vergaderen helemaal niet, maar bellen als het nodig is en maken het blad met een ruime planning: er is een deadline, maar daarna geven we onszelf nog vier weken. Ik wil geen stress meer.'

Waarom is dat belangrijk voor u?
'Volgens mij is stress de grootste oorzaak van ziekte. Vroeger was die reactie van vechten of vluchten nuttig, als je in gevaar kwam, maar nu is het vooral niet goed voor je lichaam. Natuurlijk heb je ook positieve stress, bijvoorbeeld tijdens een sportwedstrijdje. Die is goed, die helpt je te groeien en dat is voor mij een van de belangrijkste dingen in het leven. Maar negatieve stress vermijd ik. Ik ben nog steeds fragiel.'

Denkt u nog vaak aan de dood?
'Soms is het nog wel zo zwaar dat ik wanhopig word. Als ik veel last van mijn huid heb, kan dat heftige emoties teweegbrengen. Ik ben het ook af en toe gruwelijk zat. Dan voel ik me zo leeg dat ik zelfs geen woede of verdriet meer kan voelen. Dat vind ik wel eens verontrustend. Ik zou het niet aankunnen als een van de kinderen iets overkomt. Al vermoed ik dat ik ook dat zou overleven. Dankzij mijn ziekte ben ik geworden tot wie ik nu ben. Ik ben van mezelf gaan houden.

Dus ik ben ook dankbaar voor wat alle ellende me toch heeft gebracht.'

LEESTIP
De kracht van kwetsbaarheid van **Brené Brown**

'Dit boek vergeet ik nooit meer, omdat het me veel heeft geholpen. Voor Brown is kwetsbaarheid en het tonen ervan geen teken van zwakte, maar juist de weg naar moed, betekenisvolle verbindingen en betrokkenheid. Ik heb van haar geleerd dat schaamte in het donker groeit. Door erover te vertellen en het dus in het licht te zetten, kan het verdwijnen. Dat is bij mij gebeurd.'

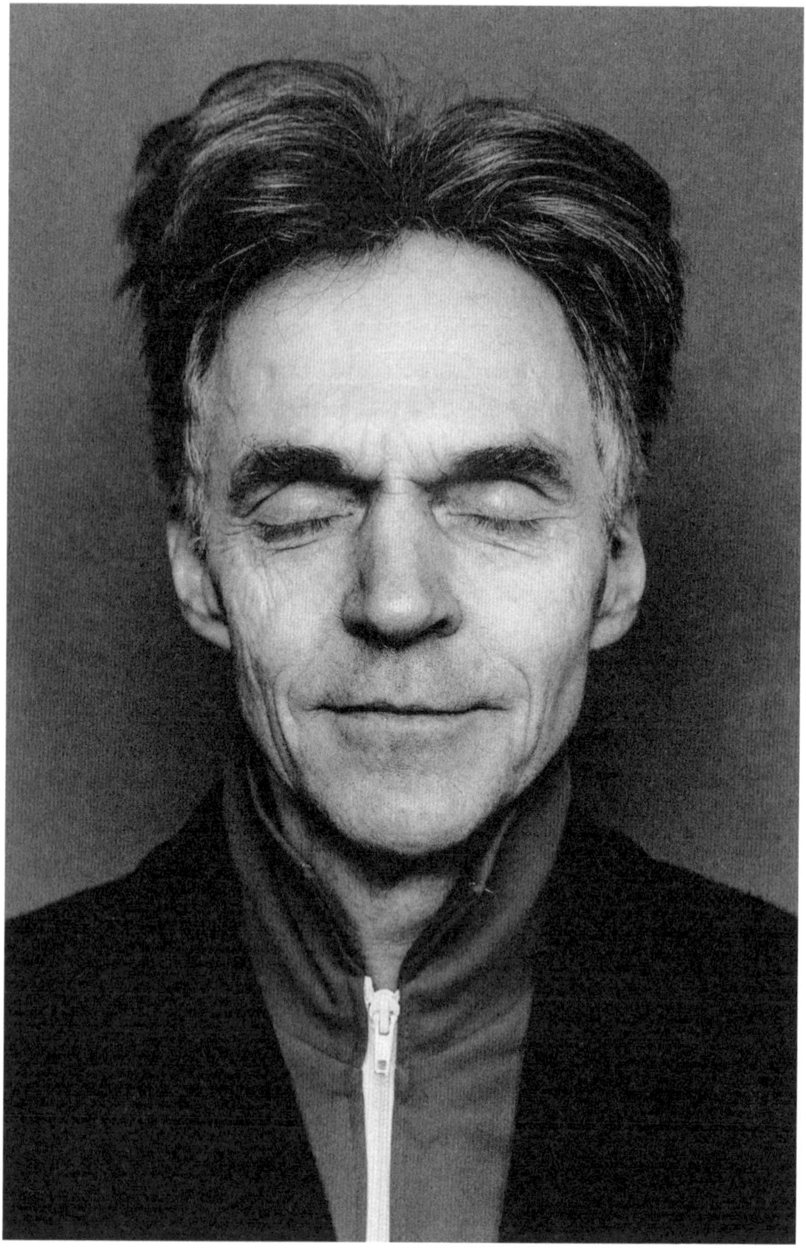

Job Koelewijn, kunstenaar

Op een zondagavond in januari 1983 wordt de familie van de dan twintigjarige Job Koelewijn gevraagd naar de intensive care van het Academisch Ziekenhuis Utrecht te komen. Vader Koelewijn, een aannemer uit Spakenburg, zijn gelovige moeder en vier broers en zussen krijgen van de artsen te horen dat ze vrezen dat Job de volgende ochtend niet haalt, nadat hij bij een auto-ongeluk zijn nek heeft gebroken. 'Tegen de verwachtingen in overleefde ik. Alleen was mijn prognose superslecht, ik zou mijn hele leven in een rolstoel moeten zitten.'

Ook die verwachting komt niet uit – hij leert eerst weer ademen en daarna lopen, zij het voor altijd mank. Zijn ontmoeting met de dood laat vooral in geestelijk opzicht sporen na. Koelewijn, tot dan toe 'een jongen die niet wilde deugen', besluit kunstenaar te worden en meldt zich aan bij de Gerrit Rietveld Academie. Voor zijn eindexamenwerk grijpt hij terug op zijn Spakenburgse wortels: hij vraagt zijn moeder en drie tantes in klederdracht naar de Rietveld te komen om het gebouw schoon te maken. De beelden ervan creëren een sensatie in de internationale kunstwereld – in één klap geldt Koelewijn als een van de grootste Nederlandse talenten. Uit het buitenland komen verzoeken het kunststukje elders te herhalen. 'Eerst sprong ik een gat in de lucht. Toen realiseerde ik me: dat zijn hun ideeën.' Dus weigert hij. Koelewijn wil zijn eigen spoor volgen. Dat brengt hem naar New York, na toekenning van een prestigieuze kunstbeurs voor een van zijn bekendste werken, *The World is My Oyster*. De Amerikaanse geldschieters zijn onder de indruk van zijn ogenschijnlijk simpele ingreep in de werkelijkheid: in een galeriemuur in de Jordaan maakt hij een opening ter grootte van een voetbaldoel, waardoor de weelderige tuin erachter zichtbaar wordt. Dat levert een ontregelende kijkervaring op.

Koelewijn maakt installaties, foto's, video's en beeldhouwwerken. Nimmer wil hij zichzelf herhalen, zijn mantra is dat hij 'ongeconditioneerd' wil zijn. Tegelijkertijd is de vader van twee tienerzonen een toonbeeld van discipline. Al dertien jaar spreekt hij iedere ochtend vijfenveertig minuten een cassettebandje in door uit een boek te lezen – van de bandjes heeft hij al diverse, unieke 'boekenkasten' gebouwd. Over existentiële vraagstukken leest hij het liefst. Kant en Spinoza behoren tot zijn favorieten, maar de zevenenvijftigjarige Koelewijn is ook liefhebber van taoïstische en boeddhistische werken. 'Aan grote denkers kan ik mijn geest slijpen. Een mens moet zijn eigen stompzinnigheid niet als norm nemen.'

Wat is de zin van ons leven?
'Zolang je die vraag stelt, heb je de zin niet begrepen. Voor mij is het: de vervoering van in leven zijn, zonder enige aanleiding. Dus zonder dat je iets bijzonders doet of je verliefd voelt. Als je bent aangeraakt door die vervoering, de energie die dat meebrengt, dan wordt ook afwassen leuk. Of een rood stoplicht – te gek! De grote westerse denkers zullen je niet snel op dat spoor zetten.'

Bent u daar door uw auto-ongeluk op gekomen?
'Achteraf is dat het beste wat me ooit is overkomen. Ik lag op de intensive care en moest alles opnieuw leren. Alles, zelfs ademen. Mijn zintuigen zijn daardoor aangescherpt. Met die gebroken nek lag ik bewegingloos en plat, dus als er iemand binnenkwam, hoorde ik eerst alleen de stem. Janneke, Janet, Sonja, de verpleegsters die me hielpen, ik kan hun stemmen nog oproepen. Daarbij kwamen de hallucinaties door de morfine. Veel beleefde ik opnieuw, maar dan superscherp.

Toen ik terugkwam in de werkelijkheid, voelde ik een enorme energie. En mijn angst was geknapt. Daardoor durfde ik naar de kunstacademie. James Joyce heeft het over momenten van *epiphany*, openbaring; boeddhisten noemen het *satori*, een moment van verlichting. Een boeddhist zei me eens: "Als dat het echt is geweest, wil je er steeds naar terug." Dat klopt, ik zie het als het doel van mijn kunstenaarschap.'

Waar wilt u precies naar terug?
'Ik vind het moeilijk woorden ervoor te vinden, misschien is dat ook wel de bedoeling. Voor mij is het genoeg dat ik weet dat het een soort schat is. Ik hoef er alleen maar naar te luisteren. Het heeft in ieder geval niets te maken met het intellect – het is een soort energie, een gevoel. Als ik thuis ben en drie dagen niet werk, wordt mijn leven gewoon. Maar kom ik hier in mijn studio dan voel ik na tien minuten die energie opborrelen en ben ik terug bij dat gevoel. Ik voel me dan onbreekbaar. Ik zie de werkelijkheid dan in zijn essentie. Die draait voor mij om polariteit.

Zonder begrip daarvan kan eigenlijk niets worden begrepen. Je ervaart de dag en de nacht, warm bestaat bij de gratie van koud, et cetera. Dat zijn geen tegenstellingen, zoals we in het Westen denken, maar polariteiten: ze bestaan niet los van elkaar, maar juist dankzij elkaar. In het westerse denken draait het om causaliteit: ik geef jou een tik, jij geeft een tik terug. Maar Jezus keerde de andere wang toe, hij is de polariteitsdenker bij uitstek. We slaan hem aan het kruis en hij zegt: "Hé makkers, ik heb echt medelijden met jullie!"'

Is uw andere ervaring van de werkelijkheid wat u aan anderen wilt overbrengen?
'Natuurlijk gun ik iedereen die ervaring, maar ik ben geen onderwijzer. Mensen zien mijn werk en krijgen daardoor energie. Dat vind ik fantastisch. Maar als ik zou zeggen: "Ik heb het zo gemaakt en je moet het zo ervaren", dat werkt niet. Dan wordt het onvrij, een dogma. Zelf voel ik me ook niet goed bij dogma's. Ik ben een paar keer naar een boeddhistisch klooster geweest, maar ik word daar kriegelig. Dan wordt het religie en komt het vanbuiten, niet vanbinnen. Ik wil niet op de berg zitten en me dan mediterend goed voelen. Ik wil die innerlijke rust wanneer ik in de Albert Heijn sta, wanneer het tegenzit, dat is veel uitdagender.

Ik wil geen docent zijn, maar mensen kunnen zelf wat doen. Lees een boeddhistisch boek waarin staat: "Loop drie keer in de week naar het strand. De ene keer zullen de golven hoog zijn, de andere keer laag. Vertel me eens: welke golf is natter?" Als je echt begrijpt dat elke golf even nat is, dat is verlichting. Dat betekent niet dat je geen pijn meer zult voelen, maar dat stofzuigen ook te gek is. Elke golf is even nat.'

Kunt u dat verder uitleggen?
'Ik heb hier stagiaires die op zaterdagavond een feest hebben, daar kijken ze dagen naar uit. Op die avond lijkt de golf heel hoog en supernat. Wat ze nog niet begrijpen is dat over straat lopen even nat is. Als op een dag alles soepel verloopt – je

computer aan, je mail komt binnen, de boodschappen zijn er – is dat toch ook geweldig? Je kunt wel veel energie spenderen in van de ene naar de andere golf zwemmen, maar als iedere golf toch even nat is, wat zou je dan? In het Westen denken we: het gras is elders groener. Volgende week op vakantie, dat wordt te gek. Maar wat doe je nú? Daar gaat het over. De projectie naar het verleden en de toekomst heb ik losgelaten.'

U leest dagelijks existentiële boeken – geeft dat uw leven ook zin?
'Absoluut. Welke eigenschap van ons is nu mooier dan het denken? Er is een hiërarchie in ons lichaam, het hoofd vormt niet voor niets de top. Denken is ons meest verfijnde mechanisme en het is prachtig dit elke dag te trainen. Ik laaf me aan die kennis. Die wil ik integreren in mijn leven en doorgeven.

Neem Spinoza, voor mij een ongelooflijke held. Als de regels voor menselijk gedrag in zijn *Ethica* zouden worden gevolgd, hadden we een betere wereld. Hij kwam in de armoe terecht, maar toen hem de kans werd geboden eruit te komen, deed hij dat niet. Omdat hij zijn opvattingen over God weigerde aan te passen, hij ging niet mee met die eis van het Pruisische hof. Ik ben totaal niet te vergelijken met Spinoza, maar dat rechtlijnige herken ik. Ik ben ook niet voor het grote geld gegaan. Om dat te durven heb je zo'n held nodig. Ik zie zijn *Ethica* uit 1678 als het allereerste zelfhulpboek. Hij roept ook op je bewust te zijn van je geconditioneerd-zijn. Daarmee heeft hij me ook geholpen. Pas als je je daarvan bewust bent, kun je die conditionering ook doorbreken.

Dat dagelijkse lezen heeft ook weer te maken met mijn ongeluk. Ooit was ik verlamd, en kijk nu: elke ochtend kan ik die knop van de cassetterecorder indrukken. Het is een dagelijkse handeling die ik aan het transcenderen ben. Dat zit in al mijn werk, is dat niet prachtig?'

Dus eigenlijk drukt u steeds de blijdschap uit dat u leeft?
'Ja, zo is het.'

Hoe kijkt u aan tegen de dood?
'Zolang je de dood nog wegdrukt, omarm je het leven niet. Ik zeg: omarm de dood. Die ervaring met de dood op mijn eenentwintigste heeft me wijs gemaakt over het leven. Ik heb hem in de ogen gezien. De beperking van het leven die de dood is, scherpt ons. Stel dat je mannen de beperking oplegt: je mag maar met drie vrouwen een relatie hebben. Of een kunstenaar: je mag maar honderd kunstwerken in je leven maken. Reken maar dat hij dan de diepte in wordt gedwongen. Zo werkt het ook met de dood. Stel dat we allemaal zouden weten dat het op onze zeventigste verjaardag is afgelopen, hoe zou ons leven er dan uitzien?

Maar we leven hier in het Westen alsof we oneindig meegaan en doen alsof de dood er niet is. Simone de Beauvoir laat in *Niemand is onsterfelijk* haar hoofdpersoon Fosca een levenselixer drinken dat hem onsterfelijk maakt. Het maakt hem tot een tragische figuur.

De taoïst lacht om de dood, hij doorbreekt de conventie dat je er bang voor moet zijn. Zover ben ik nog niet. Als ik nu te horen krijg dat ik nog maar een paar weken te leven heb, zou ik dat verschrikkelijk vinden.

Het gaat erom je angst tegemoet te treden, of dat nu vliegangst is of doodsangst. Als je angst of verdriet hebt, moet je niet je vrienden opbellen. Nee, dan moet je een mooi pak aantrekken, de verwarming hoger, de deur openzetten en zeggen: "Angst, kom maar op! Laat je gezicht maar zien, ik ga jou eerst zelf te lijf." Je moet die confrontatie aangaan, een ander kan het niet voor je oplossen. Die kan hooguit tijdelijk angst wegnemen. Uiteindelijk blijf je zelf verantwoordelijk.'

LEESTIP
Tussen iemand en niemand van **Joseph Brodsky**

'Deze essaybundel heeft een vaste plaats in mijn geest veroverd. De Russische dichter Joseph Brodsky (1940-1996) was een meer dan fatsoenlijk man. Dit hele boek is doordrenkt van liefde voor de poëzie en de literatuur. En daardoor staat het vol met inzichten in de menselijke psyche. Dat geeft de teksten een enorme rijkdom, waardoor je ze keer op keer kunt blijven lezen.'

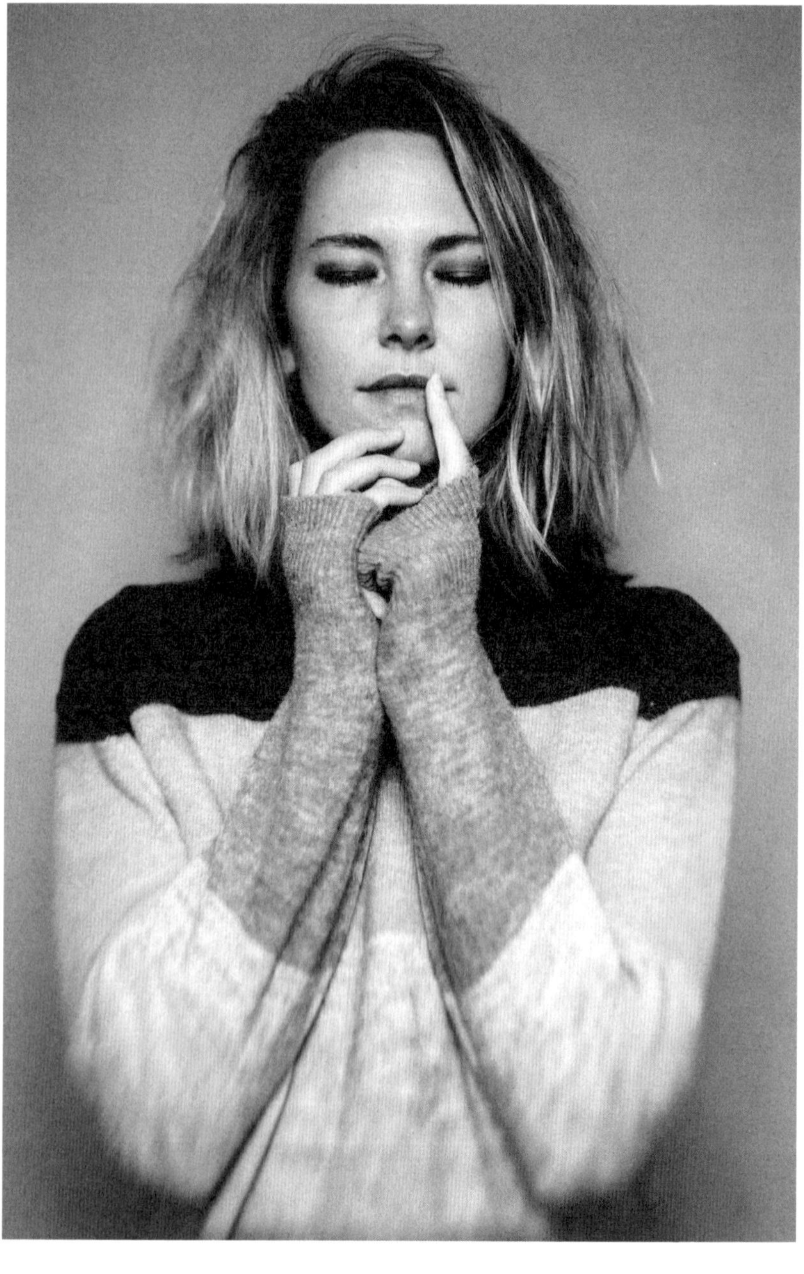

Wendy Hoogendijk, theatermaker

Bijna een kwarteeuw lang lachte het leven haar toe. Wendy Hoogendijk brengt haar jeugd door in een 'veilig, liefdevol gezin'. Locatie: een rijtjeshuis in Capelle aan den IJssel, waar haar vader als elektronicareparateur aan huis werkt en haar moeder huisvrouw is. Een 'bijna-niks-aan-de-hand-jeugd', noemt ze het. Natuurlijk, er is die week dat haar vader niet tegen haar praat, omdat ze als vijftienjarige met een zes jaar ouder vriendje is thuisgekomen. Maar bovenal is hij een steunende vader 'met een luisterend oor en kritische blik'. Wanneer zij als achttienjarige alleen door Argentinië wil reizen, reageert hij enthousiast. Ook staat hij achter haar keuze voor de toneelschool. In 2008 begint ze met haar opleiding in Maastricht, vier jaar later gaat ze afstuderen, met allerlei theaterprojecten op stapel. Dan slaat het noodlot toe: 'Net toen ik dacht: nu gaat het echt beginnen.'

Op 21 april 2012 komt haar vader op vijfenvijftigjarige leeftijd om het leven. Een jonge automobilist rijdt onder invloed van alcohol door rood terwijl hij met een vaart van honderd kilometer per uur op zijn telefoon kijkt. Vader Hoogendijk is kansloos. 'Alles stond stil. En alles was tegelijkertijd een woeste storm van vragen, woede, onmacht. Ik heb nooit geweten dat verdriet en woede ook fysiek zo'n pijn konden doen. Ik voelde het in mijn hart, in mijn botten, in mijn hele lijf.'

Zijn gewelddadige dood mondt uit in haar solotheatervoorstelling *Radiostilte*. Een hommage aan haar vader, gegoten in de vorm van het radioprogramma dat hij als zeventienjarige radiopiraat had bedacht. Zijn dochter heeft de rol van presentator, die alle hoofdrolspelers bij zijn overlijden hun verhaal laat doen. De top van het Openbaar Ministerie ziet er zulke wijze lessen in voor omgang met nabestaanden dat zij de voorstelling mag spelen voor alle officieren van justitie, dwars door het land. Voor de inmiddels eenendertigjarige Hoogendijk draait de voorstelling om ons ongemak met de dood en veerkracht.

Wat is de zin van ons leven?
'Over honderd jaar, en dat is een vingerknip, heeft niemand meer van ons gehoord. Dan heb ik het nog niet eens over de sterren en planeten. Aan de tijd en de ruimte denken vind ik beangstigend en geruststellend tegelijk. Beangstigend omdat alles zoveel groter is en je dus kunt verdwalen. Maar ook geruststellend, want het relativeert het belang van mijn leven dat nu zo groot lijkt. Af en toe vind ik die perspectieven fijn, maar dan wil ik ook snel terug naar het hier en nu. Daardoor zie ik de zin van ons leven niet als iets statisch, maar als iets wat met ons meebeweegt.'

Kunt u dat uitleggen?
'Iedere fase geeft een andere zin. Juist de zoektocht ernaar, met openheid, nieuwsgierigheid en plezier, is voor mij de zin van het leven zelf. Over twee jaar kan ik hem ergens anders vinden, maar op dit moment is de zin voor mij vooral: liefde voelen voor het leven zelf.

Ik zie geen hoger doel. Dat suggereert een eindpunt en dat lijkt me gevaarlijk. Dan stopt er ook iets met leven. Ik wil nieuwe vormen van zingeving niet missen. Leven gaat voor mij over ontdekken, dat moet je niet vastzetten.'

Zag u de zin voorafgaand aan uw vaders dood anders?
'Toen was ik daar niet zo mee bezig. Ik dacht niet veel verder dan vormen die me belangrijk leken: een goede theatermaker worden, een fijne relatie, ooit een kind. Door zijn dood ben ik bewust op zoek gegaan naar de zin van het leven. Ik ging nadenken over de zinloosheid van gebeurtenissen die je kunnen overkomen. Die aanrijding blijft dat voor mij. Het is een pijnlijke, harde, lelijke en zinloze gebeurtenis. Ik geloof niet dat het moest gebeuren om wat eruit is voortgevloeid mogelijk te maken.'

Kwam het bestaan u zinloos voor?
'Dat is zeker een terugkerende gedachte geweest. Ik ben ook in gevecht geraakt met vragen als: wat is de liefde en wat is die God? Ik had op dat moment al afscheid genomen van God zoals die me op school was gepresenteerd. We waren thuis wel kerkelijk, maar werden daarin vrijgelaten. Mijn vader mediteerde. Voor mij had God zich ontwikkeld tot een symbool van liefdeskracht die in ieder mens zit. Maar waar was die allesomvattende liefde op het moment van het ongeluk? Ik kwelde mezelf ook met vragen als "wat als?" en "waarom?". Waarom nou net op dat moment, waarom moest mijn vader juist die avond een vriend wegbrengen, waardoor hij op die seconde de weg overstak? Vragen waarop je nooit antwoord krijgt. Aan het meeste wat in het leven gebeurt, kun je wel iets veranderen. Maar dit was zo definitief, het viel niet om te buigen naar iets anders.

Wat ik vooral zwaar vond, was het perspectief van mijn vader. Meer nog dan dat van mezelf, mijn moeder of mijn oma. Dat mijn vader afscheid moest nemen van een leven waar hij nog zo vol in stond, vond ik onverdraaglijk. Daar heb ik nachtenlang van wakker gelegen. In het begin waren de emoties zo heftig dat ze alles overschreeuwden. In stilte kun je liefdeskracht vinden, maar die kon ik nog niet opzoeken. Want zodra ik dat deed, voelde ik alleen maar pijn.'

Wat deed u wel?
'Ik zocht constant afleiding. Hard werken, jointjes, spelletjes op mijn telefoon, kortom: de pijn verdoven. In die eerste tijd maakte ik een cabaretvoorstelling over al mijn ex-vriendjes. Veel humor, maar niet iets wat me echt raakte. Anderhalf jaar na zijn dood kon ik op een nacht niet slapen. Ik voelde me geïnspireerd om me tot mijn vader te richten in een lied. Daarin stond ik langs de Maas en hij kwam zomaar aanlopen. Dat beeld dat hij er ineens was, had ik al vaak gehad. Maar toen voelde ik rust en vroeg me af: wat zou ik doen? Ik bedacht dat we eerst zouden zwijgen, genieten van het moment en dan naar de stad zouden gaan, tot alle kroegen dicht waren. Het werd een lied van tientallen coupletten, waarin hij over zijn hemel praat en ik dat probeer te begrijpen, maar het nog steeds lastig vind. Uiteindelijk proosten we: hij op alles wat komen gaat en ik op alles wat was.'

Veranderde er daarna iets?
'Ik voelde een grote kracht, omdat ik iets van de narigheid tot iets moois had omgevormd. De vragen waarmee ik mezelf tot dan toe kwelde, verdwenen naar de achtergrond. Daarvoor in de plaats kwam een vorm van acceptatie van zijn dood. Als ik dat niet had gekund, was er geen verdere ruimte voor cre-

ativiteit gekomen. Daarna raakte ik in de ban van de vraag: wie was hij eigenlijk? Ik ging met familieleden en vrienden praten. Tijdens die zoektocht kreeg ik inspiratie van hem, hij voelde zo dichtbij. Het was fascinerend: iemand die er fysiek niet meer was, kon mij nog steeds verrassen, raken, inspireren. Zijn energie of ziel voelde haast nog dichterbij dan voor zijn dood.'

Is hij nog ergens?
'Ja, dat idee heb ik wel. Kort na zijn dood had ik dromen die eigenlijk ontmoetingen waren. Heel heftig en levensecht. Mijn broer had er ook een. Tijdens zo'n ontmoeting toonde mijn vader zijn verdriet. "Wat is er gebeurd?" vroeg hij. Ik geloof dat er aan beide kanten een rouwproces is. Mensen zeiden tegen me: "Hij heeft nu rust." Welnee, flikker op – hij is uit zijn leven weggerukt, terwijl hij er volop van genoot; hij wil die rust helemaal niet. Ik denk dat het hem moeite kostte het leven los te laten.

Ik voel nog zoveel contact met hem, vooral als ik de stilte in mezelf weet te vinden. Wanneer ik het leven vol overgave kan ervaren, in de natuur of gewoon thuis. Soms voelt hij zo dichtbij dat ik een dialoog met hem heb. Toen ik in de auto zat naar het ministerie van Justitie, waar ik de voorstelling mocht spelen, riep ik tegen hem: "Pap, waar gaan we nu toch weer naartoe!" Dat voelde echt als samen. Voor mij heeft hij ook de hand in de voorstelling.'

Wat wilt u overbrengen?
'Voor mij draait het vooral om ons ongemak met de dood en onze veerkracht. Mensen willen van de dood wegblijven. Dat leidt soms tot absurde situaties. Bekenden die in de eerste weken in de supermarkt erg naar een pak rijst turen om me

maar te ontwijken. Dat ongemak herken ik, het komt voort uit onze doodsangst die we niet willen voelen. Daarom wilde ik het juist daarover hebben, op een lichte toon, dus zonder veroordeling. En ik wilde de mooie kanten van het rouwproces laten zien.

De veerkracht bijvoorbeeld van mijn oma, die toch weer boontjes op het fornuis zet, ook al dacht ik: ze gaat nooit meer koken, ze overleeft het verlies van haar kind niet. Dat ze dat weer kon, raakte me diep. Of mijn moeder, die dagelijks veertig kilometer ging fietsen om haar woede kwijt te raken. Daarin zit ook zoveel veerkracht. Of mijn broer, die een paar maanden later zelf vader werd. Toen hij zijn zoontje voor het eerst in zijn armen hield, was er puur geluk, naast dat even pure verdriet. De sluier van de dood nam zijn geluk niet weg, ook dat is veerkracht. Die van mij lag in het betekenis geven aan iets zinloos door de voorstelling te maken. Bij alle fratsen die het leven met ons uithaalt, kunnen mensen op hun veerkracht terugvallen.'

Is tijd ook een bondgenoot?
'Ik vind dat moeilijk, want ik heb nog momenten dat ik hem verschrikkelijk mis. Maar de tijd helpt wel, omdat je verschillende fases van verwerking doorgaat. Ik leid nu het leven van een eenendertigjarige vrouw die zich bewuster is van de kwetsbaarheid van het leven. Prikkels en adrenaline zoek ik op om het leven vol te ervaren: spontaan naar Parijs, nachten doorhalen in de kroeg, vol gaan voor voorstellingen en mijn muziek. Ik ben nu zover dat ik kan zeggen dat zijn dood en het hele proces erna mijn leven ook wel hebben verrijkt.'

U schrikt toch van die woorden.
'Ja, ik vind het spannend om te zeggen. Maar er zijn nu een-

maal ook mooie dingen uit zijn dood voortgekomen. Voor mijn werk als theatermaker is veerkracht de leidraad geworden. Vorig jaar bij het maken van een film over jonge vluchtelingen op Lesbos, bij mijn voorstellingen met dak- en thuislozen, gedetineerden en drugsverslaafden. Ga je erop letten, dan zie je de veerkracht in iedere mens.'

LEESTIP
De kracht van het nu van **Eckhart Tolle**

'Dankzij dit boek ervoer ik tijdens reizen dat mijn gedachten minder overheersend werden en dat mijn zintuigen scherper stonden afgesteld: het horen van de zee of van de eerste vogels, het zien van de schoonheid en de kracht van een zonsopgang. Tolle hielp me beseffen dat het leven zich niet afspeelt in je gedachten, maar in het ervaren van wat is.'

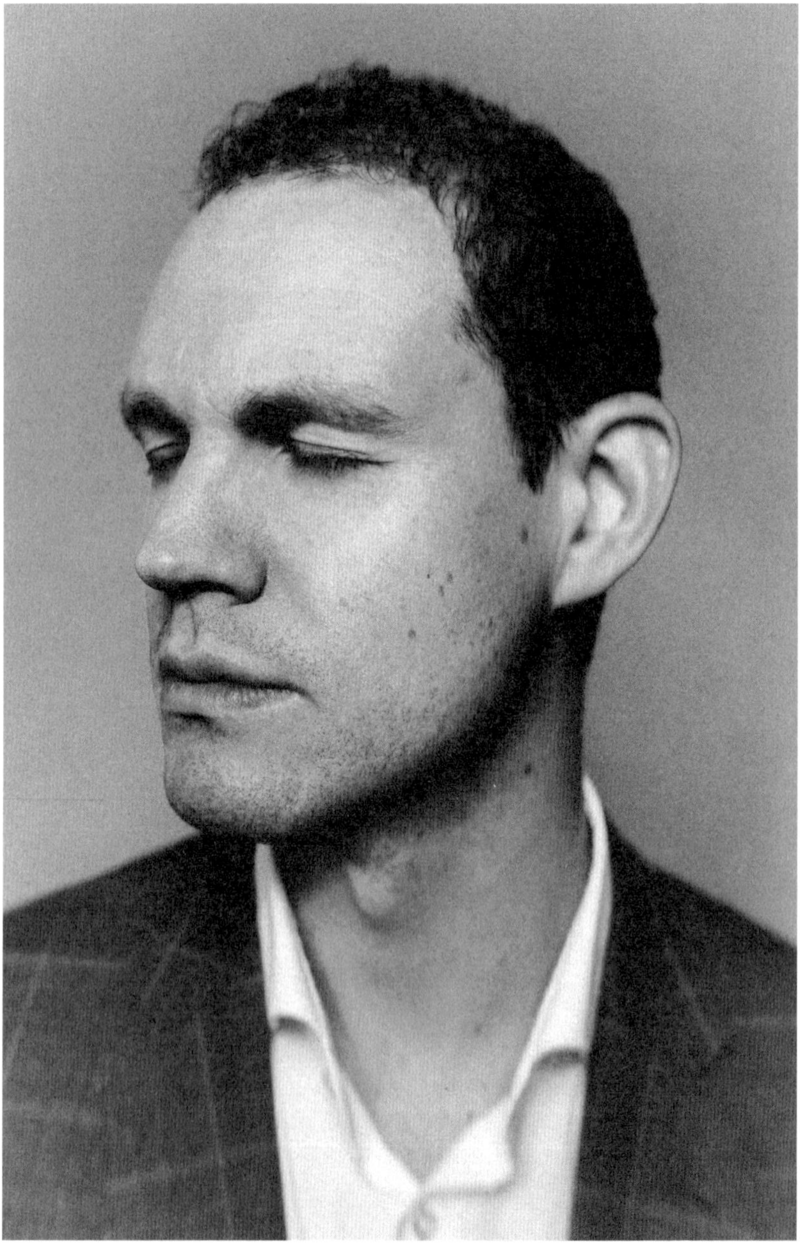

Tim Fransen, cabaretier

'Is de mens wel tot het goede in staat?' Op negentienjarige leeftijd besloot Tim Fransen naast psychologie ook filosofie te gaan studeren, omdat hij de dringende noodzaak voelde die vraag te beantwoorden. Hij zag het somber in. De mensheid was bezig de planeet om zeep te helpen, maar om hem heen zag hij iedereen vrolijk leven alsof er niks aan de hand was. 'Ik was erg oordelend in die tijd en verloor een beetje het vertrouwen in de medemens. Ik had neerslachtige perioden.' Zijn beide studies rondde hij niettemin cum laude af. Inmiddels is hij op eenendertigjarige leeftijd een cabaretier met filosofische inslag. De vraag naar de zin van het leven ligt hem, naar eigen zeggen, 'na aan het hart'.

Dat is niet overdreven: zijn werk staat grotendeels in het teken van de beantwoording ervan. Zijn twee cabaretprogramma's, *Het failliet van de moderne tijd* (2014-2016) en *Het kromme hout der mensheid* (2017-2018), zijn doordrenkt van de zinvraag. Ook *Brieven aan Koos* (2018), zijn eerste boek, valt in dat licht te lezen: wat moet de mens aan met zijn bestaan, sinds Friedrich Nietzsche God dood heeft verklaard?

De uitspraak van de Duitse filosoof uit 1882 houdt Fransen voor 'mogelijk de meest bepalende gebeurtenis in de menselijke beschaving'. Dat schrijft hij in zijn onlangs gepubliceerde essay 'Het leven als tragikomedie', waarin hij de mens psychologisch en filosofisch fileert. Gebrekkige zelfkennis, hunkering naar erkenning en misplaatste eigendunk zijn voorbeelden van tekortkomingen, waardoor de mens op dwaalsporen komt. Bovendien is hij tragisch, want uitgerust met zowel biologische overlevingsdrift als een bewustzijn dat hem zijn sterfelijkheid voorhoudt. Mede door die gespletenheid is lijden zijn natuurlijke staat. Vroeger bood het geloof daarvoor nog een rechtvaardiging, met de hemel als wenkend perspectief. Maar sinds Nietzsche heeft het leven de vorm van een tragedie gekregen, vindt Fransen. Toch ziet hij een uitweg.

Wat is de zin van ons leven?
'Vragen naar "de zin" veronderstelt een objectief, afstandelijk perspectief dat onze individuele levens overstijgt. De ironie is dat het dan niet mogelijk is een zin te benoemen, want vanuit dat perspectief is ons leven op aarde, ergens in een uithoek van het universum, volkomen vergeefs. In het licht van de eeuwigheid draait de vraag uit op een absurditeit. Zin en betekenis ontstaan pas wanneer je het hebt over de concrete verbindingen die we in ons leven aangaan – met vrienden en geliefden, met ons werk, onze idealen.

Maar ook op dat niveau heeft het leven een inherent tragische component. Want we kunnen allerlei mooie dingen beleven, maar we weten ook hoe het afloopt, uiteindelijk blijft er niks van ons over. Dat is de tragedie. Om die te relativeren heeft het objectieve, afstandelijke perspectief toch wel waarde, want als we van daaruit naar ons leventje kijken, kunnen we uit de tragedie stappen, al is het maar voor even. Dan kunnen we de mens bezien, met al zijn competitiedrang en ijdelheid, als een wezen dat gedoemd is te falen. Dan krijgt het leven de vorm van een komedie en kunnen we lachen om onszelf, onze gebrekkige menselijke conditie.

Natuurlijk, je moet het leven serieus nemen, maar niet te veel. Dan gaan we eronder lijden. Ik zou het werkelijk verstikkend vinden als we dat vermogen niet zouden hebben. Dan zouden we gevangenzitten in de tragedie.'

Hoort bij het relativerende perspectief ook het besef van sterfelijkheid?
'Ja, ik zie drie grote voordelen aan het onder ogen zien ervan. Op persoonlijk vlak kunnen we gebeurtenissen in ons leven meer gaan waarderen, als we beseffen dat we geen enkele garantie hebben dat ze nog een keer terugkomen. Onlangs zat ik bij een theatervoorstelling met op het podium een digitale klok waarop de duur van de voorstelling wegtikte. Ik realiseerde me: die tijd gaat niet alleen over de voorstelling maar ook over mij. Dit anderhalf uur krijg ik op geen enkele andere manier meer terug. Dus laat ik hier dan ook echt zijn. Dat leidde tot een van de meest intense theaterbelevenissen die ik ooit had. Alsof ik me had ingeprent: ik heb niet meer dan anderhalf uur, dan is het voorbij. Beseffen dat alles vergankelijk is en niets vanzelfsprekend, leidt tot een gevoel van dankbaarheid en waardering.

Een tweede voordeel zie ik op maatschappelijk vlak. Door het besef van sterfelijkheid komen we hopelijk niet meer in de verleiding mensen op te offeren voor grote utopieën of onsterfelijkheidsprojecten. Ik denk dan aan religie, maar ook aan nationalisme, waarbij het om de glorie van de natiestaat draait. Zo'n hoger doel is maar al te vaak ingezet om mensen te offeren.

Ten derde hoop ik dat het doordrongen zijn van onze kwetsbaarheid ruimte biedt voor het besef dat we broeders in de dood zijn. Als we van onze gedeelde kwetsbaarheid, onze gebreken en onze sterfelijkheid doordrongen zijn, kunnen we misschien ook meer compassie en solidariteit opbrengen. Helaas is er een tegengestelde trend in onze cultuur, die erop neerkomt dat we vooral laten zien wat goed gaat, onze prestaties, terwijl we onze kwetsbaarheden afschermen. Dat is zo zonde. Als je alleen maar dat vertelt, blijf je op een oppervlakkig niveau. Pas wanneer iemand ineens zegt: "Het gaat niet zo goed tussen mij en Angelique", kom je ergens. Zo'n gesprek kan alleen plaatsvinden in vertrouwen. Juist door kwetsbaarheid te tonen, kan dat ontstaan.'

Kwetsbaarheid is 'klote, maar ook de voorwaarde voor alles wat mooi en waardevol is in dit leven', stelt u in uw essay.
'In mijn ogen wordt het menselijk leven bepaald door onze fundamentele tekortkomingen. Neem de liefde, die we zo hoog hebben zitten en die zo essentieel is voor ons leven. Juist doordat we ons kwetsbaar voelen, zijn we ernaar op zoek en willen we iemand in onze buurt die ons een knuffel kan geven en kan troosten, met wie we vreugde kunnen delen. We zijn dus heel anders dan de volmaakte God, die niemand nodig heeft.'

U gelooft niet in God. Bent u er zeker van dat hij niet bestaat?
'Weten doe ik het uiteraard niet, maar ik ben wel erg sceptisch. Als hij wel bestaat, weten we niet wat zijn bedoelingen zijn. En voor iemand die almachtig is, is zijn communicatie behoorlijk belabberd. We hebben geen idee wat hij van ons verlangt. Ik zie heus wel de troost die religie aan mensen biedt, daar zitten mooie kanten aan. Maar de hoop die ik heb, staat met God op gespannen voet. Daarom zou ik willen dat

wij mensen elkaar zien als broeders in de dood: als er geen zaligmakende verlossing is, dan betekent het dat we het hier met elkaar moeten doen. We zitten met z'n allen in hetzelfde, lekkende schuitje.

God staat bij het doordringen van dat besef een beetje in de weg. Hij verdeelt de mensheid in gelovigen en niet-gelovigen. En ook de gelovigen ruziën over hem. Het inzicht dat we het met elkaar moeten zien te rooien, zie ik als een voedingsbodem voor solidariteit. Maar als we allemaal onze eigen uitvlucht tegenover de ellende bedenken dan wordt die ondermijnd. We kunnen er niet op vertrouwen dat het vanzelf goed komt. Nee, het is aan ons. Ik zie dat als onze opdracht.'

Dat klinkt haast religieus.
'Dat begrijp ik, maar zo bedoel ik het niet. Het is een opdracht die we onszelf geven, een *fighting creed*. Het is een overwinning die we op onszelf moeten behalen. Ik vertrouw niet op onze natuur, want dan zie ik meteen onze tekortkomingen opdoemen die tot de grootste wreedheden hebben geleid. In die valkuil kunnen we telkens opnieuw tuinen. Ik denk ook dat onze beschaving precair is. Wat wij hebben bereikt, is uitzonderlijk: de liberale democratie en de rechtsstaat. Als we het behoud daarvan niet als strijd blijven zien, verliezen we hem. In die zin heb ik geen vertrouwen. Ik vind dat te passief.'

Terug naar onze sterfelijkheid. Waarom staan we met onze rug naar onze dood?
'Ik heb ook een groot deel van mijn leven in een halve droomtoestand rondgelopen, met het waanidee dat het leven eeuwig is. Dat idee koesteren we diep, al dan niet bewust. We willen dat het menselijk project voor altijd doorgaat en ervaren het als verontrustend dat onze planeet eindig is, zelfs al maken

de kleinkinderen van onze kleinkinderen dat niet mee, omdat het pas over miljarden jaren gebeurt. Toch voelt dat einde voor velen helemaal niet lekker. Zo sterk identificeren we ons dus met de eeuwigheid.

Tegelijkertijd beseffen we onze eindigheid. Ik denk eerlijk gezegd dat dat een vergissing van de evolutie is. Biologisch zijn we uitgerust met een enorme overlevingsdrang, maar onze geest weet dat we gaan sterven. Die gespletenheid leidt tot een intern conflict. We hebben dan ook iets op te lossen. Potentieel kan die gespletenheid ons verlammen van angst. Een oplossing voor dit conflict hebben we echt nodig. Want dit gun je niemand.'

Wat weerhoudt de mens van zelfmoord, de vraag van Camus, komt in beeld.
'De kosmos of de natuur verleent ons geen zin of betekenis. Als je er zoals ik van uitgaat dat er geen Schepper met een bedoeling is geweest, dan is de wereld van zichzelf betekenisloos en heeft die een toevallige oorsprong. Dat maakt dat zin en betekenis niet zozeer een vraag vormen, maar een opdracht. Het is aan ons een wereld te scheppen van rechtvaardigheid, schoonheid, troost en vreugde, een wereld met zin en betekenis. Al die dingen zijn niet ingebed in het weefsel van het universum, het is aan ons ze in te brengen.'

De gespletenheid van de mens maakt ook beschaving mogelijk, schrijft u.
'Beschaving is de houding die we innemen ten opzichte van onze natuur. Van nature zijn we niet altijd geneigd het goede te doen – we hebben allerlei egoïstische, wrede neigingen. De mens ziet bijvoorbeeld de ander helemaal niet als gelijkwaardig – hij wil zich juist superieur tonen. Toch hebben we be-

sloten dat iedereen gelijk is voor de wet, tegen onze natuur in. Onze geest kan dus onze natuurlijke aandrang observeren en de vraag stellen: "Als iedereen dat heeft, hoe kunnen we dan de samenleving het beste inrichten, welke regels passen daarbij?" Ons bewustzijn maakt dat we onszelf kunnen doorzien en onze natuurlijke neigingen in goede banen kunnen leiden. In die zin is onze gespletenheid niet alleen het probleem, maar ook onze beste hoop op een oplossing.'

LEESTIP
Hoe de dood ons drijft van **Sheldon Solomon, Jeff Greenberg** en **Tom Pyszczynski**

'Ons sterfelijkheidsbesef is onze meest dominante drijfveer, luidt de stelling in dit boek. Het is gebaseerd op een relatief nieuwe, baanbrekende theorie, de Terror Management Theory, die op honderden psychologische experimenten steunt. Deze theorie voedt mijn overtuiging dat onze hoop schuilt in het onder ogen zien van onze diepste angst.'

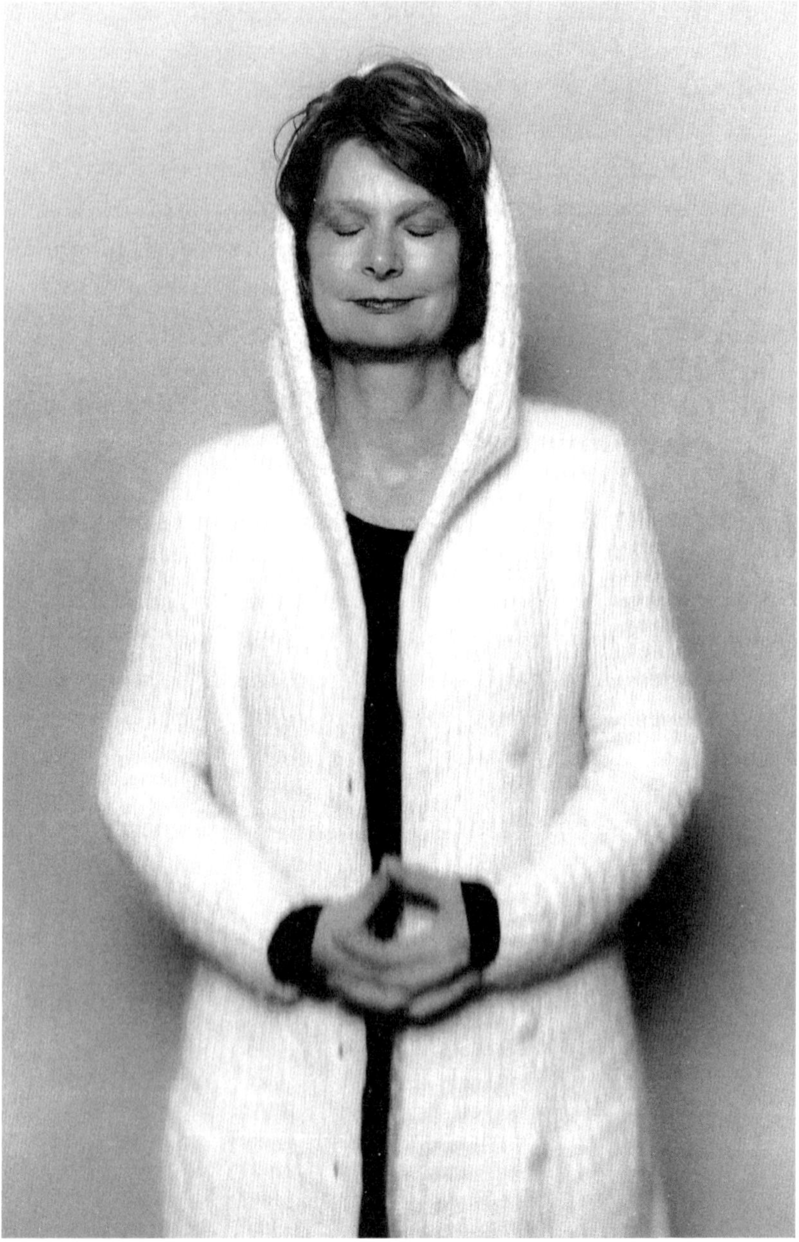

Christa Anbeek, theoloog

Lange tijd beet ze liever haar tong af dan dat ze openhartig over haar dramatische familieverleden praatte. Zelfs aan haar levenspartners verschafte theoloog Christa Anbeek maar mondjesmaat informatie. 'Ik krijg nooit het hele beeld, ik moet alles uit je trekken,' merkte haar vriend Peter, een psychiater, eens op. Op een gezamenlijke wandelvakantie in de Spaanse bergen in 2006 werd een hartstilstand hem fataal. 'Na negen jaar kwam daarmee een eind aan de meest harmonieuze en gelukkige periode in mijn leven. Ik was helemaal kapot van zijn dood,' blikt de zevenenvijftigjarige Anbeek terug.

Om weer vat op haar bestaan te krijgen, schreef ze boeken waarin ze steeds openhartiger over haar verleden werd. In 2010 verscheen *Overlevingskunst*, waarin ze op zoek ging naar de diepere betekenis van de dood. In 2018 publiceerde ze *Voor Joseph en zijn broer*, dat werd verkozen tot 'spiritueel boek van het jaar'. De titel verwijst naar haar beide kleinkinderen – Joseph dartelt over de bladzijden. Maar ook vertelt ze openhartig over wat haar leven vooral heeft getekend: de zelfmoorden in haar familie. Eerst haar vader op vierenvijftigjarige leeftijd, een jaar later haar oudere broer, negenentwintig jaar oud. Die laatste had haar als veertienjarige al diep geschokt door een 'serieuze poging' te doen. Verder telde haar familie een oma die het herhaaldelijk probeerde en een zus van haar vader die ook voor zelfdoding koos.

In reactie op die drama's koos Anbeek 'met alle motoren aan full speed voor het leven: ik kreeg mijn dochter, studeerde theologie en godsdienstfilosofie, en deed ook nog een predikantenopleiding. Ik dacht: weg van dit ravijn.' In haar werk ging ze de confrontatie met sterfelijkheid niet uit de weg. Zo betoogde ze in haar proefschrift dat religie bar weinig te bieden heeft in antwoord op de dood.

Haar loopbaan mondde uit in een bijzonder hoogleraarschap remonstrantse theologie aan de Vrije Universiteit in Amsterdam. In haar 'aardse' uitleg van dat vakgebied gaat het haar primair om 'ontregelende ervaringen' en de omgang ermee. Dat ligt nog altijd dicht bij haar eigen leven. In 2016 kreeg zij een burn-out, mede doordat de suïcides van schrijver Joost Zwagerman en dichter en tv-journalist Wim Brands, beiden bekenden van haar, haar hadden aangegrepen. Ze voelde zich opnieuw gedwongen zich tot de dood te verhouden. En tot haar jeugd, waaraan ze na de zelfdodingen van haar vader en broer lange tijd nauwelijks meer herinneringen had: 'Mijn leven is lang opgedeeld geweest in ervoor en erna.'

Wat is de zin van ons leven?
'Je kleurt de zin van het leven in met hoe je je verhoudt tot het leven. Voor mij gaat het er vooral om het leven te kunnen omarmen, een overstijgende zin hoeft voor mij niet. Dan kies ik voor gepassioneerd leven, met sterke voorkeur en afkeer, met grote liefdes en diepe dalen. De zin van het leven zit voor mij dicht aan tegen de zin in het leven. Ik wil er helemaal in

worden opgenomen. Liever zo'n onstuimig leven, waarbij ik ervaringen diep voel, dan een vlak leven, dat ik ook wel heb gekend. Natuurlijk is rust af en toe fijn, maar dat kan altijd nog. De dood duurt lang genoeg.'

Wat vindt u van de opvatting 'het leven heeft geen enkele zin'?
'Daar heb ik geen moeite mee, zolang het maar niet resulteert in onverschilligheid. Want het maakt wel degelijk uit hoe je leeft, ook als dat leven wellicht geen zin heeft. Opgaan in kleine dingen kan essentieel zijn. Dat geeft kleur aan het onbenullige van ons bestaan. Dat is zoals Maurice Maeterlinck ooit verwoordde: "Geboren worden, leven, sterven en opnieuw beginnen totdat alles verdwijnt, is dat niet genoeg?"'

Is het doorgeven van ons genenpakket de zin van ons leven?
'Dat vind ik een zeer beperkt antwoord. Het is alsof je zegt: de zin van muziek is de notenbalk. Die is zeker essentieel, maar ook een enorme reductie van wat muziek is. Ik kan me niet voorstellen dat je met zo'n verklaring tevreden bent. Die houdt ook niet lang stand wanneer er iets ernstigs in je leven gebeurt. En je angstig of somber wordt en denkt: het wordt nooit meer wat.'

Die somberte bestreed u, na de suïcides in uw familie, door vol voor het leven te kiezen.
'Ik wilde wegkomen van waar ik vandaan kwam – het verleden was voor mij te gevaarlijk. Ik was enorm bang in datzelfde gat te vallen. Statistisch was de kans dat ik als familielid door zelfdoding zou omkomen aanzienlijk vergroot. Dus ik heb jarenlang alleen in de richting van de toekomst geleefd. Ondertussen gaf ik in mijn werk aan dat religies geen uit-

komst bieden, doekjes voor het bloeden zijn. Dat lukte heel aardig, alleen sta je uiteindelijk wel met lege handen.'

U schrijft over het boze en vernietigende in uzelf – waar doelt u op?
'Een van de wortels van suïcide zit daar: alles kapot willen maken, inclusief jezelf. Vernietiging als enige uitweg, vanwege boosheid over de doden, maar ook over het leven. En ik was kwaad op mijzelf, omdat ik die zelfmoorden niet had weten te voorkomen. Mijn woede uitte zich intellectueel. Tijdens mijn theologiestudie richtte ik hem op religies die deden alsof het uiteindelijk allemaal wel goed komt met de wereld. De vraag van mijn proefschrift was: wat kun je nog, als de zin van je leven stuk is? Ik kritiseer een Duitse theoloog die stelt: de zin van het leven kan niet stuk, want God garandeert de zin. Met zo'n paradigma ben je het leven aan het *framen* om de pijn maar niet te hoeven voelen. Het zenboeddhisme doet dat ook: onthecht je nu maar, dan doet het leven minder pijn.

Maar als ik de pijn niet voel, dan voel ik de liefde ook niet. Waar ik me ook boos over maak, is de "levenskunstfilosofie". Die zegt: "Wat er gebeurt in je leven heb je niet in de hand, maar hoe je erop reageert wel." Onzin, je reactie wordt ingegeven door wie je bent en daar moet je het mee doen. Sommige gebeurtenissen maken dat je compleet aan flarden ligt, het kompas in jezelf weg is. Feelgoodtheorieën fileren doe ik graag. Ik vind het leuk vlijmscherp te zijn wanneer wordt geprobeerd te verhullen hoe het leven werkelijk in elkaar zit.'

Jarenlang deed u zelf aan zenmeditatie, maar dat hielp u niet.
'Boeddhisme is kijken naar wat er is, maar ik wilde daar juist van weg. Gaandeweg werd het steeds lastiger. Intellectueel

kun je veel emoties wegduwen, mediterend niet. Ik deed dagenlange retraites van 's ochtends vroeg tot 's avonds. Eindeloos met je blik op een muur. Na twee dagen voel je je fysiek uitgeput, alsof je zwaar hebt gesport. Dat is de bedoeling, je normale afweer breekt en je kunt diep binnen je gaan voelen. Bij mij kwamen heftige emoties op – huilbuien en woede. Mijn geest werd op het spoor gezet van jeugdherinneringen, waar ik eigenlijk helemaal geen toegang toe had. Peter waarschuwde me dat mediteren bij mij wel eens tot "hertraumatisering" kon leiden.

De onthechtheid ten opzichte van het leven die de zenboeddhist voor ogen staat, bereikte ik niet. Ik ben te zeer aan het leven gehecht. Daarnaast was het overlijden van mijn zenlerares een grote klap, ik was zeer aan haar gehecht. Het mediteren vond ik heftig, maar haar kon ik laten merken wanneer ik het zwaar had. Dan reageerde ze mild. Toen zij na een ziekte op achtenvijftigjarige leeftijd overleed, kwam al mijn oude woede over de dood weer terug en vond ik zen een flutfilosofie.'

Kan religie troost bieden bij 'ontregelende ervaringen' zoals ziekte en dood?
'Troost klinkt als een handzaam pakketje dat je krijgt aangereikt. Zo werkt het niet. Waar het om gaat, is: hoe kun je blijven openstaan voor het leven? Daar kunnen niet-religieuze mensen even goed bij helpen als religieuze mensen. Zelf ben ik open blijven staan, dus daarom vallen die ontregelende ervaringen bij mij nog wel mee. Maar ik heb jarenlang in de psychiatrie als geestelijk verzorger gewerkt en daar heb ik personen definitief zien knakken.'

Welke uitweg ziet u om dat te voorkomen?
'Het antwoord op levensvragen moet je niet op het niveau van je denksysteem zoeken – het gaat om het geleefde leven. Het gaat er soms letterlijk om wat er op je pad komt. De kleurenpracht van bloemen op mijn vaste hardlooprondje, na het overlijden van Peter, was zo mooi dat ik ervan in de war raakte. Ik verkeerde in een draaikolk van verdriet en op dat moment kwam het bestaan naar me toe. Dat hielp me weer op te staan. De eerste vakantie na die fatale reis naar Spanje ging ik alleen naar Venetië – ik zag er de lentezon op de huizen en in het water. Ik werd daar door het leven verleid, meegenomen, weggevoerd van mijn pijn. Dat overkwam me.

Waar het om draait, is: kun je erop vertrouwen dat er een nieuw begin mogelijk is? Als je aan mij zou vragen wat geloven betekent, zou ik zeggen: een diep vertrouwen. Dat haal ik niet zozeer uit mezelf, als wel uit anderen en uit hoe het leven loopt. Als je geluk hebt, vind je telkens weer een weg. Anderen kunnen je daarbij helpen. Met hen kun je plekken creëren waar je van een contrastervaring kunt herstellen.'

Die ervaringen doorkruisen ons gewone leven en creëren chaos. Is dat de essentie van ons bestaan, terwijl we doen alsof het niet zo is?
'In onze maatschappij zijn we erop gericht chaos te marginaliseren. We staan met onze rug naar de dood; de medische wetenschap wil beheersen, controleren, voorkomen. Chaos is taboe. We hebben een sterk geloof in de stuurbaarheid van het bestaan, ook al beseffen we ergens dat het een illusie is. Maatschappelijk is het gevaar dat we gaan doen alsof we weten hoe het leven moet. Dat kan tot zelfgenoegzaamheid leiden.

Het mooie van chaos kan een besef van ontzag zijn. En dat

we het beste uit onszelf moeten halen, ook al zijn we maar klein. Ik zou ervoor willen pleiten de chaos te rehabiliteren. Hij is verbonden met de meest waardevolle momenten, wanneer je erachter komt wat je aan elkaar hebt. Wanneer blijkt dat de ander je niet in de steek laat of je onverwacht helpt. Helaas doen zich dan ook de grootste tegenvallers voor. Diep in mij zit nog altijd het wantrouwen: straks gebeurt er iets in mijn leven waardoor het nooit meer goed komt.'

LEESTIP
Anne van het groene huis van **Lucy Maud Montgomery**

'Het eerste boek dat ik kon lezen toen ik uit mijn burn-out kwam. Een broer en zus van middelbare leeftijd, die samen in het groene huis wonen, willen een weesjongen adopteren om te werken op hun boerderij. Maar ze krijgen het weesmeisje Anne Shirley. Die doet allerlei domme dingen. Dwars door alle menselijke onbeholpenheid heen groeit er diepe, wederzijdse genegenheid.'

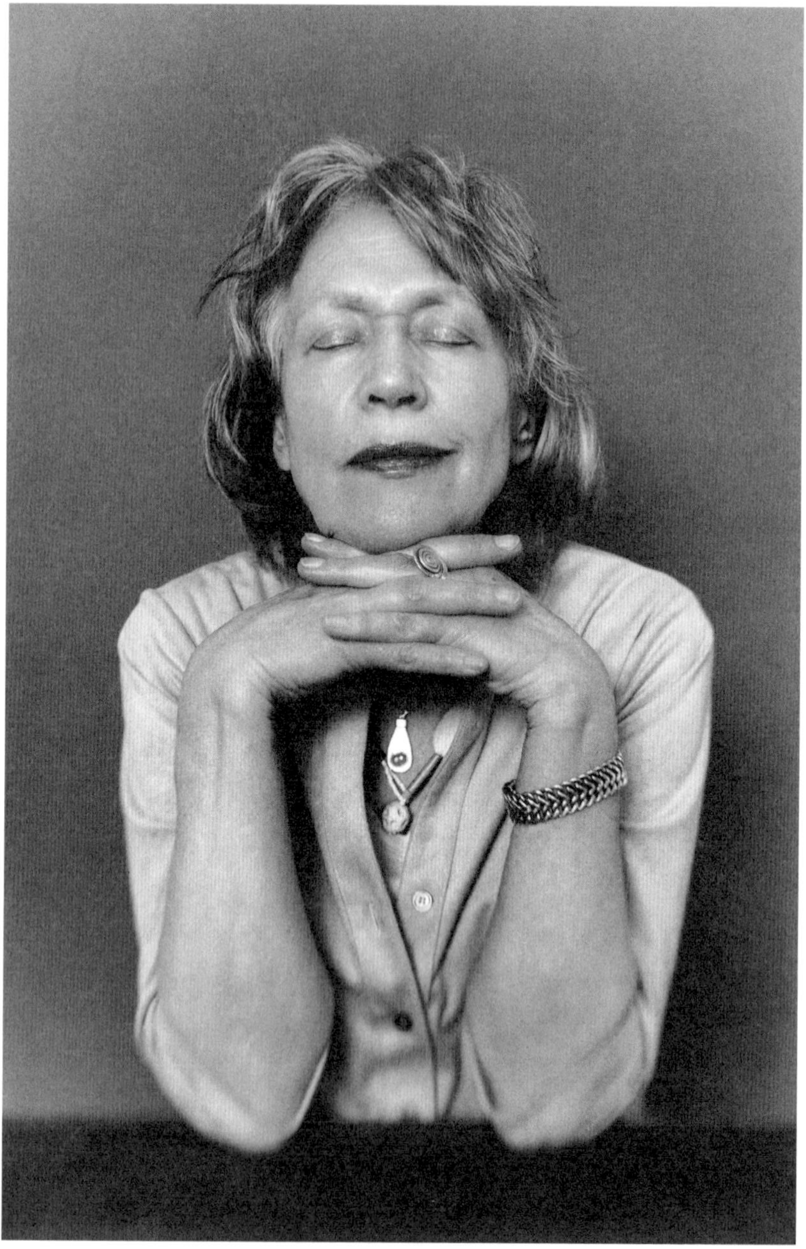

Christien Brinkgreve, socioloog

Als kind ervoer ze hoe haar moeder periodiek verdween in 'een gapend ravijn waarin alles wat van waarde was geen houvast meer bood (...), ze leek bezet door een duistere kracht die zich niet liet verjagen'. Socioloog Christien Brinkgreve begint haar laatste boek, *Het raadsel van goed en kwaad*, met de depressies van haar moeder. Hoe zij zich oprichtte, maar ook weer terugviel – een eindeloze cyclus waarin destructieve en vitale krachten om beurten de overhand kregen. Dat herkent ze meer dan haar lief is. 'Ik heb in aanleg dezelfde schommelingen als mijn moeder, al is het wel minder hevig en beter hanteerbaar,' zegt ze aan de tafel in haar tuinhuis in Egmond. Drie dagen per week zoekt ze er de stilte op.

Vitaliteit en destructiedrang, goed en kwaad – ze huizen in ieder mens, luidt haar betoog. Het is aan eenieder dat te onderkennen en met behulp van dat zelfinzicht 'het leven zo in te richten dat de vitale krachten de ruimte krijgen'. Wat op individueel niveau geldt, geldt ook voor de samenleving. Het vitale vooruitgangsgeloof uit de jaren zestig en zeventig is niet meer; in deze tijd moet ervoor worden gewaakt dat 'destructieve krachten' niet de overhand krijgen.

Om het lot van haar moeder te ontlopen, zette ze vol in op

de ratio: 'Ik dacht: als ik het maar kan begrijpen, dan kan ik me wapenen tegen die ellendige inzinkingen. Via de wetenschap hoopte ik greep te krijgen op mezelf en de wereld. Dat lukte maar ten dele, al heeft mijn honger naar inzicht me ver gebracht.'

Ze is al haar leven lang gefascineerd door wat mensen bezielt. 'Dat wil ik begrijpen, ontrafelen. Met veel aandacht voor gevoelens – niet als irrationeel bijverschijnsel, maar als iets wezenlijks. Wie geen oog heeft voor onderliggende verlangens en angsten, begrijpt niets van de wereld.'

Als achttienjarige ontvluchtte ze de beklemmende sfeer thuis door met een dertien jaar oudere architect te trouwen: 'Hij liet me een andere wereld zien: concerten, lezingen, Italië, de luiken gingen open!' Haar vroege huwelijk liep vast, 'doordat ik hem niet langer als vaderfiguur accepteerde'. Na zes jaar scheidde ze en ging ze zes jaar lang dagelijks in psychoanalyse. Aan het eind daarvan ontmoette zij haar huidige man, oud-VPRO-bestuurder Arend-Jan Heerma van Voss. Weer zeven jaar later, zesendertig inmiddels, kreeg zij haar eerste kind. Tegelijkertijd werd ze hoogleraar vrouwenstudies in Nijmegen, later gevolgd door een hoogleraarschap in Utrecht.

Inmiddels zijn haar zonen Daan en Thomas allebei rond de dertig en bekende schrijvers. Op negenenzestigjarige leeftijd voelt ze zich 'midden in het leven staan', al heeft de dood enkele malen in haar nabije omgeving toegeslagen. 'Mijn moeder is zesennegentig, mijn oma werd ook stokoud, dus dat geeft een vals gevoel van bescherming. Na mijn pensionering ervaar ik het geluk dat ik kan doen waar ik goed in ben – woorden vinden voor wat er in de samenleving speelt en vakgebieden met elkaar verbinden.'

Wat is de zin van ons leven?
'Ik heb eerlijk gezegd helemaal geen behoefte aan een hogere bestemming of een bepaald doel. Voor mij is het genoeg een zinvol leven te leiden. Dat houdt in: goed zorgen voor de mensen om me heen, mijn kinderen, familie, vrienden. Maar ook mijn talenten inzetten voor zaken die ik belangrijk vind. Je kunt dus zelf zin aan je leven geven, maar ik zie geen evolutionair doel.'

Heeft de vraag naar de zin van het leven een grote rol in uw leven gespeeld?
'Van jongs af heb ik existentiële twijfels gehad die gingen over het geen zin hebben van het leven. Dat had ook te maken met mijn gevoel dat ik het leven niet goed aankon, eerst als middelbare scholier, later als twintiger. Maar gelukkig heb ik ook altijd iets heel vitaals gehad. Ik kan enorm genieten van vriendschappen. Sommige uit mijn studietijd zijn een halve eeuw later nog belangrijk voor me. En ik geniet van muziek en boeken, dat zijn ook een soort vrienden.

Van die existentiële twijfels ben ik pas verlost toen ik kinderen kreeg. Dat was een sleutelmoment. Ik was zesendertig toen Daan werd geboren – een relatief oude moeder, maar eerder kon ik het echt niet aan. De kinderen hebben me van veel basaal gepieker verlost, ook al blijft er genoeg te piekeren over.'

Werd de vraag naar de zin van het leven in uw vriendenkring bediscussieerd?
'Eerlijk gezegd hadden we het er nooit over. "We zijn op aarde, want we zijn geboren", daar hield het ongeveer op. Ik zat in een atheïstische, intellectualistische, sociaaldemocratische kring. De zinvraag hoorde voor ons bij het domein van de re-

ligie en de metafysica. Dat hadden we juist verlaten. De vraag "hoe kun je een zinvol leven leiden?" speelde wel, hoewel die ook algauw als hoogdravend werd ervaren.'

Kunt u die aversie tegen de zinvraag uitleggen?
'Ik denk dat het werd gezien als een vraag die hoorde bij voorgaande generaties. Daar waren we aan voorbij, dachten we. Wij richtten ons op de samenleving als mensenwerk. In de jaren zestig en zeventig was het optimisme enorm – de betrokkenheid bij het leed van mensen aan de andere kant van de wereld groeide, er werd positief over de mondialisering gedacht en de secularisering werd als een bevrijding gezien. Als er een geloof was, dan in de wetenschap – vooruitgang werd gezocht in kennis en bevrijding van oude structuren.'

Hoe kijkt u erop terug?
'Mijn generatie heeft lang het idee gehad dat de bevrijding van religie, van het paternalisme en de verzuiling, kortom van alle beknellingen, alleen maar positief was. Wat we niet hebben beseft, is hoeveel we daarmee ook aan houvast verloren. We hebben ons enorm verkeken op religie – de gedachte dat de hele wereld het geloof vaarwel zou zeggen, is volkomen onjuist gebleken. Ik herinner me de schok in mijn kennissenkring toen iemand als James Kennedy, hoogleraar geschiedenis, zelf bleek te geloven en naar de kerk te gaan.'

Is uw opvatting over religie veranderd?
'Jazeker. Vroeger vond ik het geloof achterhaald en een beetje dom, hoe kon je dat toch allemaal geloven? Daar ben ik echt van teruggekomen. Zonder dat ik mezelf overigens religieus vind. Maar ik zie nu dat het over waarden gaat die ernstig verwaarloosd zijn.'

Welke waarden zijn dat?
'De waarde van het behoren bij een gemeenschap, bij iets groters dan jezelf. De zorg voor elkaar, voor de aarde, voor de ziel ook, wat iets anders is dan de geest. Ik denk ook aan het verloren gaan van rituelen die helpen als je het gevoel hebt dat je er alleen voor staat. We hebben aan gemeenschapsgevoel ingeleverd. We missen ook een element van de zuilen, namelijk de verbinding die zij tussen laag en hoog, arm en rijk, legden. Ik denk dat mijn generatie nu een soort rouw over de schaduwzijde van de bevrijding en het individualisme ervaart, omdat er een erosie aan de gang is van die waarden. Dat hebben we niet gezien of gewild, maar die rekening slaat ons nu in het gezicht.'

Is de zinvraag nu wel relevant?
'Ik denk dat alle vragen over zin of betekenis momenteel nodig zijn als tegenwicht tegen het overwegend materialistische denken – het idee dat het alleen maar over de economie gaat. De vraag naar de zin van het leven is van belang, omdat hij verwijst naar waarden die ons helpen te bepalen: wat doet er echt toe?

Je ziet momenteel een grote behoefte aan bezinning. Ik verwacht geen terugkeer van de oude religies, maar de behoefte waarin ze voorzagen, is er nog. Ze boden houvast. Het blinde proces van de evolutie, waarin er geen Schepper meer is, is voor veel mensen een onveilig idee. De mens heeft behoefte aan iets groters dan hijzelf dat ergens op is gericht. Het idee van chaos of willekeur is bedreigend.'

Kan de mens zich wellicht aan de vooruitgang vastklampen?
'Natuurlijk is die er: in de strijd tegen ziekten en armoede, in de afname van het aantal oorlogen. Je ziet ook voortgang

op moreel vlak: denk aan de slavernij of de ondergeschikte positie van vrouwen; eeuwenlang vanzelfsprekend, nu ontoelaatbaar. Ook het omarmen van de meritocratische gedachte reken ik tot de vooruitgang: niet door je afkomst, maar door te leren verwerf je een positie.

Maar ik zie ook achteruitgang. De volgende generatie moet het bijvoorbeeld met veel minder zekerheid doen, kijk maar naar werk en pensioenen. Het idee dat onze kinderen het beter zouden krijgen, is verdwenen. Ik denk dat de generatie van mijn kinderen het minder goed zal krijgen. Dus ook daar zie je dat er minder houvast is.

Bovendien is vooruitgang geen vanzelfsprekende gang van de geschiedenis. Het kan ook keren, het staat niet zo in het plan der schepping geschreven. Mensen zijn helaas in staat alles weer af te breken. Zowel de scheppende als de vernietigende kracht huist in ze.'

U vreest teloorgang van contact – van groepen in de samenleving, maar ook van de mens met zichzelf.
'Contact is het vitale, dat wat de mens bij het leven brengt. Polarisatie is een vorm van het verbreken van contact. Dat kan veel kwaad doen, omdat het ruimte maakt voor destructieve krachten die het kwaad uitvergroten en het bij anderen leggen. Maar het gaat inderdaad ook om contact met jezelf: inzicht in je eigen verlangens en angsten. Als je dat verliest, is de kans groot dat je de schuld buiten jezelf legt en gaat demoniseren.

Ik heb er wel vertrouwen in dat mensen in staat zijn die destructieve processen te keren. Al is dat ingewikkeld, omdat het inzicht vergt in emotionele onderstromen en onbehagen. We zitten nu in mijn ogen in een fase van ontzetting – we dachten dat het voor altijd voorbij was, maar je hoort nu toch weer echo's die onvermijdelijk aan de jaren dertig doen denken – het verlangen naar een sterke leider, het onbehagen. Mijn impulsieve reactie daarop is die van mijn moeder, die buiten haar depressieve perioden altijd zei: "Tel je zegeningen!" Maar het gaat er natuurlijk om dat onbehagen te doorgronden. Want anders gaat het nog eens venijnig opspelen.'

LEESTIP
In de ban van de tegenstander van **Hans Keilson**

'Over het projecteren van het kwaad op de ander, met name het verband tussen je eigen angsten en vijanddenken. De psychiater Keilson schreef het met nazi-Duitsland in gedachten, maar zijn boek is nog steeds actueel. In het gepolariseerde debat van vandaag worden gemakkelijk schuldigen aangewezen, wat tot verdere polarisatie leidt.'

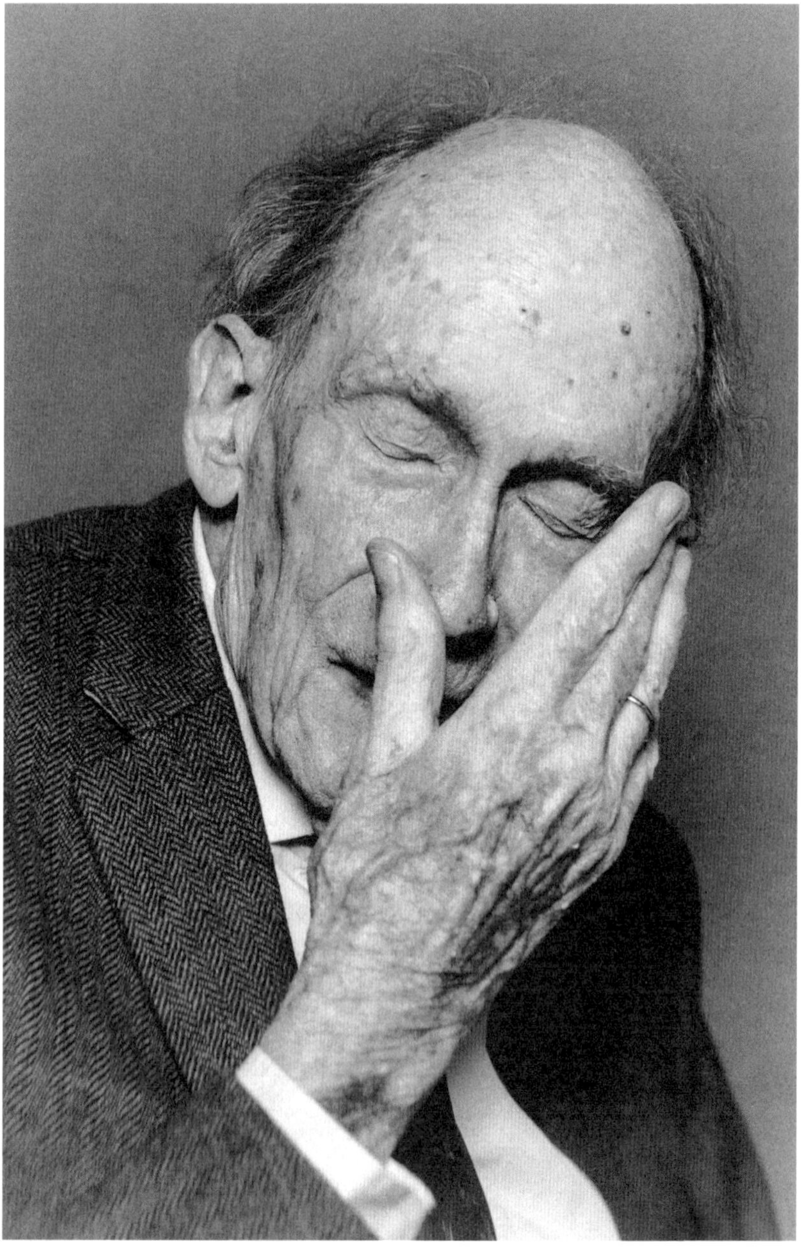

Johannes Witteveen, oud-minister

Op de sofa in zijn Wassenaarse villa met uitzicht over weilanden geniet hij van de aanblik van een ganzenfamilie. 'Kijk, twee volwassenen en vijf kinderen,' merkt hij verheugd op, midden in het gesprek. Dagelijks volgt hij wat er mondiaal op politiek en economisch vlak gebeurt, daartoe leest hij de NRC en *The New York Times*: 'Een mooie combinatie.' Een wandeling van een kwartiertje rond zijn huis lukt hem nog. Ook kijkt hij uit naar juni, wanneer een twaalfdaagse cruise rond IJsland in zijn agenda staat. De secretaresse van zijn zoon zal hem begeleiden.

Op zevenennegentigjarige leeftijd heeft Johannes Witteveen vrijwel alle leden overleefd van de twee naoorlogse kabinetten waar hij als VVD-minister van Financiën deel van uitmaakte. Op de maandelijkse lunch van het kabinet-De Jong (1967-1971) zijn nog maar twee andere deelnemers, allebei jonger dan hij. Na zijn ministerschappen volgde zijn mooiste baan: topman van het IMF in Washington (1973-1978). Tot besluit van zijn loopbaan vervulde hij een groot aantal commissariaten.

Witteveen is in zijn lange leven altijd méér dan politicus en econoom geweest. Zijn ouders behoorden tot de eerste generatie van de soefibeweging, die na de Eerste Wereldoorlog werd opgericht door Inayat Khan. Die Indiase mysticus droeg het 'universeel soefisme' uit. Dat is gericht op het verbinden van oosterse en westerse religies, die, constateerde Khan, een geloof in de goddelijke geest, liefde, schoonheid, harmonie en geestelijke vrijheid delen. Het soefisme wil verbinden, maar schuwt het overtuigen van anderen – andere religieuze opvattingen dienen altijd te worden gerespecteerd.

Witteveen maakte deel uit van het hoogste soefibestuur en ging tot voor kort voor in ceremonieën in de tempel in Katwijk. Zijn vrouw maakte eveneens deel uit van de beweging. 'Zij heeft als zesjarige Inayat Khan nog persoonlijk ontmoet,' zegt hij, met ontzag in zijn stem. Zij overleed in 2006. Ook twee kinderen leven niet meer, onder wie zoon Willem, hoogleraar en PvdA-senator. Hij kwam met zijn vrouw en dochter om bij de aanslag op vlucht MH17.

Wat is de zin van ons leven?
'Ik ben geneigd de mensheid te zien als het hoogtepunt van de hele schepping. Daarin probeert een goddelijke geest zich steeds meer uit te drukken. Een mooie soefi-uitspraak daarover luidt: "De goddelijke geest slaapt in de rotsen, ontwaakt in de planten, begint zich bewust te worden in de dieren en komt tot het hoogste bewustzijn in de mens." De zin van ons leven is dus om een bewustzijn van dat goddelijke te ontwikkelen. Voortdurend ons bewust zijn dat we in die prachtige schepping verkeren en beseffen dat daarin een goddelijke geest werkt, dat is de zin. Die geest kunnen we herkennen aan alle schoonheid, die vormt de uitdrukking ervan. Als mens kun je zelf ook iets van die schoonheid uitdrukken.'

Heeft de mensheid in de zevenennegentig jaar van uw leven in dat opzicht vooruitgang geboekt?
'De vooruitgang kunnen we vooral zien bij die mensen die werkelijk tot dit bewustzijn zijn gekomen. Ik denk dan aan de boodschappers die religies hebben gesticht. Die hebben niet alleen een schitterende visie van de goddelijke geest weten te geven, maar hebben die ook voorgeleefd, waardoor ze veel mensen hebben weten te trekken. Ik denk dan aan iemand als Inayat Khan, die de soefibeweging heeft gesticht en die zeer inspirerend was. Ik heb hem niet gekend, maar wel zijn broers. In hen heb ik veel van de goddelijke geest gezien. Maar bij alle religies komen heilige mensen voor, in allerlei gradaties.'

Heeft u ooit aan die goddelijke geest getwijfeld?
'Dat doet iedereen wel, denk ik. Maar ik ben dankzij mijn ouders al vroeg door het soefisme aangeraakt. Op mijn achttiende werd ik al ingewijd in de innerlijke school van de beweging. Dat vereiste veel gebed en meditatie. Dus toen ik in 1940 ging studeren, was ik er volop mee bezig. Ik heb niet die twijfels gekend die veel medestudenten toen hadden. Ik heb veel met christelijke studenten gesproken. Maar als soefi wil je nooit iets wegnemen van iemands geloof, dat moet je koesteren.'

Wat spreekt u zo aan in het soefisme?
'Niet alleen de visie op het leven zelf, maar ook op het leven na de dood. Dat vond ik overtuigend. Als je hier sterft, begint er een nieuwe fase. Het lichaam laat je achter, de ziel leeft voort met zijn geheugen en al zijn ervaringen. Hij gaat dan verder met de opdracht het goddelijke uit te drukken en uiteindelijk kom je tot eenheid met de goddelijke geest. Dat

heb ik altijd een prachtig beeld gevonden. Ik heb dat meegekregen uit de gesprekken die mijn ouders voerden met hun soefivrienden.'

Waarom vindt u dat beeld overtuigend?
'Waar komen we vandaan en waar gaan we heen? Dat zijn de fundamentele vragen waarop een mens antwoord wil. Inayat Khan heeft daar zeer heldere en positieve antwoorden op geformuleerd. Veel mensen in deze tijd hebben dat geloof helemaal niet. Die denken dat er niets is. Of ze denken er helemaal niet over na. Dat heb ik altijd erg onbevredigend gevonden.'

Veel natuurwetenschappers zien het ontstaan van leven als een toevallige samenloop.
'Ja, buitengewoon onbevredigend, vindt u niet? Achter die visie schuilt ook een geloof, namelijk dat het uitsluitend gaat om wat we materieel kunnen zien en verklaren. Maar er is ook zoiets als de geest. Alleen wordt die buiten de verklaringen gehouden, omdat die ontastbaar is. Maar dat betekent niet dat hij geen rol speelt.

Voor die wetenschappers is het ontstaan van de aarde toeval, maar voor mij bestaat dat niet. Wanneer over toeval wordt gesproken, is dat voor mij een indicatie dat een andere macht aan het werk is, namelijk die ene, almachtige geest. Die sluit ieder toeval uit. Hij ziet gevolgen die wij niet kunnen zien. Die ene geest werkt ook in ons, iedereen heeft een roeping die je moet zien te volgen. In mijn leven kan ik dat duidelijk zien.'

Waar denkt u dan aan?
'Waarom ben ik in 1973 *managing director* van het IMF geworden? In eerste instantie reageerde ik daar afhoudend op.

Kort daarna kreeg ik een uitnodiging die ik nooit eerder had gekregen, namelijk voor een economische conferentie in Washington. Toen ben ik op bezoek gegaan bij het IMF en ben ik het als een geweldige kans gaan zien. Dat ik die uitnodiging kreeg, was voor mij geen toeval. Er werd op dat moment leiding aan mijn leven gegeven.'

Hoe ziet u in dat licht een andere grote gebeurtenis in uw leven, het omkomen van uw zoon Willem?
'Ik heb dat vanaf het begin opgevat als iets wat ik moest accepteren, opdat het zijn zin zou hebben. Dat heeft mij goed gedaan. Ik heb het aanvaard, het was iets waar ik verder toch niets meer aan kon doen en ik ben verdergegaan met mijn leven. Ik zie het als iets wat belangrijk is voor de relatie die je tot die ene geest hebt. Die leer je ook dan als leidend te accepteren. Gebeurtenissen die pijnlijk en onaangenaam zijn, kunnen toch hun zin hebben.'

Welke zin ziet u in dit geval?
'Dat is niet iets waar wij achter kunnen komen. We zien altijd maar een klein stukje van het geheel. Ik weet alleen dat vlak voordat Willem op het vliegtuig stapte, hij net een manuscript bij zijn uitgever had ingeleverd. Dat was afgerond, dat is mooi. (stilte) Blijkbaar was het voor hem toch zijn tijd, al kunnen we niet doorgronden waarom dat zo moest zijn. Ik ben ervan overtuigd dat hij leeft in die andere wereld die we na de dood betreden.'

Waarom krijgen we geen zicht op het grotere geheel?
'Dat zou niet goed zijn, dan zou het helemaal in de war raken. Nee, zo werkt het niet. Pas na de dood krijg je inzicht in allerlei aspecten van je leven en hoe dat is verlopen. Die brengen

je weer een stap verder. Je wordt dan beoordeeld "vanuit je eigen hart", zoals Inayat Khan zegt. Dus niet door een hogere autoriteit, nee, je gaat zelf zeggen: "Dat was niet goed, dat was wel goed."'

Doet u dat niet nu ook al?
'Ik kan dat nu nog niet zeggen, want ik probeer ook nog zaken goed te krijgen, met name soefi-activiteiten. (stilte) Er zijn wel enkele zaken waar ik spijt van heb. Ik heb bepaalde belangrijke ontwikkelingen in de leiding van de beweging niet goed gedaan. Mijn vriendelijke aard heeft enkele keren de overhand gekregen, waardoor ik sommigen te veel ruimte heb gegeven. Daar ga ik verder niet over uitweiden. Ik probeer dat nog te herstellen.'

Ziet u een toekomst voor religies?
'Ik denk dat godsdiensten zich meer op de mystiek moeten richten. Mensen hebben geen behoefte aan dogma's. Wat hen wel raakt, is beleving. Daar ligt de eenheid van religieuze idealen, in de beleving van het goddelijke. Met ons denken willen we dat helder krijgen, maar dat werkt niet, dan raak je de goddelijke geest juist kwijt. (lacht) Denken is oppervlakkig. Voelen gaat veel dieper, dat dringt door tot in je ziel. En dat is het ware leven.'

Tot je ziel doordringen geeft het leven zin?
'Je moet je van hem bewust worden, want dat is het goddelijke in ons. Juist wanneer je even niet actief bent met je verstand, lukt dat soms. Dat ik hier zit op een prachtige ochtend, terwijl de zon schijnt, dan voel ik de schoonheid van die goddelijke geest. Dat is armzalig in woorden uitgedrukt, maar ik voel dat diep. Dat contact moeten we voortdurend pogen te

vinden. Alleen is dat moeilijk. Zoals je oog van alles kan zien, behalve je oog zelf, zo is dat met je ziel.'

Ziet u uit naar de dood?
'Nee hoor, ik vind het leven nog interessant, ik heb er geen haast mee. Ik leef zolang het nodig is. Zolang ik nog een taak voor mezelf zie.'

U komt na uw dood wel uw geliefden weer tegen – uw vrouw, uw zonen.
'Jawel, maar ik weet toch niet precies hoe dat zal zijn. En wat hier is, dat weet ik wel. Dat vind ik het moeilijke eraan. Ik heb er vertrouwen in dat het mooi zal zijn. Maar het kan best nog even wachten.'

LEESTIP
De eeuwige wijsheid van **Aldous Huxley**

'Midden in de Tweede Wereldoorlog ging de Brit Huxley op zoek naar wat de grootste gemene deler is van religies. In dit boek put hij uit een grote variëteit aan oosterse en westerse bronnen. Huxley was geen soefist, maar dit werk sluit helemaal aan bij het soefisme. Een boek gericht op het willen begrijpen waarom de dingen gebeuren zoals ze gebeuren.'

Gepubliceerd op 23 april 2019, tevens de sterfdatum van Johannes Witteveen.

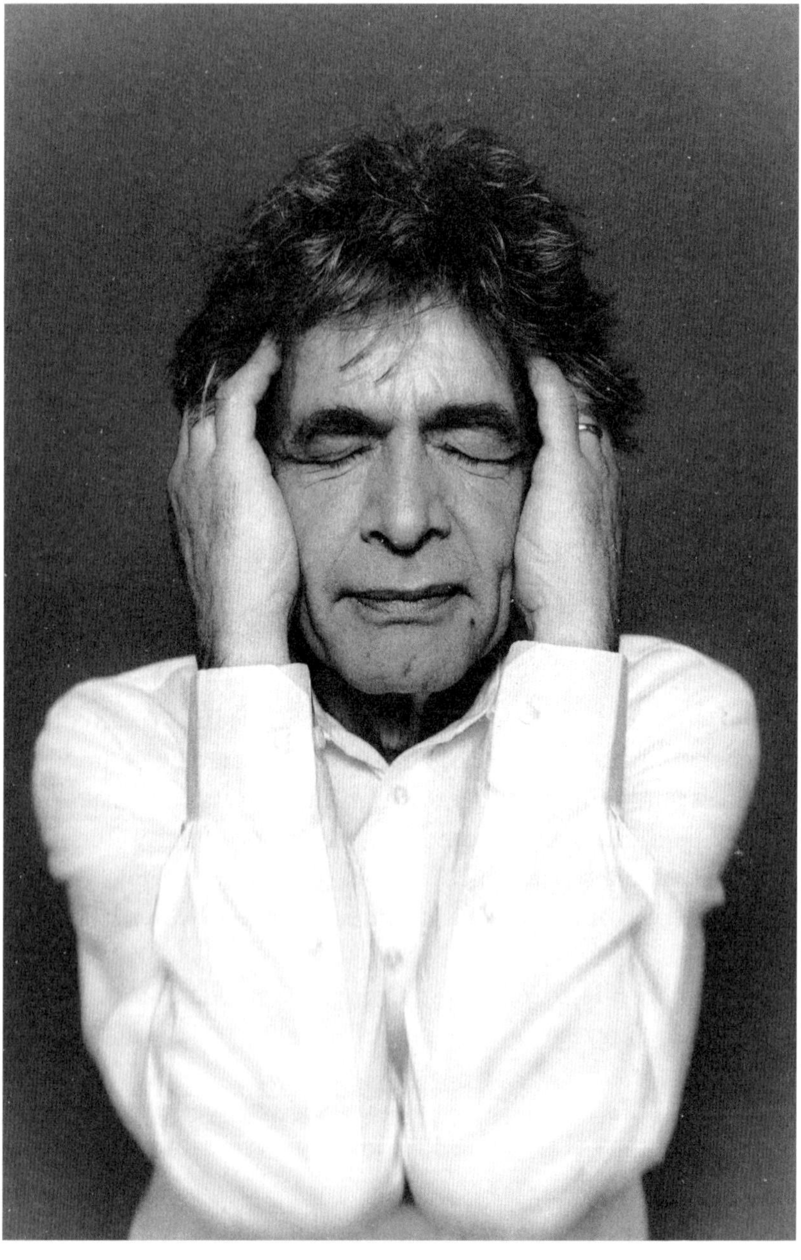

David Elders, begrafenisondernemer

Een schok ging door zijn vriendenkring, toen hij als net afgestudeerde filosoof begin jaren negentig aankondigde begrafenisondernemer te worden. 'Dat is toch wel het laagste van het laagste, geld verdienen aan andermans dood,' luidde een van de reacties. Zijn antwoord: 'Dat doen de slager en de groenteboer toch ook?'

Al eerder had David Elders blijk gegeven zijn geheel eigen weg te willen gaan. Als student had hij bedacht dat boomhutten een oplossing voor de Amsterdamse woningnood van de jaren tachtig konden zijn. Met een vriend bouwde hij een eerste exemplaar in een boom op het Waterlooplein. Hij woonde er ongeveer een jaar. In die tijd sloopte de politie de hut een keer, wat Elders en zijn kompaan als een geschenk opvatten: de tweede hut, in dezelfde boom, was van aanzienlijk betere kwaliteit.

Zijn voornemen een uitvaartbedrijf te beginnen, kwam voort uit een reis naar India, samen met zijn vader en zijn broer. In dat 'superreligieuze' land had hij gezien hoe de dood ook deel van het leven kon uitmaken. Begrafenissen waren gebeurtenissen waaraan iedereen kon deelnemen. Bij een openbare verbranding zag hij hoe twee jochies de arm van een dode die na enige tijd wat uit de brandstapel stak, weer met een stok in het vuur terugduwden. Met dat beeld op zijn netvlies kwamen de vragen op over de westerse omgang met de dood. Waarom werd er nauwelijks over gesproken? Waarom waren begraafplaatsen en crematoria verbannen naar de randen van de stad, net als de verzorgingstehuizen, die voorportalen van de dood? Zijn begeestering over die vragen was zo groot dat zijn vader Fons, zelf filosoof, hem aanraadde 'er wat mee te doen'.

Eenmaal terug ontdekte Elders hoe ontkerkelijkt Nederland worstelde met het verzinnen van rituelen na een overlijden. Tegenover de uniforme aanpak van grote begrafenisondernemingen besloot hij een zo persoonlijk mogelijke uitvaart aan te bieden. 'De begrafenis als spiegel van het leven' werd zijn adagium. Inmiddels is de dood ruim een kwarteeuw zijn dagelijkse kost. Het gesprek met de zesenvijftigjarige Elders vindt plaats in zijn kantoor met uitzicht op begraafplaats De Nieuwe Ooster. Het wordt onderbroken door een telefoontje van praktische aard. Geduldig legt hij een kapper uit dat die pas aan de slag kan wanneer de overledene in de kist ligt: 'Anders verpesten we je werk weer helemaal.' Om er zorgzaam aan toe te voegen: 'Je moet wel weten dat ze nogal droog haar heeft.'

Wat is de zin van ons leven?
'Echt niemand op aarde weet daar het antwoord op. Sommige mensen kunnen wel doen alsof en misschien weten ze er ook ietsje meer van, maar niemand weet het echt. Fundamentele zekerheid valt niet te geven. Het enige wat vaststaat, is dat je doodgaat. (lacht) Dat is trouwens ook de reden dat de vraag naar de zin van het leven bestaat.'

Maar wat is voor u de zin?
'Ik weet het echt niet. Ik heb er wel over nagedacht, maar ik weet alleen wat voor mij persoonlijk zinvol is. Zelfs dat weet ik dan maar een klein beetje.'

Hoe komt het dat de mens zo in het duister tast over die zinvraag?
'Het begint ermee dat onze waarneming van de werkelijkheid zo beperkt is. We zijn ongelooflijk geconditioneerd – terecht overigens, want we hebben patronen en automatismen nodig om houvast te hebben. Neem deze asbak. We denken dat je er alleen sigarettenas in kunt doen, terwijl je er net zo goed koffie uit zou kunnen drinken. We beseffen nauwelijks hoezeer onze waarneming geconditioneerd is. Zelf ervoer ik dat, toen ik als kind een tijdje in Mali in een dorp woonde. In de eerste dagen kon ik geen enkel verschil tussen zwarte mensen zien, ze waren allemaal hetzelfde. Na een paar dagen leerde ik dat. Later had ik dat met koeien. Die lijken eerst allemaal op elkaar, maar als je ze tien keer ziet, valt pas op dat ze allemaal een eigen gezicht hebben. In feite zijn we niet veel anders dan die Indianen uit Zuid-Amerika die de vloot van de Spanjaarden niet herkenden, domweg omdat ze nooit een zeilschip hadden gezien en dus niet konden begrijpen wat er op hen afkwam.

Dan heb je ook nog ons verstand, waarvan Kant ons de beperkingen heeft laten inzien: kennen wij een object echt, of kennen wij het alleen zoals wij het kunnen begrijpen? Waarnemingen zijn geen feiten, maar onze interpretaties. Ik vind de term "ncpfcit" daarom ook zo leuk, want ieder feit is dat bij wijze van spreken – het is altijd een kwestie van hoe je ergens tegen aan wenst te kijken.'

Wat betekent dat voor de vraag naar de zin van het leven?
'Dat betekent dat het, net als met de vraag naar het geloven in God, telkens een kwestie van definitie is. Wat bedoel je met God? Mensen verstaan daar van alles onder, heb ik door mijn werk ervaren. Daardoor kan ik niet goed antwoord op die geloofsvraag geven. Hetzelfde geldt voor de vraag naar de zin van het leven – wat is zin, wat is leven?'

Heeft het leven wellicht geen zin? Of weet u ook dat niet?
'Waarom zou het geen zin hebben?'

Omdat we worden geboren en doodgaan zonder dat het een duidelijk doel dient.
'Dat geldt niet alleen voor mensen, maar ook voor planten en dieren. En voor de aarde zelf, die gaat ook een keer dood. Ik denk inderdaad niet dat het een bepaald doel dient, of dat er een ontwikkeling is naar een "Goddelijk Zijn". Wanneer ik zo puur mogelijk probeer te kijken naar wat er is en dus zo min mogelijk erbij ga verzinnen, wat zie ik dan? Alleen maar beweging, dat is hét kenmerk van het universum. De zin moet je dus niet zoeken in een toestand, een zijn, want dat zou die dynamiek weerspreken. Als er een zin is, zoek ik die in de beweging. Dan zie ik het hebben van een kind als iets wat deel daarvan uitmaakt: mijn lichaam wordt deels via een kind doorgegeven en daarna wordt het verbrand of opgegeten door beestjes. Wat er daarna resteert, maakt weer deel uit van het geheel. Participeren in die beweging zou de zin kunnen zijn.'

Zonder dat u weet waartoe die beweging dient?
'Ik veronderstel dat het nergens naartoe gaat – ik zou niet weten wat voor "naartoe gaan" er zou kunnen zijn.'

Geeft omgaan met de dood zin aan uw leven?
'Zeker. Ik beschouw mijn werk als zinvol voor de samenleving. Ik doe mijn uiterste best mensen te helpen zo goed mogelijk met een overlijden om te gaan. Mijn betrokkenheid heeft hopelijk een gunstiger effect op hen dan een bedrijf dat een doorsneebegrafenis aanbiedt: drie muziekstukken, twee korte sprekers en aan het eind weet je nauwelijks over wie het ging. Ik kom nog wel eens klanten tegen die zeggen dat ze met plezier aan de uitvaart terugdenken.'

Plezier?
'Ja, hoe gek dat ook klinkt. Een overlijden is meestal droevig, maar komt soms ook als een opluchting, zowel voor de overledene als de achterblijvers. Het is altijd een intense ervaring met vaak mooie kanten. Nabestaanden worden teruggeworpen op zichzelf en gaan vaak nadenken over de zin van het leven. Dat leidt soms tot radicale beslissingen, zoals het opzeggen van een baan. De dood van een naaste wordt als zwaar ervaren, terwijl het iets normaals is. Dat is een van de redenen dat ik met dit vak ben begonnen, in de jaren negentig werd er nog echt over gezwegen.'

Is dat nu anders?
'Ja. Destijds werd zeker op televisie sterk de nadruk gelegd op jong, mooi en succesvol. Je hoorde maar weinig over de andere kant van het leven, die van het verval en de dood. Ik wil niet zeggen dat die belangrijker is, maar hij is wel complementair. Alleen kwam die nauwelijks aan bod, er was sprake van een complete ontkenning. Onder invloed van de ontkerkelijking en omdat de babyboomgeneratie nog vooral bezig was met haar zelfontplooiing. Maar de vraag naar de zin van het leven borrelt altijd weer op – bij verlies van een

baan, ziekte of dood, kortom bij tegenslag. Of nou ja, wat wij tegenslag noemen.'

Bent u veranderd door de jarenlange dagelijkse omgang met de dood?
'Het grootste effect is denk ik dat ik geneigd ben problemen te bagatelliseren in de trant van: "Het kan altijd nog erger." Verder besef ik vooral: je kunt op ieder moment doodgaan. Als er dingen zijn die je per se in je leven wilt doen, maak er werk van. Stel wezenlijke dingen niet uit. Als je in een baan zit die niet past, ga op zoek naar iets anders. Werken is toch wat we het meest doen, dan kan het maar beter zinvol zijn. En probeer een leven te leiden dat fijn is voor jezelf en je naasten. Voor die ander geldt ook dat het ieder moment afgelopen kan zijn.'

Behoort leven na de dood tot de mogelijkheden?
'Er is absoluut leven na de dood, want dood is ook leven. Na de dood krioelt het leven verder – het lichaam gaat over in atomen en die worden gerecycled. De grens tussen wat wel en niet leeft, is alweer een kwestie van definitie. Of ons leven ophoudt, weten we niet. Wat is "ons leven"? De veronderstelling is dan dat er een geest of een ziel is die doorgaat. Maar we weten niet eens of die wel bestaat. Voor hetzelfde geld ben ik mijn bacteriën. Misschien zijn zij veel meer "ik" dan wat we daar doorgaans onder verstaan.'

Het niet-weten kenmerkt ons?
'Zeker. Ik kan bijvoorbeeld achteraf wel constateren wat zin aan mijn leven geeft – mijn kinderen, mijn werk, mijn vrouw natuurlijk, mijn voetbalclub. Maar ik kan die zin niet plaatsen in een groter geheel. Want dan heb ik zoveel vraagtekens

bij dat "ik"; of dat wel bestaat en wat het dan voorstelt. Is het meer dan een slim verzinsel van ons om met de werkelijkheid om te kunnen gaan? Fundamenteel weet ik dat niet.'

Is uw punt vooral dat we bescheiden moeten zijn?
'Inderdaad. Wij mensen zijn zeer onbescheiden, zie de plek die we in de natuur in denken te kunnen nemen. We doen alsof we de natuur naar onze hand mogen zetten, terwijl het in feite een samenspel is – mijn bacteriën gebruiken mij ook. Het leven is een op wederkerigheid gebaseerd systeem.'

LEESTIP
The Tao of Physics van **Fritjof Capra**

'Hij gaat in dit boek over kwantummechanica in op vaste deeltjes die in potentie overal kunnen zijn en op de onmogelijkheid objectief waar te nemen zonder het waargenomene te verstoren. Het gaf mij het vertrouwen dat mijn overtuigingen over wederzijdse afhankelijkheid en het niet-bestaande ego niet zo gek waren.'

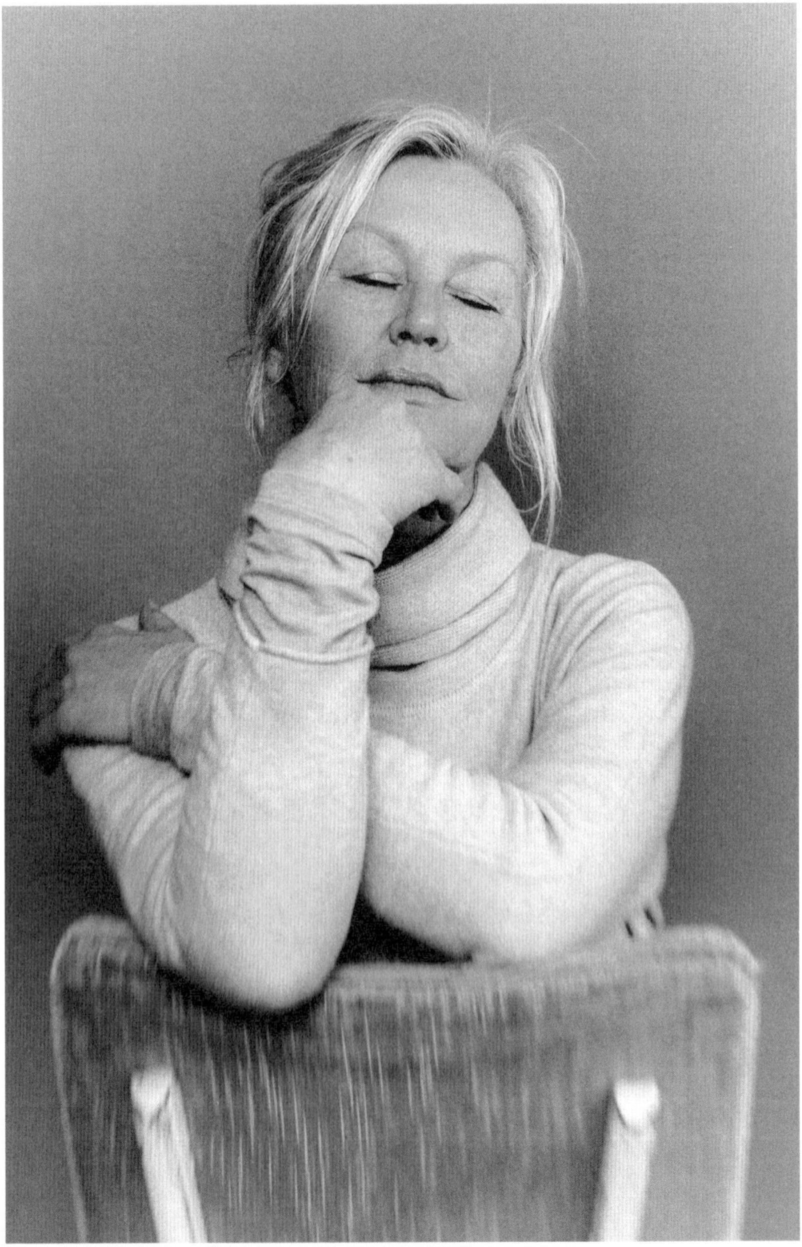

Joke Hermsen, schrijver en filosoof

Als negenjarig meisje voerde ze 's avonds lange gesprekken met God. Ze mocht dan wel lid van een nauwelijks praktiserend protestants gezin zijn, maar filosoof Joke Hermsen was gefascineerd door diens alwetendheid, zo schrijft ze in haar laatste, 'meest persoonlijke' roman *Rivieren keren nooit terug*. Die bevat ook een andere verklaring voor haar behoefte aan 'een gesprekspartner van een geheel andere orde dan alle andere wezens die ik kende'. In het gezin van vijf voelde ze zich eenzaam. Haar jeugdjaren waren een tijd van 'grappen en klappen', omdat haar 'uiterst geestige' vader, natuurkundeleraar en later rector, een man met 'losse handjes' was, zoals zijn vrouw het eufemistisch aanduidde. Hij sloeg zijn opstandige dochter nogal eens, niet alleen wanneer hij dronken was. Haar moeder nam haar niet in bescherming.

Hermsens dialoog met het Opperwezen was bedoeld 'om het leven te doorgronden'. Op een avond leidde dat tot een 'religieuze ervaring', waar ze bijna een halve eeuw later nog met vervoering over verhaalt: 'Van een individu in een bed werd ik opeens onderdeel van een groter geheel. Ik maakte deel uit van alles wat me omringde. Alles werd me duidelijk, helder en overzichtelijk. Ik snapte en wist alles.'

Die gelukzalige toestand duurde niet lang. Enkele maanden later verdween God uit haar bestaan. Waardoor weet ze niet, maar 'met een ruk' werd ze uit haar geloof getrokken. Haar beeld was dat van God 'als een gesmolten sneeuwpop, er lagen alleen nog een bruine plas en een oude wortel'. In haar verdere leven zou hij worden vervangen door de kunst en de liefde, 'de twee ervaringen die bij uitstek mijn ziel weten te raken'.

Haar behoefte aan een diepgaand gesprek bleef. Het leidde tot haar filosofiestudie en tot haar visie op de mens als een 'tweestemmig wezen', bestaand uit een 'ik' en een 'dieper gelegen zelf'. Die kunnen soms een gesprek met elkaar voeren. Vaak is de interne dialoog van de mens triviaal, een enkele keer wordt de ziel geraakt. Instemmend citeert de achtenvijftigjarige Hermsen de Poolse dichteres Szymborska, die over de ziel dichtte:

Aan een op de duizend gesprekken
neemt ze deel
maar zelfs dat is niet zeker,
want ze zwijgt liever.

Wat is de zin van ons leven?
'Het is wellicht de oudste filosofische vraag die in allerlei culturen en religies een rol speelt. In ieder geval is de zin niet absoluut. Hij verandert in de loop van de geschiedenis en per cultuur, maar ook binnen een mensenleven – mijn zin van het leven als negenjarige was anders dan nu. Op dit moment ben ik het vooral eens met een uitspraak van zowel Aristoteles als Rosa Luxemburg: het streven naar "een goed en waardig leven". Dat geeft zin aan het bestaan. Ik vind dat belangrijk, nu we in een tijd leven waarin *gutmensch* een scheldwoord

is geworden. Alsof het iets is om je voor te schamen. Zo diep zijn we kennelijk gezonken.'

Wat brengt dat goede leven de mensheid, is er een hoger doel?
'Dat denk ik niet. Ik zie geen voortschrijdend bewustzijn, kijk maar naar al het geweld in de afgelopen eeuw. Het lijkt erop dat we weinig van de geschiedenis leren. Door de eeuwen heen is de mensheid op ethisch vlak niet veel verder gekomen. Het enige wat we kunnen doen, is de geschiedenis en de filosofie blijven bestuderen om te voorkomen dat we in dezelfde valkuilen stappen.'

En voor het individu? Wat levert een goed en waardig leven een mens op?
'Wat de Grieken *eudaimonia* noemen, oftewel een goede ziel, vrij van onrust.'

Hebben we wel een ziel?
'Ik vind die discussie nogal oeverloos. Als je die vraag stelt, zit je meteen binnen het wetenschappelijke paradigma van bewijzen. Maar er is een groot verschil tussen meten en weten enerzijds en intuïtie en ervaring anderzijds; de eerste categorie weet lang niet alles over de tweede. De wetenschap heeft het domein van de intuïtie en de ervaring tot een ondergeschoven kindje gemaakt. Gelukkig blijven filosofen, psychologen en schrijvers benadrukken dat wat wordt gevoeld en ervaren, zeker ook relevant is. De ziel ervaren we: je kent het verschil tussen op je teen worden gestaan of op je ziel worden getrapt. Of tussen een bezielde uitvoering en een zielloze vertoning. De ziel bestaat in onze taal en in onze ervaring.'

Wat is het verschil met de geest?
'De geest is het denkende, de ziel het intuïtieve vermogen. Henri Bergson (Frans filosoof, 1859-1941) spreekt over het *moi profonde*, als tegenpool van het bewuste ik. Dat "dieper gelegen zelf" is opgebouwd uit alle tijd die je geweest bent, maar waarvan je je maar een fractie kunt herinneren. Het is de innerlijke, persoonlijk ervaren tijd, dus een andere tijd dan de gemeten kloktijd. We hebben zo'n tachtig jaar, de een wat meer, de ander wat minder; dat is de kloktijd die je aan het werkwoord "hebben" kunt koppelen. Maar het "dieper gelegen zelf" is gekoppeld aan het werkwoord "zijn", de innerlijk ervaren tijd die je bent. Bergson gebruikt de metafoor van de sneeuwbal: je wordt als sneeuwvlokje geconcipieerd, dan begint het zintuiglijk ervaren, de verwerving van kennis en dat wordt allemaal opgeslagen. Dat sneeuwvlokje groeit aan tot een enorme sneeuwbal, waarbinnen alle ijskristallen verbonden zijn.'

Is de kunst van het leven erachter te komen wat onze ziel wil?
'Nee, dat denk ik niet. Ik denk dat het ideaal van Aristoteles, het streven naar een goede ziel, betekent dat je altijd moet blijven streven naar het goede, waardige, liefdevolle, naar de zorg om de ander. De Grieken tekenden daarbij aan dat je niet voor de ziel van de ander kunt zorgen, als je niet voor je eigen ziel hebt gezorgd. Dat laatste zagen ze als de belangrijkste taak van de mens.'

U schrijft dat de ziel helpt bij radicale wendingen in je leven. Dat suggereert dat je ernaar moet luisteren.
'Dat is een onderdeel van het ervoor zorgen: oor en oog hebben voor wat je bezielt. Maar je doet dat niet omdat hij een

bron van wijsheid is. Pogen bezield te leven biedt de mogelijkheid een halt toe te roepen aan de vervreemding waar de moderne mens onder lijdt. Die is groot in een tijd waarin de economie domineert en de buitenwereld voortdurend prikkels op ons afvuurt. Dat halt toeroepen is niet al te complex, het helpt je enkele wezenlijke vragen te stellen: gaat het goed met mij? Is het leven zoals ik dat nu leid een "waardig en goed" leven? Maar ook: hoe gaat het met de wereld? Dat laatste hoort er zeker bij. Zorgen voor je ziel moet je zien als een poging tot reflectie en inspiratie.'

Zorgde u voor uw ziel toen u in 2000 ontslag bij de universiteit nam om u aan het schrijverschap te wijden?
'In Tilburg was ik de enige vrouw, omringd door veertig mannelijke filosofen. Ik ervoer het als een weinig inspirerende omgeving die niet gespeend was van seksisme. Het voeren van een bezielde, innerlijke dialoog die je tot grote creativiteit in staat stelt, wordt dan erg moeilijk. Zorgen voor mijn ziel betekende dus inderdaad: ontslag nemen en een roman gaan schrijven.'

Gevolg waren jaren van armoede – deed dat iets met uw kijk op de zin van het leven?
'Eerlijk gezegd niet. Ik heb me over armoede nooit zorgen gemaakt, ook niet in de tijd dat onze kinderen klein waren. Het materiële bepaalt niet of nauwelijks mijn mate van geluk. Het komt in mijn beleving goed met mijn leven als ik me laat inspireren door literatuur, muziek en filosofie, me om de wereld bekommer en me met "*Menschen*" omring die dat ook doen. Het komt helemaal niet goed als ik mijn aandacht naar geld, status of macht uit laat gaan. In die zin ben ik een religieuze natuur, met de kunst en de liefde als godheden. Iets

maken tegen de klippen van de armoede op is een hoopvolle bezigheid, die kan bijdragen aan een bewustzijn, dat weer de opstap kan zijn naar een betere wereld. Al mijn werk wordt vanuit die hoopvolle gedachte geboren. Anders zou ik niets kunnen maken.'

Wat is uw kijk op de dood?
'Ik dacht altijd dat hij mij niet zoveel angst kon inboezemen. Als je doodsangst heel groot is, ga je op safe spelen: je wordt zuinig, bent bang ontslagen te worden. Ik heb dat nooit gehad en ben diverse keren zelf opgestapt. Ik deed ook altijd schamper over de dood, in de trant van Epicurus: "Als wij er zijn, is de dood er niet en als de dood er is, zijn wij er niet." Oftewel: waar hebben we het over?

Maar die stoerheid kan ik niet meer opbrengen sinds mijn vader is overleden. Ik kwam toen terecht in wat Freud een geblokkeerd rouwproces noemt: ik had moeite met mijn gevoelens om te gaan, omdat ik niet goed wist wie ik nu precies had verloren. Mijn vader was een man met veel humor, voortkomend uit een gewond hart, en veel verbeeldingskracht. Maar hij was ook driftig, een zowel fysiek als verbaal agressieve man. Door die dubbelzinnigheid kon ik geen immens verdriet voelen, er lagen als het ware grote keien voor zijn graf. Die dubbelzinnigheid belemmerde mijn gevoelens en dat werkte door in mijn hele leven, ik kreeg moeite met wat dan ook te voelen.

Het schrijven van *Rivieren keren nooit terug* heeft me geholpen, maar ik ben er nog niet helemaal uit. Door mijn vaders overlijden heb ik de dood werkelijk in het gezicht gekeken. De dood wekt nu vooral bij mij een gevoel op van melancholie, weemoed, een erkenning van verlies en vergankelijkheid. De sterfelijkheid van onze ouders, vrienden, geliefden, uiteindelijk ook onze kinderen – dat is niet iets om stoer over te doen.'

En uw eigen sterfelijkheid?
'Ik zie grote waarde in mijn besef van sterfelijkheid. Om de melancholie van een hoopvolle gloed te voorzien, voel ik dat ik van alles moet doen, dus kom ik in beweging. Juist het besef van vergankelijkheid doet me realiseren: als ik er iets van wil maken, moet ik het nu doen. Dus wil ik geïnspireerd en bezield bezig zijn. Slaag ik daarin, dan voelt het alsof er een vangnet om me heen staat, alsof er iets is dat mij opvangt. Dat klinkt bizar, maar dat vertrouwen heb ik wel, ja. Dat heeft denk ik te maken met de ziel, die onbegrensd is en gemakkelijk verwantschap kan sluiten met anderen. Als je verbondenheid en inspiratie voelt, wat in mijn ogen de kern van de mens is, kun je ervaren dat je door anderen wordt gedragen.'

LEESTIP
Brieven van **Rosa Luxemburg**

'Deze brieven van de joodse, Poolse politica Rosa Luxemburg zijn een belangrijke inspiratiebron voor mij. In de aanloop naar de Eerste Wereldoorlog was ze een begenadigd spreker, die met vlammende toespraken waarschuwde voor de catastrofe van de oorlog. Haar brieven laten zien dat we met hoop, kennis en medemenselijkheid het leven, ondanks grote tegenslagen, toch "monter, onversaagd en glimlachend" tegemoet kunnen treden.'

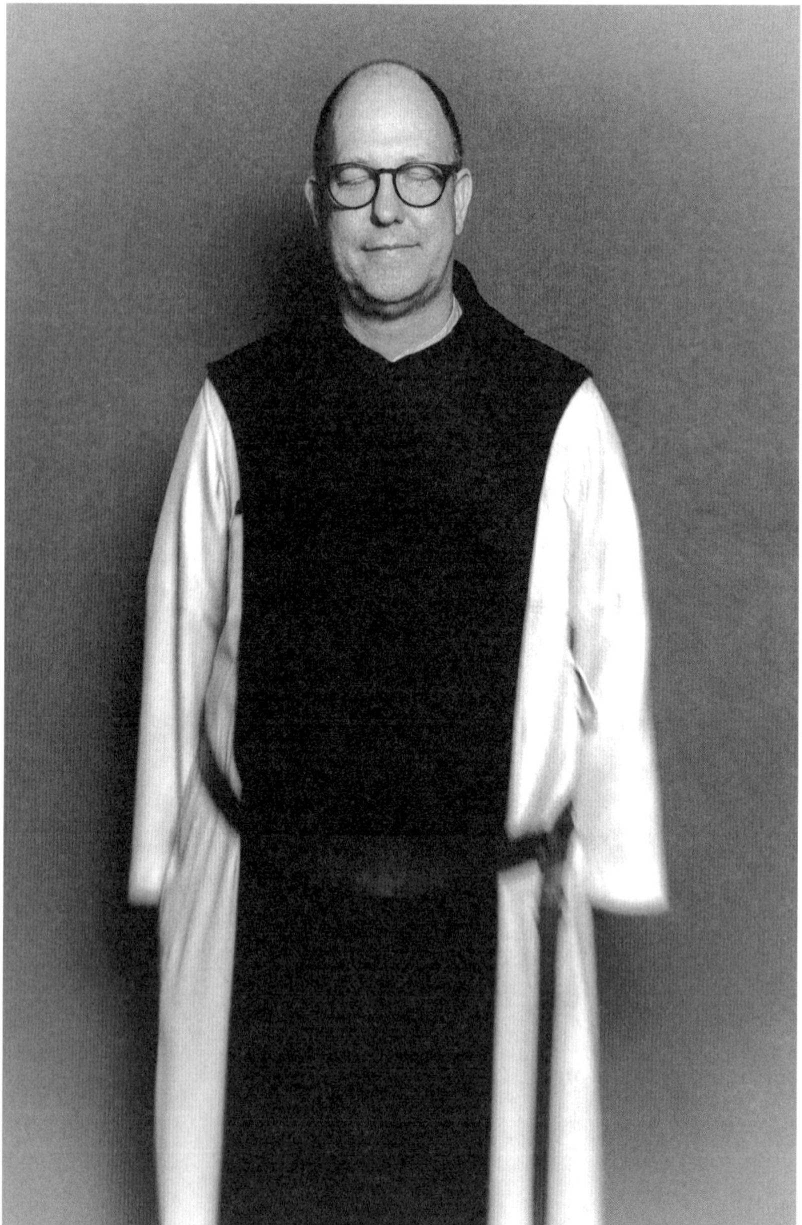

Broeder Bernardus, abt

Als puber bezorgde broeder Bernardus, de eenenvijftigjarige abt van het klooster Koningshoeven in Berkel-Enschot, zijn ouders moeilijke tijden. Locatie: Simpelveld, een katholiek dorp in de buurt van Heerlen. De tijd: de jaren tachtig, toen na de mijnsluitingen de Zuid-Limburgse werkloosheid hoog was en drugsgebruik gangbaar: 'Heerlen en Kerkrade waren echte drugssteden. Mijn ouders waren bang dat ik daarmee in aanraking zou komen.'

Zijn vader was directeur van een steenfabriek, zijn moeder onderwijzer. In de opvolging van zijn vader had Pascal Peeters, zoals hij toen nog heette, geen zin. Zijn grote liefdes waren klarinet spelen in de harmonie ('Simpelveld had een van de beste orkesten van Zuid-Limburg'), de harde kern van voetbalclub Roda JC en God. Tussen die laatste twee bestond spanning.

Op zondag ging de zestienjarige Pascal naar de ochtendmis, dan naar de harmonie, waarna hij met zijn maten en een Roda vlag optrok naar het stadion. 'Op de tribunes verhandelden oudere jongens openlijk drugs. Af en toe werd alles kort en klein geslagen. Dat vonden wij wel spannend.' Maar 's avonds zat hij in Simpelveld bij zijn tweede mis van de dag.

'Peeters moet weer naar de kerk,' zeiden zijn vrienden smalend. Na 'het lawaai en de rauwheid' van de tribunes ervoer hij 'stilte en warmte' – tegenover 'het kwaad, als je het zo wilt noemen' stond het 'gevoel van thuiskomen'.

In 1986, amper achttien jaar, koos hij voor een bestaan als monnik, onder invloed van 'een godservaring'. Terwijl zijn vrienden gingen werken en vriendinnetjes kregen, omarmde hij het celibataire kloosterleven. Daarmee stond hij dwars op de tijdgeest, gekenmerkt door ontkerkelijking. Dominant in die dagen was een negatieve kijk op religie, als achterlijk of in ieder geval achterhaald.

Ruim dertig jaar later bekleedt Bernardus behalve de functie van abt van het nabij Tilburg gelegen Koningshoeven (eenentwintig monniken) ook die van voorzitter van de Konferentie Nederlandse Religieuzen. In de afgelopen tien jaar is het aantal broeders en zusters gehalveerd tot circa vierduizend. In 2030 zijn er, gezien de gemiddelde leeftijd, 'nog maar vijfhonderd tot achthonderd' over. Bovendien speelt in de katholieke kerk al tien jaar het 'hoofdpijndossier' van het seksueel misbruik, waardoor er sprake is van een 'moreel faillissement', zo erkent Bernardus. Toch ziet hij ook lichtpuntjes. Dit jaar verwacht hij meer dan 3500 bezoekers voor de gastenverblijven van Koningshoeven. Die komen voor stilte en bezinning. 'De gedachte was dat de religieuze honger met de ontkerkelijking geheel zou verdwijnen. Dat is dus niet zo. Die hoort ten diepste bij de mens.'

Wat is de zin van ons leven?
'Voor mijn gevoel wordt ons met het leven vooral ruimte geboden, vrijheid. Het is aan ons te ontdekken dat we die hebben en dat we daarmee aan de slag mogen gaan, dat geeft zin aan het leven. Dat is dus nog helemaal los van religie. Voor

mij speelt in die ruimte de relatie met het goddelijke de hoofdrol. Ik zie dit leven niet als een vervelende tussenruimte waarin je van God weg bent, waarna het na de dood allemaal goed komt. Dat is de opvatting van sommige gelovigen, maar dat is voor mij niet de christelijke opvatting van het leven. Nee, God geeft mij die ruimte nú. Daarin wil ik de eenheid met God beleven.'

Dient dat nog een hoger doel?
'Voor mij is dat het hoogste geluk, het dient een gelukkig leven. Dat is toch iets waarvan we allemaal hopen dat we het mogen ervaren. Helaas hebben veel gelovigen moeite met dat woord, ze denken dat ze eigenlijk niet gelukkig mogen zijn en dat geluk pas na de dood aan de orde is. Maar voor Benedictus (480-547, grondlegger van de benedictijnse kloosterorde) was dat juist het beginpunt van het kloosterleven: op een goede manier gelukkig zijn.'

Wat moet ik me voorstellen bij de eenheid van mens en God?
'Dat is iets wat je eigenlijk alleen kunt ervaren. Voor mij is God nooit een man op een wolkje met een lange baard geweest. Mijn godsbeeld is bepaald door letters, die ik als piepjonge misdienaar zag staan op de koorkap van de priester: *Deus Caritas Est*, God is liefde. Daar gaat het mij nog altijd om, dat gevoel van aanwezigheid van liefde. Toen ik tien jaar was, op 8 december 1978, had ik mijn eerste godservaring. In de kapel werd ik tijdens het gebed overvallen door het gevoel dat ik werd opgenomen in iets zo groots dat het me een enorm vredig en vreugdevol gevoel gaf. Maar het had ook iets angstaanjagends, want wat gebeurde er? Het was alsof er geen enkele afstand, geen enkele grens meer was tot alles om me

heen – de mensen, het gebouw, de natuur. Alsof er geen "ik" meer was, een soort samensmelting van alles. Die eenheidservaring maakte dat God me als een magneet aantrok. Ik moest wel monnik worden, ook al probeerde ik weg te komen.'

Heeft die godservaring zich herhaald?
'Een enkele keer. De laatste keer was in 1990, toen veel jonge monniken uit onze gemeenschap traden. Ook ik stond als drieëntwintigjarige op het punt mijn koffer te pakken, tot ik hier in onze kerk zo'n identieke ervaring had. Toen besefte ik ten diepste: dit is mijn plek, hier hoor ik thuis. Op die ervaringen kan ik in tijden van moeilijkheden nog steeds terugvallen.'

Zijn ze met verliefdheid te vergelijken?
'Daar komt het wel het dichtste bij. Ze duren ook niet eeuwig, net als een verliefdheid. Die groeit uit tot een liefde met zijn ups en downs. Er zijn altijd tijden waarin het niet lukt de liefde te ervaren. Dan vraag je je af waarvoor je het eigenlijk doet en ziet het gras bij de buren er groener uit. Net als bij iedere relatie heb je dan middelen nodig om terug op dat liefdesspoor te komen.'

Welke middelen zijn dat?
'Contemplatie en gebed helpen je weer op dat spoor van die liefdesrelatie te komen. 's Ochtends beginnen we met een dienst van een uur, dan zijn er nog twee diensten van een halfuur en vier andere dagelijkse momenten van tien minuten. Bij het eten spreken we niet, maar leest iemand een boek voor – een roman, een wetenschappelijk werk, alles kan. Dat geeft een structuur aan de dag die aangeeft wat belangrijk in het leven is. Je zou kunnen denken: na tweeëndertig jaar weet

je het wel. Maar toch is iedere keer de beleving net even anders. We leven hier ook met het natuurlijke ritme van de dag, de seizoenen. De beleving zit niet alleen in rituelen en gezangen, maar ook in dat ritme.'

In onze samenleving is wetenschap op de plek van religie terechtgekomen. Mensen zeggen: God? Bewijs het maar.
'Het valt niet te bewijzen. In de theologie zijn pogingen tot empirische godsbewijzen ondernomen, maar dat is onzin: hij is er of niet, je voelt zijn aanwezigheid of niet. Het gaat niet over ons intellect, maar over ervaring. Bij het verwoorden van wat ik ervaar, heb ik het intellect en dus ook de wetenschap nodig, zeker, maar de wetenschap maakt niet dat ik iets ervaar. Je moet altijd zoeken naar een balans tussen intellect en ervaring, maar die laatste wordt in deze tijd veel te weinig gewaardeerd.'

Natuurwetenschappers zien de zin van het leven in de overdracht van ons genenpakket.
'Nou, dan heb ik pech. (lacht) Voortplanting zou dan de enige zin van ons leven zijn, dat is wel erg mager. Nee, ik houd het op de ruimte die je in vrijheid kunt beleven en wel zo dat volgende generaties ook kunnen leven. In die zin heeft het wel met overdracht te maken. Dan gaat het alleen niet om genen, maar om hoe je in het leven staat.

Toen ik abt werd, koos ik als spreuk: "Zoek God en leef!" Dat komt uit het boek Amos, het uitroepteken heb ik eraan toegevoegd. Gedurende mijn leven komt dat als een echo terug – mijn zoeken in het leven zie ik als het zoeken naar waar die klinkt. Ik doe dat in deze levensvorm, omdat ik daarin de meeste ruimte vind om op zoek te gaan.'

Ontzegt u zich met deze levensvorm niet veel?
'Wanneer je je ruimte beperkt, kun je in mijn ogen datgene wat je doet beter ten volle beleven. Juist door die beperkingen kan ik al mijn aandacht schenken aan wat ik echt belangrijk vind. Gegrepen door mijn godservaring ben ik bereid andere relaties op te geven, zoals u dat bereid bent omwille van de relatie met uw vrouw. Er lopen tenslotte miljoenen anderen op de wereld rond, waarom juist die ene? Dat valt nooit helemaal uit te leggen. Zo is het ook met mij en God.'

Wat vindt u van het agnostische standpunt: we kunnen niet weten of God bestaat.
'Dat opent veel perspectieven. Ik heb dat liever dan iemand die zegt: 'Er zal wel iets zijn.' Uit dat ietsisme dat nu populair is, proef ik: val me er verder niet mee lastig. Terwijl de agnost wel openstaat, alleen zegt het niet te weten. Daar is niks mis mee. Ik zie dat als een vorm van religieuze honger. Die uit zich nu in het zoeken naar allerlei vormen van spiritualiteit – Tilburg hangt geregeld vol met posters waar Zen.nl op staat. Ik zie daar ook voor ons kansen, wij staan in een traditie van meer dan tweeduizend jaar bezig zijn met vragen van stilte, meditatie en gebed. Maar dan moeten we wel wegkomen van het institutionele, rationele geloof en terug naar het ervaren, de mystieke stroming van het christendom. We moeten terug naar het ervaren van het goddelijke.'

Hoe ziet u de dood? Staat Petrus u bij de hemelpoort op te wachten?
'Ik visualiseer geen hemelpoort en geen Petrus. Wel licht, zoals de oude katholieke liturgie ook doet, dat is het beeld dat ik heb. Een nieuw licht, dat staat voor God, die ik me niet als een persoon, maar als liefde voorstel. Ik vind het verder

moeilijk woorden te vinden om dit uit te drukken; onze taal is in dezen beperkt, dat moeten we beseffen. Ik zie het wel als een persoonlijk licht, zoals die godservaring voor mij ook niet iets algemeens was, maar persoonlijk. De ziel vindt in dat persoonlijke licht zijn nieuwe ruimte. Voor mij is de dood de doorgang naar een ander leven, waar de eenheid met God kan worden beleefd. Terwijl ons lichaam hier achterblijft en vergaat, leeft onze ziel verder. Net zoals we bij hem vandaan zijn gekomen, gaan we ook weer naar hem terug.'

LEESTIP
Heilige woede van **Thomas Quartier**

'Onze woede kunnen we de vrije loop laten, maar we kunnen hem ook heiligen. Wat dat betekent, wordt boeiend uitgelegd door wetenschapper en monnik Thomas Quartier, die zich na de nodige omzwervingen verbond aan de Sint Willibrordsabdij bij Doetinchem. Ieder mens die naar een gelukkig leven verlangt, gaat bij het lezen van dit boek vanzelf op zoek naar zijn eigen drijfveren.'

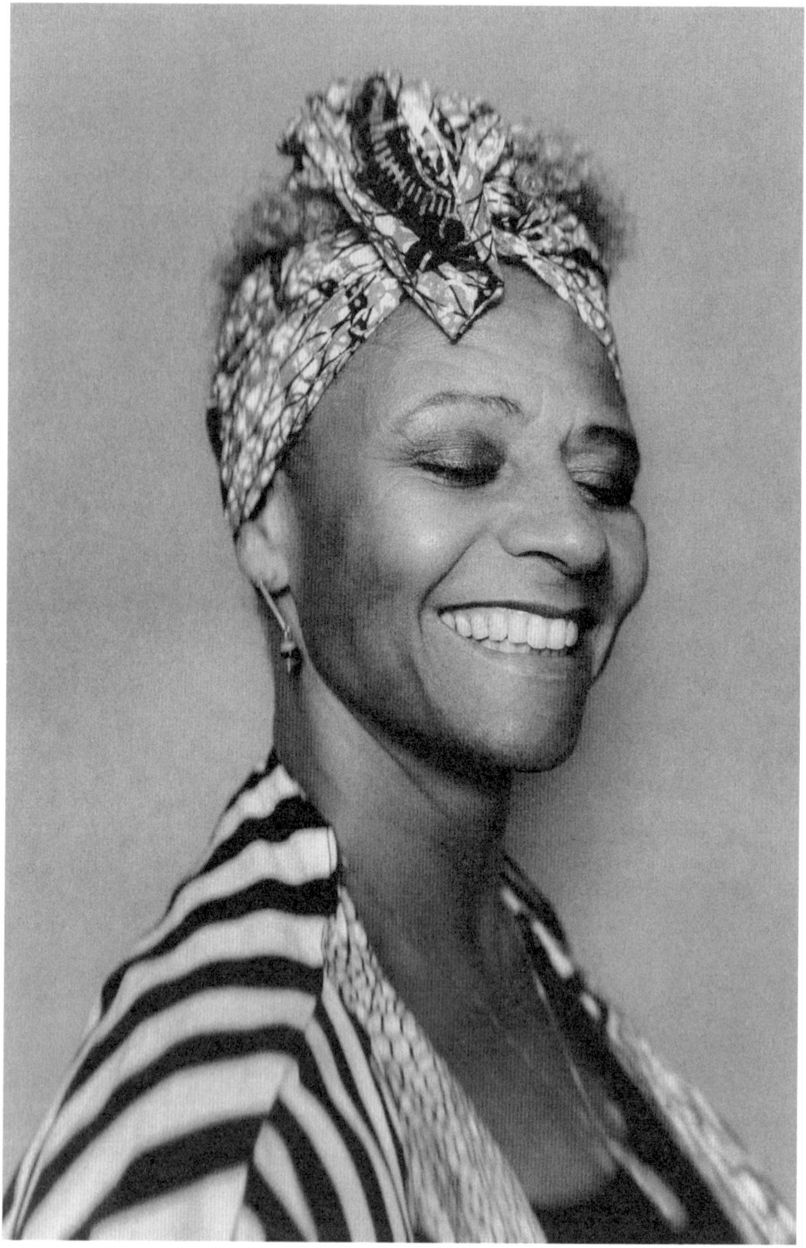

Etchica Voorn, talentcoach en schrijver

'Ik heb nooit over mijn ouders gesproken als mijn witte moeder en mijn zwarte vader. Ik zei altijd: mijn moeder komt uit Groningen, mijn vader uit Paramaribo.' Etchica Voorn groeit in de jaren zestig op in het Noord-Hollandse Uithoorn, in een gezin met drie kinderen. Aan het huwelijk van haar ouders komt al snel een eind, waarna haar moeder de opvoeding alleen op zich neemt. Zij houdt haar dochter voor dat huidskleur er niet toe doet: '"Je bent helemaal goed zoals je bent" was haar mantra.'

In de praktijk ervaart de jonge Etchica dat kleur voor anderen wel telt. Haar opa noemt zijn kleinkinderen 'zwartjes', zijn Drentse dorpsgenoten begluren Etchica en haar zusje van achter de gordijnen. Spelend bij een vriendinnetje moet ze onder een bed kruipen, omdat de vader van het meisje niet van 'buitenlanders' houdt. Op de markt rent ze een keer voor haar leven, wanneer een Afrikaanse man haar van haar moeder wil kopen.

Als twintiger ontdekt ze als intercedent bij een uitzendbureau dat ze een groot commercieel talent heeft: 'Ik trapte iedere deur in, onze vestiging deed het qua omzet veruit het best.' Ze brengt een stroom van Ghanese arbeidskrachten naar tuinbouwbedrijven op gang. 'Door mijn tijd op de middelbare tuinbouwschool kende ik de mores van kwekers goed.' Het vaak openlijke racisme bestrijdt ze handig. '"We willen wel handjes, maar geen zwartjes", kreeg ik nogal eens door de telefoon te horen. Dan kwam ik langs, zagen ze me en schaamden zich dood. In de Bijlmer ging het als een lopend vuur dat je voor werk bij ons moest zijn.'

Met haar eerste man krijgt ze in 1993 haar enige kind, zoon Ruben, waarna haar huwelijk nog twee jaar standhoudt. Kort na de scheiding overlijdt haar vader. Dat leidt tot intensiever contact met diens familie en een eerste bezoek aan Suriname: 'Tot dan toe was mijn vriendenkring vrijwel uitsluitend wit.' In 1998 ontmoet ze marktkoopman Ko, 'de liefde van mijn leven'. Kort daarna stapt haar zusje uit het leven: 'Ik werd helemaal gek en dacht: dat overleeft onze relatie niet.' Maar Ko blijft.

In 2004 beleeft ze een '*life changing* event' in de vorm van een 'inspiratieweek' bij een trainingsbureau, Pulsar: 'Ik begon te leren over zingeving: aanvaarden, verlangen, hoop, vertrouwen, overgave en liefde. Ik leerde inzien wat mijn talent is en kwam erachter wat ik eigenlijk wil.' Het vormt de aanzet tot het schrijven van *Dubbelbloed*, waarin ze openhartig vertelt over haar leven met een Nederlandse en Surinaamse achtergrond. Het wordt met de Opzij Literatuurprijs 2018 bekroond. Dat smaakt naar meer, dus heeft de inmiddels zesenvijftigjarige talentcoach haar bedrijf op een laag pitje gezet om zich aan een vervolg te wijden. In Egmond aan Zee zit ze op een straf schrijfregime, voorafgegaan door meditatie: 'Een onmisbare factor in mijn leven. Het herinnert me eraan wie ik ben en het scherpt me het leven bewust aan te gaan.'

Wat is de zin van ons leven?
'Dat is een mooie vraag, maar het voelt hoogmoedig er antwoord op te geven. Ik kan hooguit zeggen wat de zin van mijn leven is. Op de kleine postzegel waarop ik leef, probeer ik betekenis te geven. Dat kan alleen in relatie tot de ander. Om dat te doen is vooral bewustzijn nodig. Daarmee kan ik de ander dichter naderen, raken. Nabijheid is wat mijn leven zin geeft.'

Lukt dat?
'Lang niet altijd. Mensen denken vaak dat ik een communicatief sterke, krachtige vrouw ben. Dat is ten dele waar. Ik verlang naar nabijheid, maar kan ook afstandelijk en koel zijn, ook al zou je dat niet zeggen. Het leven ervaar ik als een golfbeweging, waarin je soms in het licht zit, soms in de schaduw. Voor mijn omgeving is de schaduw geen goed nieuws. Echte nabijheid is dan niet mogelijk. Je bent de ander fysiek wel nabij, maar de afstand voelt dan groot. Daar kan ik soms wel verdrietig over zijn.

Ik zie het leven als een hoop gestuntel. Je hebt mensen in je serie die de indruk wekken echt te weten hoe het leven in elkaar zit. "Wat moet ik daarnaast?" vroeg ik me dan af. Diep vanbinnen heb ik een steenpuist, het gevoel dat ik niet goed genoeg ben. Maar ik ben wel een lerende stuntelaar.'

Heeft u een voorbeeld?
'Laatst schreef ik in een *Opzij*-column over een etentje bij een vriendin. Ik had niemand herkenbaar opgevoerd, maar zij zou wel de personen herkennen. Dan vind ik het echt moeilijk haar over die column te vertellen. Dat heeft te maken met mijn angst mensen kwijt te raken, me te vervreemden van een groep. Daaronder zit een stokoud monster, de gedachte: je hoort er eigenlijk niet bij. In zo'n geval kan ik dus leren

door me van dat monster bewust te zijn. Dan ben ikzelf het instrument dat me krachtiger maakt. Dat is een proces van vallen en opstaan, het is het ontvouwen van mijn ziel.'

Wat is de ziel voor u?
'Het is een stem waar ik naar kan luisteren. Ik heb een aantal keren in mijn leven gehad dat ik opeens een zinnetje hoor. Ik stop, schoot me bijvoorbeeld op een Oostenrijkse berg te binnen, toen ik met mijn zoon voor het eerst aan het skiën was. Dat ging over een bedrijf dat ik op dat moment had. Later komen rationele twijfels, maar op dat moment komt die inval vanuit de diepte in één keer boven. Daar zit niets tussen. Het geeft een richting waar je niet onderuit komt. Het scheiden van mijn eerste man begon ook met dat zinnetje. De bron waar dat diepe weten uit komt, is mijn ziel. Die zie ik als een lijntje met het universum. Er zijn mensen die dat God noemen, maar dat is voor mij te veel met dogma en mannelijkheid verbonden.'

Valt de ziel dan niet samen met intuïtie?
'Intuïtie is ook iets moois, onverklaarbaars en een lijntje met een hoger iets, maar de ziel gaat voor mij dieper. Die gaat over generaties heen en is verbonden met mijn voorouders. Dankzij hen ben ik hier. Ook al heb je ze niet gekend, ze hebben een bijdrage geleverd. Het is echt niet zo dat jij op je postzegeltje het allemaal aan het uitvinden bent en je voorouders er niets mee te maken hebben, dat gaat er bij mij niet in. Het is een onbevattelijk iets, maar ik geloof in een wijsheid die over generaties heen gaat.'

Komt die kijk voort uit uw Surinaamse achtergrond?
'Als het daarvandaan komt, vat ik dat op als een groot com-

pliment. In Suriname is het inderdaad veel gewoner te leven met je voorouders en met het besef dat we op hen voortbouwen. Ik ben er door mijn boek achter gekomen dat ik altijd Surinaamser ben geweest dan ikzelf wist.'

Is *Dubbelbloed* een poging tot de nabijheid die aan uw leven zin geeft?
'Mijn boek gaat over identiteit en daarmee ook over nabijheid. Met identiteit weet je je geborgen bij je familie of bij een groep en dat helpt je nabij te zijn. Zo heeft het boek ook gewerkt – veel mensen met dubbelbloed herkennen zich erin. Maar ik ben er ook mensen door aan het kwijtraken. Die merken dat ze iets moeten opgeven van hun perceptie van kleur, maar willen dat niet. Het is niet dat ze racistisch zijn, het is eerder: niet bewust.

De reactie die ik vaak krijg is: "Ja, maar dat bedoel ik niet zo." Of ze leggen me uit dat een woord als "negerin" kan door te verwijzen naar de etymologie. De bereidheid om je aan te passen, omdat je merkt dat je iemand pijn doet, maak ik weinig mee. Veel vaker krijg ik een uitleg waarom bepaalde woorden en uitdrukkingen toch moeten kunnen.'

Uw moeder wilde dat uw huidskleur niet belangrijk was. Had zij ongelijk?
'Ik snap haar intentie heel goed, die is spatzuiver. En ik heb haar standpunt ook lang gedeeld. Maar het probleem ermee is dat je dan ook iets mist. Want mijn kleur is verbonden met de Surinaamse cultuur. Die doet dan helemaal niet mee. Je wordt dus maar ten dele gezien. Dan kun je niet echt nabij zijn.'

Hoe ziet u in het licht van uw thema, nabijheid, de dood?
'Je weet dat het morgen afgelopen kan zijn, maar toch onderneem je niet altijd de actie om bruggen te slaan. Ik heb bijvoorbeeld nog allerlei vragen aan mijn moeder. Die is nu zevenenzeventig jaar, even oud als haar eigen moeder toen die overleed. Toch is het niet zo gemakkelijk zomaar op haar af te stappen. Je kunt dat wijten aan dat je het druk hebt, maar dat vind ik te gemakkelijk. Ik ben me bewust van het belang van het stellen van die vragen, toch doe ik het niet. Wat is dat? Dat heeft te maken met die schaduw, waar ik het eerder over had. En het zijn natuurlijk niet de gemakkelijkste gesprekken.

Bij de dood denk ik verder vooral aan wat die aanricht bij de achterblijvers. Mijn zus heeft op haar zesendertigste zichzelf van het leven beroofd, negentien jaar geleden. Dat was een regelrechte ramp. Het was alsof er een trein over me heen was gereden. Ik moest het destijds aan mijn moeder vertellen, ik voelde hoe ze letterlijk bevroor van verdriet op het moment dat ik haar vasthield. Toch kan ik niet zeggen dat we in het verdriet elkaar meer nabij zijn gaan voelen. Pas vijftien jaar later konden mijn moeder, mijn broer en ik erover praten hoe we destijds het nieuws tot ons kregen. Vijftien jaar! Praten daarover voelt alsof je je vel opentrekt en met je vinger over de wond heen en weer gaat.'

Hoe kijkt u aan tegen uw eigen dood?
'Ik denk daar vaak aan. Dit jaar zijn me al zes geliefde mensen ontvallen. Ik ben zesenvijftig jaar, dat is een leeftijd die je niet vanzelfsprekend haalt, weet ik inmiddels. Ik zie de dood als een motor en motivatie om nu dingen tot stand te brengen – ik besef hoe waardevol het nu is. Verder hoop ik vooral dat ik in volle glorie kan gaan, dat wil zeggen waardig. Verlost van spijt, van gedachten over niet goed genoeg zijn of het niet

goed gedaan hebben. Als die draak van het tekortschieten opkomt, voel ik nu diep vanbinnen dat het niet klopt. Ik hoop dat ik die overtuiging ook dan voel.'

LEESTIP
De weg naar huis van **Yaa Gyasi**

'Dit boek raakte me diep, omdat het zo'n herkenbaar verhaal vertelt – dat van nergens echt bij horen, maar toch altijd verbinding zoeken. De hoofdpersonen zijn van onze tijd, maar het boek gaat terug tot de slavernij in de achttiende eeuw. Het laat mooi en overtuigend zien hoe gebeurtenissen die je voorouders destijds hebben meegemaakt van invloed kunnen zijn op je leven nu.'

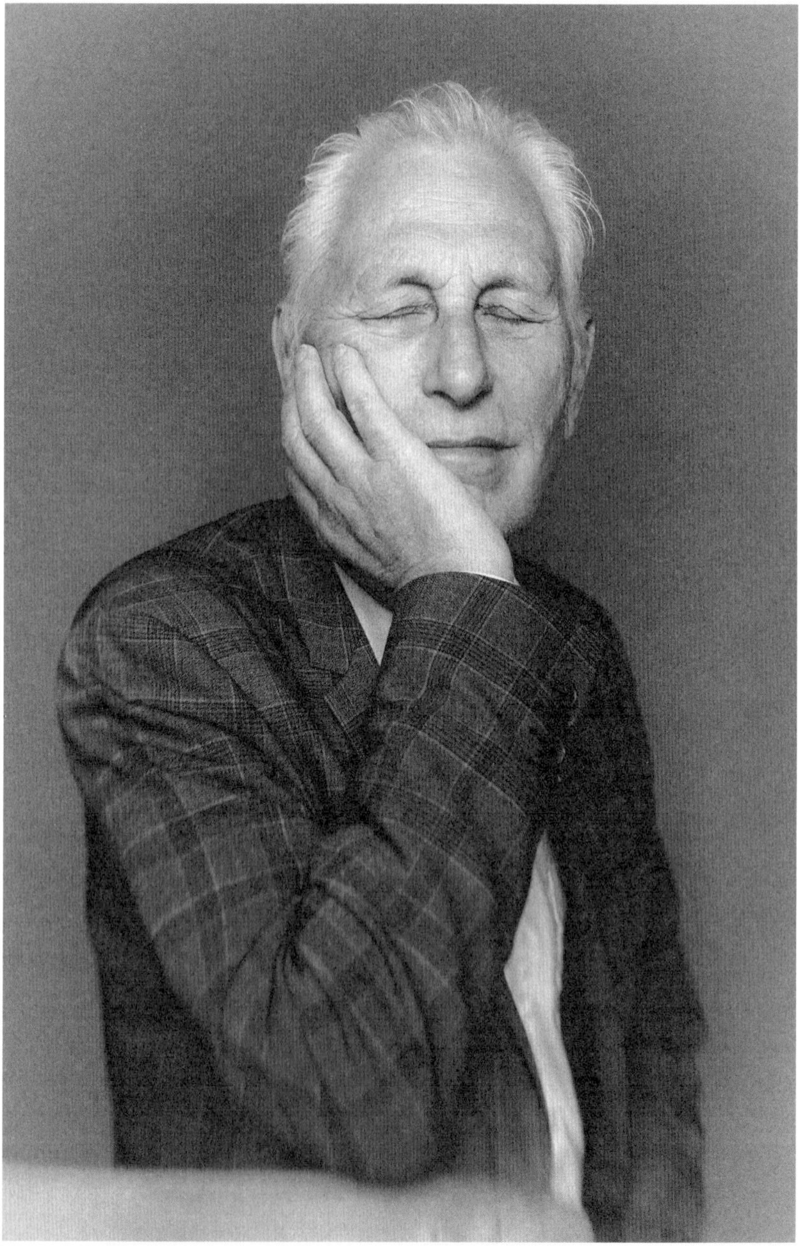

Ivan Wolffers, arts en schrijver

In december 2002 krijgt hij te horen dat hij 'gevorderde prostaatkanker' heeft – de prognose van de behandelend arts is 'tussen vijftien maanden en vijftien jaar'. Ruim zestien jaar later leeft arts en schrijver Ivan Wolffers nog altijd. Hij is inmiddels opa van drie kleindochters en heeft diverse boeken aan een omvangrijk oeuvre van proza en non-fictie toegevoegd. Zijn laatste werk is het persoonlijke *Overleven*. De titel slaat niet alleen op zijn eigen lot, maar ook op dat van de mensheid. De inmiddels zeventigjarige Wolffers blikt vooruit: zijn kleindochters kunnen het 'al over enkele decennia' een stuk zwaarder krijgen dan hijzelf. 'Pessimistisch in het hoofd, optimistisch in het hart', zo omschrijft hij zichzelf.

Hij blikt in *Overleven* ook terug. Voor zijn joodse familie van vaderskant was daarvan tijdens de Tweede Wereldoorlog nauwelijks sprake: van de zeventig familieleden worden er zevenenzestig vergast. Onder de drie overlevenden bevinden zich zijn vader en zijn opa. Dat dramatische verleden blijft in huize Wolffers in Amersfoort na de oorlog onbesproken: 'Al mijn vragen stuitten af op een muur van zwijgen.'

In de jaren vijftig zit hij op een zwaar christelijke School met de Bijbel: 'Ik voelde me daar een buitenstaander, want ik geloofde niet in God, ook al deed ik mijn best.' Als puber identificeert hij zich sterk met zijn joodse achtergrond. Geruime tijd gelooft hij, ten onrechte, dat zijn joodse ouders in de oorlog zijn omgekomen en dat hij is geadopteerd: 'Ook in het gezin voelde ik me een buitenstaander.'

Ondanks een fascinatie voor geschiedenis kiest hij voor medicijnen, want die studie biedt hem uitstel van militaire dienst. Marion Bloem, later succesvol schrijver, komt op zijn pad: 'Door haar Indische achtergrond bevond zij zich ook in de positie van outsider. Dat verbond ons.' Samen krijgen zij al snel een zoon – Bloem is twintig. Het jonge stel besluit hun passies, schrijven en reizen, uit te leven – zoon Kaja doorloopt de lagere school grotendeels op wereldreis, dankzij les van zijn ouders.

Als jonge huisarts krijgt Wolffers in de jaren zeventig landelijke bekendheid met een dagelijkse *Volkskrant*-column. Aanvankelijk gaat die alleen over geneesmiddelen, later ook over onderwerpen als seks en dood. Met zijn directe stijl doorbreekt hij taboes, zonder dat zelf echt te beseffen: 'Een arts die over de dood schreef, dat leek me niet zo bijzonder.' Uit zijn columns volgt het standaardwerk *Medicijnen*, dat lezers in staat stelt zich mondiger tegenover artsen op te stellen: 'Ik wilde mensen de kans bieden hun kennispositie te versterken.' De rol van 'publieke gezondheidsexpert met geniale ideeën', zoals hij zichzelf licht spottend noemt, doet zijn gevoel buitenstaander te zijn, afnemen. Toch is dat niet verdwenen – het etiket 'kankerpatiënt' waarmee hij al zestien jaar is belast, heeft het weer versterkt.

Wat is de zin van ons leven?
'De biologische essentie is overleven en reproduceren. Wat we daar als mensen aan toevoegen en waarmee we ons van

dieren onderscheiden, is dat we zin aan ons leven willen geven. Voor mij is dat wat het overleven mogelijk maakt. Die zin geven we eraan door verhalen. Zo vertellen we aan onszelf het verhaal van ons eigen leven. Dat geeft er structuur aan – het maakt deel uit van *making sense*, zoals de Amerikaanse antropoloog Clifford Geertz het noemde. We zijn voortdurend bezig het verhaal kloppend te krijgen. Dat hebben we nodig om de chaos te bedwingen die het bestaan in wezen is. Religies spelen daar ook op in, ze voorzien in die behoefte door met hun verhalen orde te scheppen in de chaos. We kunnen niet zonder dat soort zingeving, het is eigen aan mensen. Onderzoeken naar geluk en welzijn laten ook zien dat mensen die de zin van hun leven zien, gemiddeld langer leven. Een goed verhaal helpt bij het overleven.'

Heeft uw ziekte tot een ander verhaal geleid?
'Nadat ik te horen had gekregen dat ik prostaatkanker had, nam ik me voor dat ik meer wilde zijn wie ik ben en minder wilde acteren. De mens vertelt zijn verhaal niet alleen aan zichzelf, maar ook aan anderen. Vaak probeert hij dan indruk te maken door te beweren dat alles goed gaat, dat er niks aan de hand is. Ook dat maakt deel uit van ons overlevingsmechanisme. Wanneer mensen met hun eindigheid worden geconfronteerd, gaan ze vaak hun verleden herzien door alle eindjes netjes aan elkaar te knopen. Maar ik wilde geen jip-en-janneke-verhaaltje. Zo eenvoudig is het leven niet.

De ziekte betekende dat er opeens chaos was in mijn bestaan. Door te schrijven hoopte ik daar vat op te krijgen. Ik ben begonnen met een blog over het alledaagse, waarin ik alles beschreef wat met die kanker te maken had. Ik nam me voor tot de kern door te dringen, de essentie te benoemen.'

Lukte dat ook?
'Gedeeltelijk. Het probleem is dat je altijd iemand hebt die over je schouder meeleest. Grote schrijvers kunnen zich daaraan onttrekken. Reve schreef wat er in hem opkwam, hij bekommerde zich niet om anderen. Ik heb dat ook geprobeerd, maar betwijfel of het me gelukt is. Ik kwam erachter dat mijn blog door veel meer mensen werd gelezen dan ik had verwacht. Ik dacht dat vooral wat vrienden en familieleden zo op de hoogte zouden blijven, maar veel meer mensen gingen het lezen. Daardoor voelde ik me toch weer gedwongen bepaalde zaken achter te houden. Marion (Bloem) zal ongetwijfeld zeggen dat ik nog niet eerlijk genoeg ben geweest.'

Heeft ze gelijk?
'Ja, er zijn wegen die ik niet in wil gaan. Ik heb mijn best gedaan het verhaal zo zuiver mogelijk te krijgen, omdat ik geen rommel wil achterlaten. Maar ik houd ook wel dingen geheim, omdat ze niet goed in mijn verhaal passen.

Met mijn blog hoopte ik de plek van de ziekte in mijn leven zo klein mogelijk te houden. Dat is wat naïef geweest. Ik dacht: ik communiceer er langs die weg over, verder is het klaar. Ik wilde niet alleen maar op die ene dimensie worden aangesproken.'

Werkte dat?
'Nou, de buitenwereld is er altijd om je aan je ziekte te herinneren. Wanneer iemand tegen je zegt: "Ik vind dat je er nu beter uitziet dan de vorige keer", dan heeft hij het over mijn ziekte. Terwijl ik helemaal niet zo beoordeeld wil worden, maar het gewoon wil hebben over leuke zaken: welke mooie boeken heb je gelezen, welke mooie films heb je gezien? Ik vind het heel onprettig de hele tijd als kankerpatiënt te worden gezien.'

Nood doet bidden, luidt het gezegde. Heeft u dat wel eens overwogen?
'Toen de diagnose van mijn ziekte werd gesteld, dacht ik vooral: zo gaat het leven. Bidden kwam niet in me op, al begrijp ik het tegenwoordig beter. Vroeger dacht ik: wat een onzin, nu sta ik daar veel milder tegenover. Wanneer mijn schoonmoeder voor het eten bidt, doe ik ook maar mijn ogen dicht, uit respect. Een God is er voor mij niet, ik geloof niet dat er een hogere kracht is die de boel bestuurt. Maar er kan voor mij wel goddelijkheid zijn. Besef maar eens hoezeer we als mensen gezegend zijn. Dat de evolutie met die basale principes van leven en overleven ons zover heeft gebracht; dat we nu zo oud kunnen worden, ook al ben je ziek. Dat is echt een gezegend verhaal, het had zo anders kunnen lopen. Ga ik dood, dan is het fantastisch geweest: dan is van 1948 tot en met mijn sterfjaar het licht aan geweest in een wereld waarin alles bijzonder en interessant was. Natuurlijk doen we ook stomme dingen in dit leven, maar het is prachtig en goddelijk.'

Hoe kijkt u aan tegen religies?
'Mensen verwachten nogal eens een harde, wetenschappelijke afwijzing van mij, maar ik kijk met respect en piëteit naar iedere poging van mensen de chaos te bedwingen. Zo zie ik religies. Richard Dawkins (evolutiebioloog) heeft steekhoudende argumenten voor atheïsme, maar ik vind zijn dwangmatige kant irritant. Laat mensen toch, denk ik dan.'

Wat heeft u van uw ziekte geleerd?
'Als je ziek wordt, leer je beter zien wat de essentie van het leven is. Je beseft wat je over het hoofd zag toen je nog gezond was. Zelf kwam ik bijvoorbeeld achter de schoonheid van de natuur. Die had ik nauwelijks tot me laten doordringen, ook

al liep ik dagelijks hard door de bossen. Wat je vooral niet wilt zien als je gezond bent, is de dood. Die beschouwen we als iets voor anderen. Dat is geen verwijt, want je moet daar ook helemaal niet dagelijks mee rondlopen. Ga maar zo lang mogelijk uit van het eeuwige leven.'

Dan houd je jezelf toch voor de gek?
'Ja, maar toch moet je die illusie koesteren. We kunnen dat, want ons besef van sterfelijkheid is vooral cognitief, niet gevoelsmatig. Natuurlijk, iedere dode in onze omgeving doet vreselijke pijn en op dat moment beseffen we: eens kom ik aan de beurt. Maar al vrij snel schakelen we over naar: ik voel me best goed, er is toch niks ernstigs met me aan de hand? Dan wint onze overlevingsdrang het van ons besef van sterfelijkheid.

Door de lange duur van mijn ziekte ben ik weer gaan leven als de meeste mensen, namelijk alsof er geen einde aan komt. Waarom zou ik niet wereldkampioen prostaatkanker kunnen worden? Laat ik maar van het gunstigste scenario uitgaan. Natuurlijk besef ik mijn eindigheid, maar ik druk de dood graag uit mijn bewustzijn. Zolang je een gezond gevoel voor humor weet te bewaren, kun je er wat van maken. Al zijn de problemen waarmee ik te maken krijg, zoals incontinentie en problemen met seksualiteit, bepaald niet grappig.'

Zitten er aan uw verhaal nog losse eindjes?
'Over mijn joodse achtergrond zit ik nog met veel vragen, maar ik merk dat ik verder onderzoek uitstel. Stel dat ik van alles vind, dan kan het voelen alsof de puzzel is gelegd. Dat schrikt me af. Verder ben ik, naarmate ik ouder word, meer bezig met de vraag: wat heb ik bijgedragen? Ik heb veel gepubliceerd en afgrijselijk veel foto's gemaakt, maar wat stelt

het voor? Op zich kan ik best tevreden zijn, maar veel werk is toch ook weer snel verdwenen. Er zijn veel golven over het strand gespoeld, heel wat sporen zijn uitgewist. Ik voel me daar vaak melancholisch over. Maar dat is niet hetzelfde als somber. Ik houd nog altijd erg van het leven. Voor mij is melancholie schoonheid zien in het verdwijnen.'

LEESTIP
Leven en lot van **Vasili Grossman**

'Het verhaal speelt zich af tijdens de slag om Stalingrad en gaat in op hoe klein wij zijn tijdens ons destructief handelen. De dood schuilt om elke hoek en mensen kruipen voor even tegen elkaar aan op zoek naar beschutting. Vooral indrukwekkend zijn de prachtige beschrijvingen van de natuur. Die is eeuwig, terwijl de mens maar tijdelijk is.'

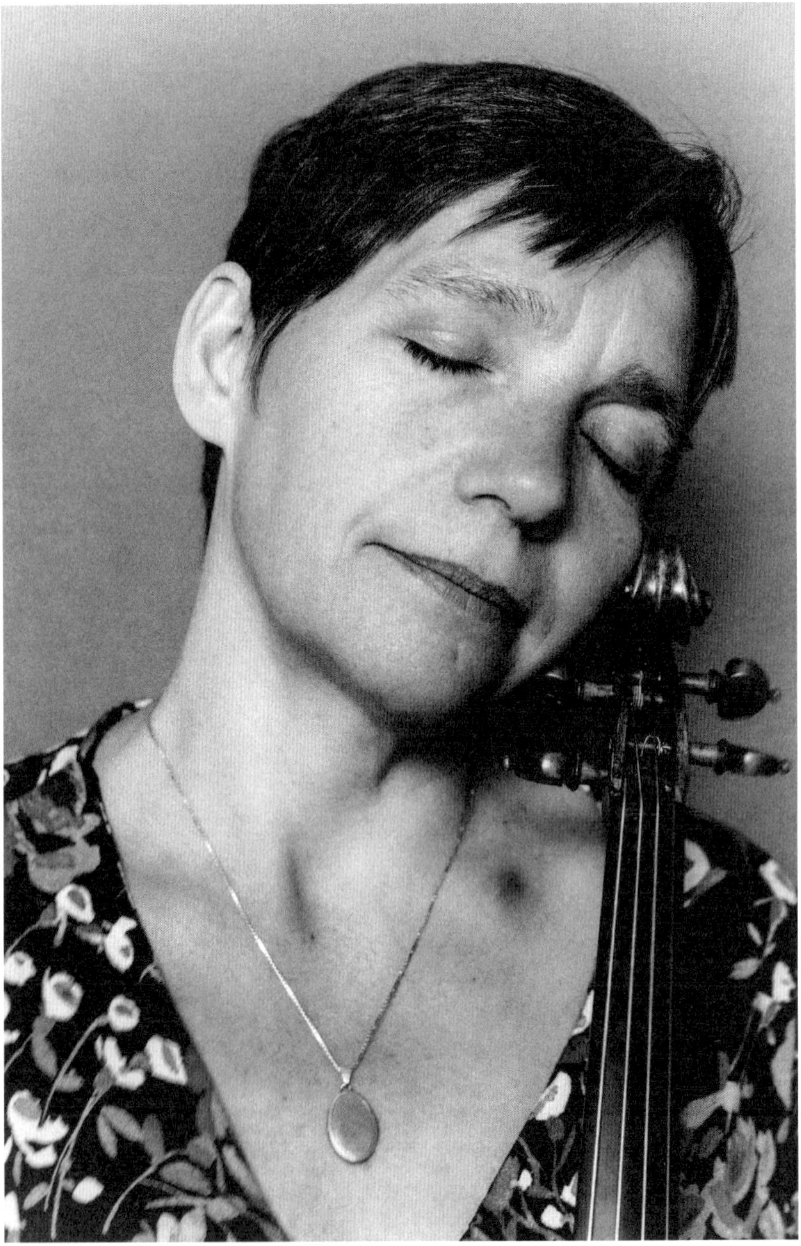

Susanne Niesporek, violist en stervensbegeleider

In haar eerste weken ontbeert ze ieder contact, zelfs met haar moeder – Susanne Niesporek ligt in een couveuse. 'Mijn moeder mocht één keer per dag naar me kijken. "Als ik je niet meer zou zien liggen, was je overleden," vertelde ze me later.'

Dankzij een geslaagde transfusie die haar van nieuw bloed voorziet, overleeft ze haar rhesusziekte. Wel houdt ze een achterstand op andere kinderen. Die rennen harder en zijn motorisch handiger. 'Ik besefte dat ik niet in orde was. Daardoor had ik bar weinig zelfvertrouwen. Gelukkig was er de muziek.'

Wanneer ze vijf jaar is, hoort ze een vioolconcert van Mozart: 'Ik kende het, ik kon het meteen meezingen.' Voor haar verjaardag vraagt ze een viool, tot genoegen van haar muzikale vader. Hij ligt overhoop met de communistische autoriteiten – het muzikale, niet-gelovige gezin woont in het Oost-Duitse Magdeburg. Rond haar zevende jaar komt Niesporeks 'bovengemiddelde muzikale talent' aan het licht. Op haar twaalfde gaat ze naar een muziekinternaat, met de trein op enkele uren van haar ouderlijk huis. 'Ik heb enorme heimwee gehad, maar kreeg wel een fantastische opleiding.' Daar stond een plicht tegenover: het dienen van de gemeenschap. 'Ik leefde niet voor mezelf, leerde ik. Mijn viool diende een hoger doel. "*Alles für das Wohl des Volkes*", luidde de slogan.'

In haar puberteit in de jaren tachtig bouwt ze de reputatie van lastpak op, zo blijkt uit haar Stasidossier – kritische opmerkingen aan het adres van leraren en contacten met buitenlandse jongeren maken haar bij de Oost-Duitse geheime dienst verdacht. De autoriteiten boren haar een Italiaanse tournee door de neus, omdat zij vrezen dat ze niet meer terugkeert. Woedend verzoekt ze naar het buitenland te mogen verhuizen. De reactie is hard: ze moet onmiddellijk haar studie aan de *Hochschule* voor muziek beëindigen. Niesporek ziet zich gedwongen een baan te accepteren bij een provinciaal orkest.

Inmiddels is ze de Nederlander Bart tegen het lijf gelopen, een ingenieur die Oost-Duitsland bezoekt om stoomtreinen te spotten. Na enkele jaren vraagt hij haar ten huwelijk. Daardoor krijgt ze op haar tweeëntwintigste een uitreisvisum, kort voor de val van het regime. In 1994 lukt het haar een plek te krijgen bij het Concertgebouworkest, waaraan ze nog altijd is verbonden. Hun eerste kind, Emma, overlijdt in 1992. Daarna krijgen ze nog vier kinderen. In 2012 wordt bij Bart een hersentumor aangetroffen, na een lang ziekbed komt hij in 2014 te overlijden. Inmiddels woont de tweeënvijftigjarige Niesporek met haar tweede man en de twee jongste kinderen in Amstelveen. Kort na Barts overlijden begon ze aan een opleiding stervensbegeleiding: 'Mensen zeggen dat ik sterk ben, maar wat weten ze ervan? Ik zie mezelf niet zo. Ik ben wel een *steh-auf-Mensch*, een echte overlever.'

Wat is de zin van ons leven?
'Ik denk dat er geen algemeen antwoord is, maar dat het voor ieder mens iets persoonlijks is. Voor mij draait het om com-

municatie en verbinding. Dat heeft vast te maken met mijn begin, toen ik in de couveuse lag en er alleen een slangetje af en toe naar binnen ging. Nadat ik die eerste niet-communicatieve tijd had overleefd, werd dat een logische zin van mijn leven. Ik zoek er altijd naar. Het is ook wat de mens tot mens maakt, contact met de ander. Het leven is een kwestie van willen delen. We kunnen niet raden wat zich in andermans hoofd afspeelt, laat staan in diens hart. Voor mij is het belangrijk om hoofd en hart bij elkaar te brengen.'

Dient dat nog een hoger doel?
'Ik vind dat al een behoorlijk hoog doel, daar hoeft van mij niet nog iets achter te zitten. In mijn jeugd in de DDR werd ik opgevoed met de gedachte dat je er voor de gemeenschap bent, dus niet alleen voor jezelf. Dat vind ik nog altijd een mooie waarde. Mensen die alleen voor zichzelf leven, zijn mij vreemd. Voor mij gaat het juist om die verbinding met de ander.'

Welke rol speelt de muziek daarin?
'Muziek zie ik als een andere taal, waarmee je zonder woorden gevoelens kunt uitdrukken en oproepen. Rustig, blij, verdrietig, eigenlijk alle emoties die we kennen. Dat is een groot wonder. Het maakt niet uit of je er verstand van hebt. Muziek is een onderdeel van onze beschaving, maar is ook met iets basaals verbonden. Het eerste geluid dat je hoort is de hartslag van je moeder, je eerste muziek. Het gehoor is wat het eerste komt en het laatst gaat. Ik heb vaak gespeeld voor stervende mensen. Muziek kan een grote troost zijn.'

Was dat het ook voor u?
'Zeker. Toen ik mijn eerste viool kreeg, was dat mijn redding. Ik was een zeer teruggetrokken kind, dankzij de muziek kreeg

ik meer zelfvertrouwen. Later, na het overlijden van mijn dochter, was het mede door muziek dat ik me weer met het leven kon verbinden.'

Wat gebeurde er?
'Emma heeft maar drie maanden geleefd, met de zwangerschap mee een jaar. Ze bleek aan een zeldzame vorm van leukemie te lijden. Dat werd pas heel laat duidelijk. Al tijdens de zwangerschap had ik soms het gevoel: dit kind blijft niet. Na haar geboorte zag ze vaak geel. Ze lag steeds langer te slapen. Op een ochtend was ze grijs, met moeite wist ik haar nog te wekken. Dat heb ik mezelf later verweten. Ik wist zeker: ze gaat dood. Er volgden verschrikkelijke dagen in het ziekenhuis. Daar is ze in mijn armen overleden.

Ik heb mezelf daarna gekweld. Als moeder haal je de gekste dingen in je hoofd wanneer je kind overlijdt. Je snapt niet dat het leven dat uit je is gekomen zo snel ophoudt, dat gaat volkomen tegen de natuur in. Ik voelde me schuldig. Ik verweet mezelf dat ik had zitten repeteren voor een toegezegd concert, uren die ik ook met haar had kunnen doorbrengen. Ze heeft maar zo kort geleefd.

Het leven had voor mij geen zin meer. Als kind had ik in dromen geregeld contact gehad met mensen die overleden waren. Met Emma was dat dramatisch – ik hoorde haar elke nacht huilen. Ik wilde haar achterna. Ik kan haar niet alleen laten, was mijn gedachte. Maar eruit stappen kan niet, bedacht ik, want dan verliezen mijn ouders op hun beurt hun kind. Jarenlang heb ik een depressie gehad. Mensen zeiden opbeurende dingen als: "Je bent zo jong, je krijgt nog wel kinderen." Dat haalde me onderuit. Het voelde alsof mijn pijn niet serieus werd genomen. Ik wilde ook niet meer vioolspelen. Uiteindelijk kwam ik bij een haptonoom die zei: "Als jij niet weer viool gaat spelen, ga je eraan onderdoor." Ik denk dat ze gelijk had.'

Hoe was het om weer te spelen?
'In de eerste jaren speelde ik altijd voor Emma. Wanneer iemand overlijdt, ben je bang dat je de verbinding kwijtraakt. Dat de fysieke nabijheid weg is, is een gegeven, maar je wilt dat iemand in andere opzichten wel nog bij je is. Via de muziek kon dat. Ik vind het moeilijk daar verder woorden aan te geven. Tijdens het spelen lukte het met haar contact te maken. Dat heeft me getroost. Inmiddels heb ik meer geliefden in mijn leven en ook voor hen speel ik, ik kies dat iedere keer spontaan. Of als ik Bach speel, dan kan ik me met hem verbinden. Stel je voor: hij heeft tien kinderen begraven. Hoe heeft hij dat gered? Nou, luister maar.'

Vijf jaar geleden verloor u ook nog uw man.
'Ja, Bart werd ziek op een moment dat we vier nog vrij jonge kinderen hadden. Overigens vind ik niet dat mij een uitzonderlijk zwaar lot heeft getroffen. De heftigheid ervan valt sowieso niet te meten. Als ik kijk wat er om me heen gebeurt, zeker als je de rest van de wereld erbij betrekt, denk ik: ook dit is het leven.

Bart had veel moeite zijn leven los te laten. We hebben vijfentwintig jaar lang geprobeerd steeds weer ons best voor elkaar te doen, maar hadden moeite om werkelijk te communiceren. Hij was een goed mens, wist veel, maar toch was er weinig echt contact. De tumor zat in zijn spraakgebied, zijn lichaam werd in die laatste maanden steeds verder afgebroken. Toch ben ik in die intensieve tijd van zorg heel dicht bij hem gekomen, dichter dan ooit. Daarvoor ben ik hem nog steeds dankbaar. En natuurlijk voor onze kinderen.

Ik probeerde hun duidelijk te maken: papa gaat sterven, hoe abstract dat ook voor ze was. Ze leefden ermee en eromheen, dat deden ze erg goed. Het contact met hun vader werd steeds minder, dat hoorde bij de ziekte, geleidelijk namen ze afscheid. Ik heb hem heel goed kunnen begeleiden, de mensen van de thuiszorg en artsen hebben me daarover ook complimenten gegeven. Ik kon het, denk ik, omdat ik met Emma ervaring had opgedaan. Ik had geleerd onvoorwaardelijk liefde te geven en los te laten.'

Met uw werk als stervensbegeleider zoekt u de dood weer op.
'Ik doe dat niet, de dood zoekt ons op. Veel mensen zeggen: "Je moet er niet over nadenken. Nu ben je jong, nu leef je." Ik zal de dood zeker niet mooier maken dan hij is, hij is vaak verschrikkelijk, maar zo wegschuiven doe ik hem niet. Het is de enige zekerheid in ons leven. Mijn werk als stervensbegeleider zie ik als veel meer dan naast het bed zitten – het is ook levensbegeleiding voor de mensen die doorleven. Je kunt hun hulp bieden bij het mogen vertrouwen op hun veerkracht.

Ik kan soms in paniek raken van de gedachte dat ik weer een naaste zou moeten verliezen. Mijn angst is dat ik aan de grens kom van wat ik aankan. Naarmate je ouder wordt, neemt je belastbaarheid af. Dat geldt ook fysiek – ik heb nu artrose, waardoor ik erg moet opletten. Vioolspelen op niveau is topsport. Maar ik tel mijn zegeningen en ben gelukkiger dan ooit. Mijn kinderen gaat het goed en ik ben heel gelukkig hertrouwd.'

'Voor dit gesprek vroeg ik aan mijn dochter van zestien hoe zij de zin van het leven ziet. "Sterven," zei ze, om eraan toe te voegen: "Maar eerst leven." Dat vind ik heel wijs. Ze heeft het sterven in ons eigen huis gezien. Ze zei ook: "Kijk naar de natuur, geboorte en sterven, dat is een cyclisch proces." Zo zie ik dat ook. Juist door die samenhang te zien, door te beseffen dat ik ga sterven, kan ik het leven omarmen.'

LEESTIP
Sterven is doodeenvoudig. Iedereen kan het, **Wim Brands in gesprek met René Gude**

'De onvergetelijke Denker des Vaderlands René Gude inspireert, troost en maakt je aan het lachen in dit boek uit 2014, ook na zijn dood niet lang na verschijning ervan. Hij biedt een handreiking voor ons leven, met zijn heldere, voor iedereen begrijpelijke en toch diep filosofische taal.'

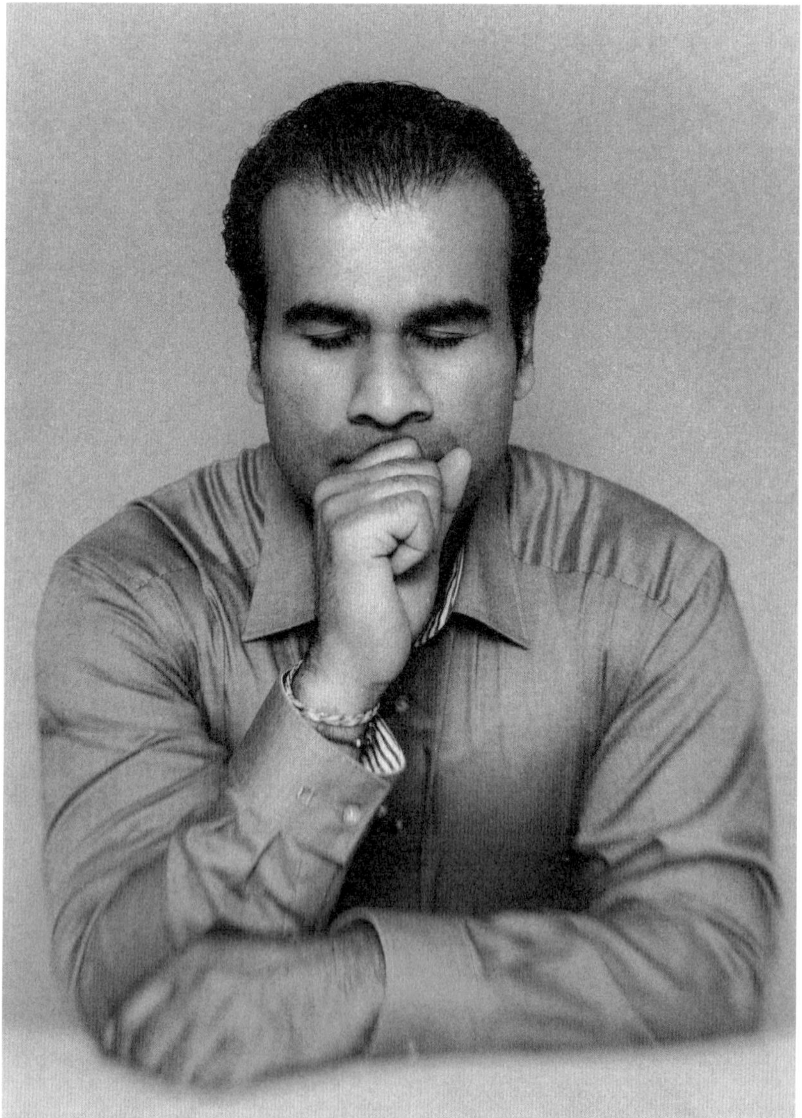

Ashis Mathura, ICT'er en pandit

Wanneer hij in 2000 van Paramaribo naar Delft verhuist om technische informatica te studeren, ziet hij dat als een prachtkans. Maar al snel ervaart de twintigjarige Ashis Mathura een keerzijde – hij voelt zich ontworteld. 'Op je blote voeten het erf op lopen, was er niet meer bij. Laat staan in bomen klimmen. Als jongetje zat ik altijd op de hoogste takken van de hoogste bomen die me konden dragen.' Bovendien tonen zijn studiegenoten zich wars van iedere vorm van spiritualiteit. 'Wanneer ik daarover begon, kreeg ik al snel de reactie: wat doe je hier in Delft? Je hoort geen technische studie te doen, wetenschap en religie gaan niet samen. Ik leerde snel mijn mond te houden.'

Dat vormde een scherp contrast met zijn jeugd. Als jongetje was hij diep onder de indruk van zijn 'sterke en standvastige' opa, een hindoepriester, oftewel pandit. Die gaf adviezen aan andere hindoes: 'Ik zag mensen met droevige gezichten naar hem toe komen en vrolijk weggaan. Of ik hoorde hem uitvallen tegen een man, terwijl diens vrouw erbij stond: "Jij gaat haar goed behandelen. Als ik nog een keer iets hoor, krijg je met mij te maken." Ik vond dat enorm stoer.'

Als zesjarige laat Ashis zijn opa weten ook pandit te willen worden. 'Je weet niet wat het inhoudt, maar ik ben blij dat je het gaat worden,' luidt diens reactie. Zijn eerste leermeesters krijgt hij op zijn negende, vier jaar later mag hij al diensten leiden. 'Twee generaties eerder was dertien jaar een normale leeftijd, maar in mijn tijd was zo jong uitzonderlijk. Mensen zagen een jongetje, dat net boven het altaar uit kwam en dat enthousiast stond te vertellen wat hij nu weer in de heilige geschriften had ontdekt. Ik voelde me een soort Columbus. In mijn puberteit verdiepte ik me verder in de geschiedenis en de cultuur, alleen de filosofie achter het hindoeïsme was nog te moeilijk.'

Die verdieping komt na de crisis in zijn studietijd. Hij leert over de generaties hindoes voor hem die zich ook ontworteld voelden toen zij vanuit India in het Caribisch gebied en Afrika terechtkwamen. Die behielden het contact met hun geloof door hun blik naar binnen te richten. Hij begint dat ook meer te doen: 'Mijn lichaam leerde ik als mijn thuis te zien. Het goddelijke zit in mij en ieder van ons.' Dat inzicht helpt hem ook zijn atheïstische medestudenten anders te zien. 'Mensen die me meewarig aankeken, maakten dat ik beter ging nadenken over wat ik zei. Ze vervulden een belangrijke rol in mijn eigen groei, ze waren heilig voor me.' Inmiddels is hij bijna veertig en werkt hij als zzp'er in de ICT-business: 'Ik toets mijn projecten aan mijn ethische normen. Worden big data ingezet om mensen te manipuleren of om ze te helpen? Is het laatste het geval dan accepteer ik een project.' Mathura is alleenstaand en werkt zeven dagen per week: 'In deze levensfase is dat goed.' Behalve ICT'er is hij ook werkzaam als pandit en geestelijk verzorger: 'Mijn vader heeft me geleerd dat je meerdere dingen tegelijkertijd moet zijn om flexibel te kunnen reageren en het leven ten volle te ervaren.'

Wat is de zin van ons leven?
'Ik kan niet zeggen: "Dit is het, mensen, ik heb het gevonden, volg mij, we gaan allemaal dit of dat aanbidden." Ieder mens moet de zin van zijn of haar leven zelf ontdekken. Wat ik wel kan zeggen: besef dat je leeft, dus niet alleen maar bestaat. Met bestaan bedoel ik dat je automatisch, haast voorgeprogrammeerd reageert op alle externe prikkels, zonder verdere reflectie. "Word een mens" is een opdracht in het hindoeïsme. Dus je bent het nog niet, je moet het worden en uitgroeien tot een individu dat zelf nadenkt, zijn eigen ethiek bepaalt en vooral: zelf ervaart. Het is aan jou uit te zoeken wat dat betekent. De bedoeling is dat je ziel verder kan op zijn spirituele pad.'

Waar leidt dat toe?
'De bedoeling is eenwording met het goddelijke, maar ik weet ook niet precies wat ik me daarbij moet voorstellen. We zien onszelf als vonkjes van een groot goddelijk vuur, waarbij ieder vonkje dezelfde kwaliteiten heeft als dat hele vuur. De kunst van het leven is te beseffen dat je die kwaliteiten hebt. Wanneer je echt tot die realisatie komt, ben je verlicht. Dat is de theorie. Voor mezelf weet ik dat ik mijn pad zo goed mogelijk moet proberen te belopen. Wat eenwording met God betekent, zie ik dan wel, als het niet in dit leven is dan misschien over honderd levens. Waar het om gaat, is dat ik mijn tijd goed benut. Ik heb dat onvoldoende gedaan.'

O ja?
'Nu ja, ik ben een kwajongen geweest en ik had een dip in mijn religiebeleving tijdens mijn studie. Maar het is eigenlijk verkeerd wat ik zeg, want ook dat was onderdeel van mijn leven. Ik moest leren ook in een volkomen andere omgeving spiritueel te zijn. Ik ben geen perfect wezen. Perfectie bete-

kent misschien wel dat je fouten maakt en pijn lijdt. Je zou kunnen zeggen dat je juist dan een perfect leven leidt, omdat het je verder op je pad brengt.'

Waar leidt dat de mensheid heen? Heffen we onszelf op, na de eenwording met God?
'Sommige stromingen geloven dat. Andere geloven in cyclussen, dus dan begint het allemaal weer opnieuw. Ik heb daar lang over nagedacht: als alles een cyclus is, wat voor nut heeft het dan allemaal? Dan kom ik toch terug op de basisgedachte van het leven ervaren. Ieder jaar heeft zijn jaargetijden, je kunt niet een herfst of een winter overslaan. Het leven is mooi maar ook lelijk, goed, maar ook fout – het zal je vormen en daardoor zal je groeien.'

Is de boodschap vooral: wees dankbaar voor het leven, waardoor vragen naar de zin, een hoger doel, misschien ongepast is?
'Nee hoor, het is goed daarover na te denken, want dat betekent dat je bezig bent te komen tot waardering van je leven. Dankbaarheid is essentieel. Ik ben mijn leven meer gaan waarderen, toen ik geconfronteerd werd met de vraag: wat voor nut heeft het zo ver van mijn familie te leven? Ik moest naar de essentie. Die was dat ik mijn ouders en voorouders niet los kon laten, ook al was ik op een ander continent. Want zij zijn deel van mezelf: waar ik ben, daar zijn mijn voorouders; hun afdruk op mij raak ik nooit kwijt. Ik draag hun leven mee in alles wat ik doe.'

Is de bedoeling van religie niet ook troost bieden?
'Ik zie religie niet zo. Ik zie het vooral als goed gereedschap om je te helpen dichter bij jezelf te komen. Het is als een wijs-

vinger: ik wijs je ermee waar de maan is, maar als je die hebt gezien, moet je niet langer naar mijn vinger kijken. Persoonlijk geloof ik niet dat het uitmaakt welke religie je aanhangt, het is een manier om je focus te verleggen naar je innerlijk. De vraag is vooral: wat doet het met je, wat voor mens word je erdoor?'

Heb je dat gereedschap dan wel nodig?
'Ik denk het niet. Als jij helemaal niet in God gelooft, zal het leven je toch lessen leren. Dus wat ben jij anders aan het doen dan ik? Een atheïst maakt ook dingen mee, ook hij groeit. Hij heeft zijn eigen pad. Ik waardeer dat, zolang hij maar echt leeft en niet alleen bestaat.'

Zijn mensen vooral met bestaan bezig?
'Dat kan ik het beste beantwoorden door naar mezelf te kijken. Er zijn momenten waarop ik volledig word geleefd door deadlines, targets en vergaderingen – alles is dan geprogrammeerd. Dan dreig ik mezelf helemaal te verliezen en moet ik mezelf dwingen een stapje terug te zetten door te zeggen: "Ik leef niet." Ik denk dat veel mensen datzelfde gevecht van leven of bestaan meemaken. In Suriname zeggen we vaak: "Je leeft of je wordt geleefd." Als je alleen maar bestaat, geleefd wordt, ben je niet vrij.'

Hebben we dan een vrije wil? Ligt ons lot niet vast?
'We hebben een vrije wil, waarmee je kunt bepalen hoe ver je op je spirituele pad komt. Dat is je karma. Dat woord heeft dus niet te maken met voorbestemd zijn, zoals mensen vaak denken. Letterlijk betekent het "handeling". Karma kun je begrijpen met de metafoor van de vijver. Daar gooi ik een steentje in en er komen golfjes naar mij terug. Maar ik sta

daar niet alleen, iedereen gooit zijn steentje, dus onze golven raken elkaar en veranderen daardoor, iedereen heeft invloed op elkaar. Dat is de essentie van karma. Dus het is niet je lot, zoals het in het taalgebruik vaak wordt gebruikt, maar je handeling, het gooien van dat steentje.

Wel geloof ik dat alles wat op mijn pad komt, is bedoeld om mij bepaalde lessen bij te brengen, dus het is niet toevallig. Vergelijk het met een school. Stel dat je erop zit en het lukt je maar niet die lessen onder de knie te krijgen. Dan biedt de leerkracht ze opnieuw aan, telkens op een andere manier. Je leven is die school en die leraar is je eigen innerlijk. Dus de keuzes die ik dagelijks moet maken, gaan over lessen die ik nog niet heb geleerd. Afhankelijk van mijn reactie vormt mijn toekomst zich.'

En dankzij reïncarnatie kunt u het altijd nog in een volgend leven leren?
'Inderdaad. Mijn levensvorm, dit lichaam, heeft een einde, maar mijn levenspad niet. Als ik de lessen nu niet leer dan later wel. Bij de christelijke gedachte van een enkel leven, *this is your only shot*, zou ik me ongelukkig voelen.'

Vreest u uw eigen dood dus niet?
'Mijn dood is ook voor mij iets engs. Maar ik zie hem ook als iets moois. De dood zorgt ervoor dat mijn tijd hier op aarde kostbaar is. Toen mijn opa overleed, riep ik tegen mijn vader: "Ik wil niet dood, ik wil niet verdwijnen en worden uitgeveegd." Nu besef ik dat de dood zelf niet te vermijden is, maar dat uitvegen wel. Ik kan voortleven door impact te hebben op het leven van anderen, of dat nu in mijn rol als pandit is of in die van buurman. Ik vind het mooi te beseffen dat mijn grootvader nog steeds in mij leeft – zijn lach, zijn

strenge lessen, ik herinner me alles nog goed. De verhalen van mijn voorouders hebben impact gehad. Hopelijk geldt dat later ook voor mij.'

LEESTIP
1984 van **George Orwell**

'Vrij zijn is essentieel voor het menselijk bestaan. George Orwell maakt dat zonneklaar in dit boek, geschreven in 1948. Hij laat de verschrikking zien van staatscontrole die zich via de Gedachtenpolitie zelfs over ons denken uitstrekt. Ik vind dat mensen zich te weinig bewust zijn van hun vrijheid – (her)lezing van Orwell maakt het belang erg goed duidelijk.'

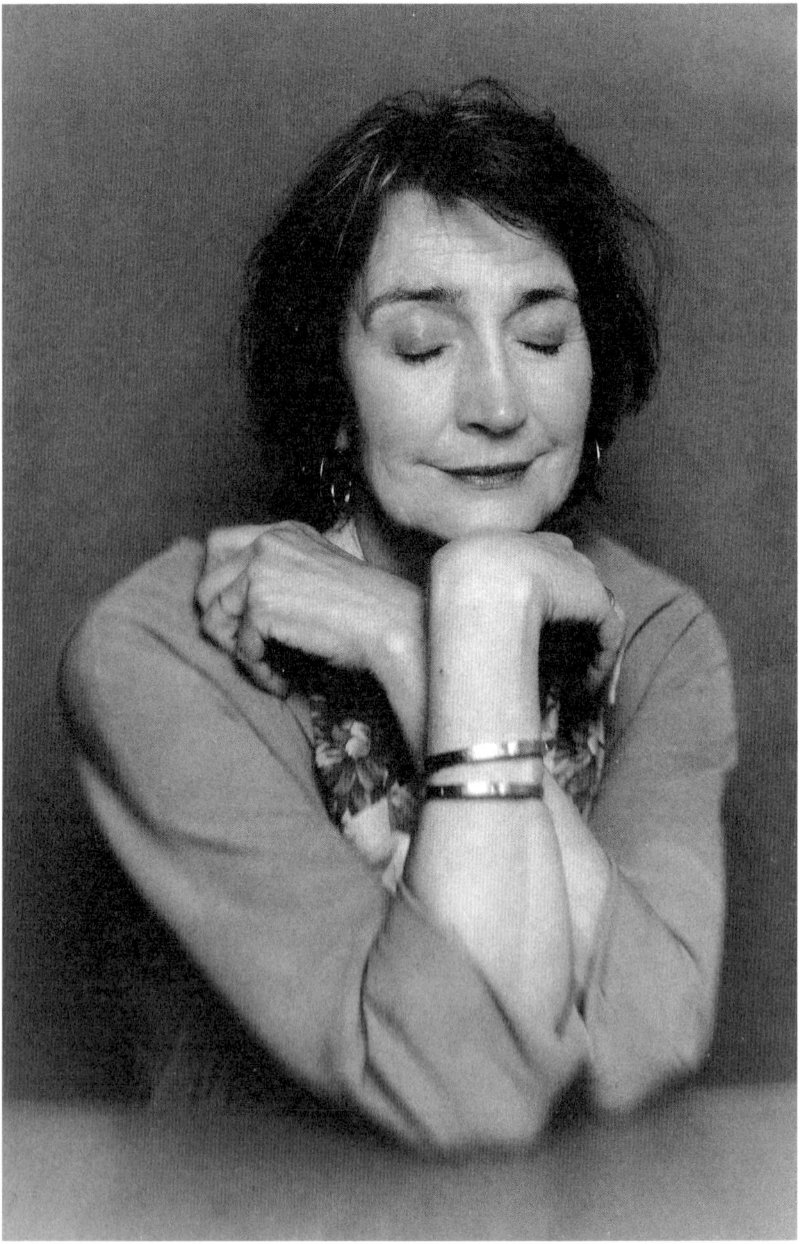

Marjoleine de Vos, columnist en dichter

Waar dient het allemaal toe? Als vijftienjarig meisje kan Marjoleine de Vos ervan wakker liggen in de Amsterdamse Beethovenbuurt, begin jaren zeventig. 'Ik begreep maar niet wat de zin van het leven kon zijn. Nu ga ik naar school, straks ga ik studeren, daarna zal ik mijn hele leven werken en dan ga ik dood. En dat is wat mijn ouders ook doen. Wat heeft dat voor nut?'

Houvast in de vorm van religie wordt haar niet geboden – haar vader, een zakenman, roept 'christelijk imperialisme!' bij het horen van kerkklokken, haar moeder 'begrijpt niets van mensen die in God geloven'. Dus is De Vos 'vanzelfsprekend' ook ongelovig. Haar twijfels over het bestaan deelt zij niet met haar vriendinnen. Verwantschap voelt ze met melancholieke dichters als Kloos ('ik ween om bloemen in de knop gebroken') en Lodeizen.

De studie Nederlandse taal- en letterkunde vloeit er logisch uit voort, al blijkt die keuze op een misvatting te berusten ('ik verkeerde in de foute veronderstelling dat we veel over literatuur en poëzie zouden discussiëren'). Haar studiejaren brengen haar in aanraking met schrijvers, die 'richtinggevend' zullen blijken. Zo maakt Willem Brakman diepe indruk op

De Vos, wanneer hij stelt dat de wereld ons dagelijks 'op onthutsend creatieve wijze' ervan probeert te overtuigen dat het geen zin heeft iedere dag op te staan. 'Ik dacht: hé, hier staat gewoon dat je het leven zinloos kunt vinden. Ik begreep zijn achterliggende vraag. Soms heb je iemand anders nodig om de vraag die in jezelf sluimert, verwoord te krijgen.'

Ze wordt verliefd op de twaalf jaar oudere universitair docent, dichter en literair criticus Tom van Deel. Hun relatie zal dertig jaar duren, eindigend in 2009. Kinderen krijgen ze niet, tot haar grote verdriet. Kerkbezoek biedt haar troost, al blijft ze ongelovig. Sinds 1987 is ze redacteur van NRC *Handelsblad* en ze ontpopt zich tot dichter en essayist. In haar NRC-column is zingeving een voornaam thema, aanvankelijk tot afgrijzen van atheïstische collega's, Rudy Kousbroek voorop. Inmiddels is haar column een onomstreden vast bestanddeel van de krant. De eenenzestigjarige De Vos, die in een dorp in het noorden van Groningen woont, weet grote filosofische vragen met het alledaagse bestaan te verweven. Haar laatste boek gebundelde columns, *Doe je best*, bevat de typerende slotzin: 'We leven. En we doen wat we kunnen.'

Wat is de zin van ons leven?
'Een paar dagen geleden was ik aan het wandelen, toen ik misschien wel het beste antwoord bedacht: "Kom maar mee naar buiten en kijk eens even om je heen." Je ziet dan het licht, die veelheid van kleuren, geuren, schitteringen, overgangen, de ruimte. Het gaat om die ervaring, die woordloos binnenkomt. Dat zijn heus niet momenten waarop ik denk: wat is de zin van het bestaan? Die voel je dan.

Ik geloof niet dat zin het goede woord is. Dat suggereert iets wat gegeven moet zijn, iets hogers. Ik heb het liever over de betekenis van ons leven. Die kun je zelf aanbrengen of ergens in zien. De kunst is wel om daarin te blijven geloven. Als je betekenis ziet als een likje verf dat je hebt aangebracht, ligt daaronder de zinloosheid op de loer. Het is werk om het leven als betekenisvol te ervaren. Maar dat lukt meestal wel. Ik vind het leven betekenisvol, maar niet per se zinvol.'

Betekenisvol is bescheidener?
'Ja, zinvol brengt je al bijna bij een hoger doel, al dan niet van goddelijke oorsprong. Betekenis kun je op allerlei momenten zien en vooral voelen. Ik geloof sterk in het aanhalen van de banden met het leven door concentratie en aandacht. Dat kan op een wandeling, maar vooral via de kunst of de poëzie. Kijk naar het videoschilderij van David Hockney waarin hij een bosrand intens scherp heeft gefilmd, dan zie je hoe opwindend rijk de werkelijkheid kan zijn. Geconcentreerd kijken maakt de wereld betekenisvol. Kunst intensiveert je band met het leven, je kunt je eraan overgeven. Opgaan in iets of iemand, dat is volop leven. Als je veel van iemand houdt, beleef je alles ook intenser.'

Is overgave in de liefde mogelijk?
'Dat ben ik een ingewikkeld onderwerp gaan vinden, sinds ik tien jaar geleden ben gescheiden. Daarvoor vond ik het een stuk eenvoudiger en geloofde ik er absoluut in. Nu denk ik: misschien is totale overgave niet zo gezond. Nu heb ik een andere, evenwichtiger liefdesrelatie. Ik vind het tegenwoordig moeilijk algemene uitspraken over de liefde te doen, terwijl ik dat vroeger onbekommerd deed.'

U bleef kinderloos, wat betekende dat voor u?
'Dat gaf een gevoel van betekenisloosheid, iets wat ik soms nog steeds wel eens heb. Ik voelde me een los eindje, een dor-

re tak. Er komt niks uit je voort, bij jou houdt het op. Op een gegeven moment kon ik zelfs mijn eigen jeugdfoto's niet meer zien. Toen ik nog dacht een kind te kunnen krijgen, was het leuk ernaar te kijken. Maar toen vaststond dat dat niet meer ging gebeuren, kreeg het iets verdrietigs.

Ik heb altijd twee kanten gehad, een blijmoedige en een melancholieke. Ik kan veel plezier hebben in koken, literatuur, de slappe lach met vriendinnen. Ik ben niet somber, maar ik lijd bijvoorbeeld wel aan angst voor de leegte van de middag. Dan kan het zijn alsof alles stilstaat, of er geen enkele beweging meer in de wereld zit. Alsof je gevangen bent in die leegte.

Rond mijn veertigste, toen wel vaststond dat ik geen moeder zou worden, ben ik jarenlang vooral verdrietig geweest, misschien een beetje depressief. Ik dacht: ik kan nu net zo goed ineens zestig zijn, wat maakt het uit? De komende twintig jaar gaat er toch niks meer veranderen in mijn leven. Ik dacht niet aan de dood, zo ernstig was het niet, maar wel: laat de toekomst maar zitten.'

Hoe hield u zich staande?
'Ik probeerde me te verzetten tegen al te sombere gedachten. Een vriendin met hetzelfde probleem vond dat haar leven zonder kind helemaal geen waarde zou hebben. Daarvan dacht ik: dat moet ik niet tegen mezelf gaan zeggen. We zijn nog met zijn tweeën, ik hou van mijn man, we hebben het goed samen, wat een onzin om te zeggen: het leven heeft geen zin. Ik wilde ook niet in de proteststand terechtkomen en me voortdurend afvragen: waarom overkomt mij dit? Het lot is zo en je hebt je ermee te verstaan. Ik ben jarenlang naar een katholieke kerk gegaan. Dat was een manier om tot aanvaarding te komen.'

Wat kon de kerk u dan bieden?
'Opgaan in iets groters. Een stapje achteruit kunnen zetten: je kunt je eigen lot wel enorm gaan uitvergroten, maar ik zag ook dat het klein leed was.'

Daarvoor kon u ook de krant lezen.
'In de kerk kon ik meedoen met rituelen, waaraan ik troost beleefde. Ik geloofde in de woorden, die ik daar wel kon zeggen, maar erbuiten niet. Niet als waarheid, maar omdat het betekenisvolle formuleringen voor mij waren. "Heer, ontferm u", vond ik bijvoorbeeld fijn om te vragen. Dat woord "ontfermen" is heel mooi. Het betekende voor mij: sta mij bij. In een kerkdienst kon ik dat uitspreken. Buiten die context rijzen vragen als: is er wel een God, hoe moet je je die ontferming voorstellen? Maar ga je er op die manier tegenin redeneren, dan biedt dat geen enkele troost. Ik zei bijvoorbeeld ook graag de regel in het onze vader: "Aan U is het koninkrijk en de kracht en de heerlijkheid." Dan verruim je het perspectief door te benadrukken dat je er zelf niet over gaat: wat je overkomt, is buiten je eigen controle. Ik kon mijn ongeloof opschorten en zo verlichting van mijn lot ervaren. Tot ik aan het einde kwam van wat ik ermee kon bereiken.'

Hoe kijkt u er nu, met uw ratio, op terug?
(Schatert) 'Als een soort overspel van de ratio, dat nooit had mogen gebeuren! Nee hoor, ik heb daar geen problemen mee. Sindsdien begrijp ik iets van geloven. Er zijn denk ik heel veel mensen die niet zozeer in de kerk komen vanwege hun vaste geloofsopvattingen, maar voor dat soort ervaringen. De troost zit niet in de voorstelling van een eeuwig leven na de dood, maar in formuleringen die mensen al eeuwenlang hebben gezegd. Dat verbond me met de andere mensen ter plek-

ke, maar ook met de mensheid. Dat is sterk uitgedrukt, maar ik voelde me door mijn kinderloosheid wel in een bepaald opzicht buiten het leven staan. Niet meedoen aan het doorgeven van het leven werd verzacht door meedoen in een lange traditie, in iets van alle mensen.'

Zou u opnieuw naar de kerk gaan, wanneer uw dood aanstaande blijkt?
'Ik denk altijd dat ik mijn dood niet zo'n ramp zou vinden, maar als ik me voorstel het bericht ervan te ontvangen, deins ik net zo hard achteruit als ieder ander. Misschien zou ik wel weer wat vaker naar de kerk gaan, om dezelfde reden als destijds: aanvaarding, overgave aan iets groters. Niet om fundamenteel existentiële vragen beantwoord te krijgen. Ik zou denk ik eerder autobiografische vragen hebben als: heb ik wel goed geleefd? Heb ik gedaan wat ik moest doen?'

Heeft u goed geleefd?
'Het is moeilijk daar zomaar "ja" of "nee" op te zeggen. Ik kan wel momenten bedenken dat ik betekenisvol voor anderen ben geweest, maar dat geldt dan nog niet voor mijn hele leven. Aan het eind van de rit zal ik niet denken: ik heb toch maar mooi al die columns geschreven. De vraag zal eerder zijn: heb ik wel genoeg van de mensen om me heen gehouden?'

Uiteindelijk draait het om de kleine cirkel?
'Je hebt ook mensen die helemaal voor hun werk leven, maar zo is het bij mij niet. Natuurlijk is het in mijn leven van grote betekenis dat ik columns en gedichten schrijf. Maar ik denk nooit met welbehagen aan wat ik een eventuele lezer misschien heb gegeven. Ik wil voor andere mensen de betekenis

van hun leven vergroten. Dat geldt uiteindelijk vooral voor degenen die je het meest nabij zijn, voor mensen die je kent. In liefde voor de mensheid als geheel geloof ik niet zo.'

LEESTIP
Verzamelde gedichten van **Zbigniew Herbert** (in de vertaling van Gerard Rasch)

'Herbert dicht over grote kwesties en alledaagse zaken. De wereld wemelt van details, net als zijn poëzie. Als hij tot een "zuivere gedachte" wil komen, denkt hij aan een "groot en schoon water". Maar dan ziet hij een golf "met blikjes/ hout,/ een plukje haar van iemand". Wreedheid en domheid ziet hij in de wereld, maar ook schoonheid. Heldere, toegankelijke poëzie.'

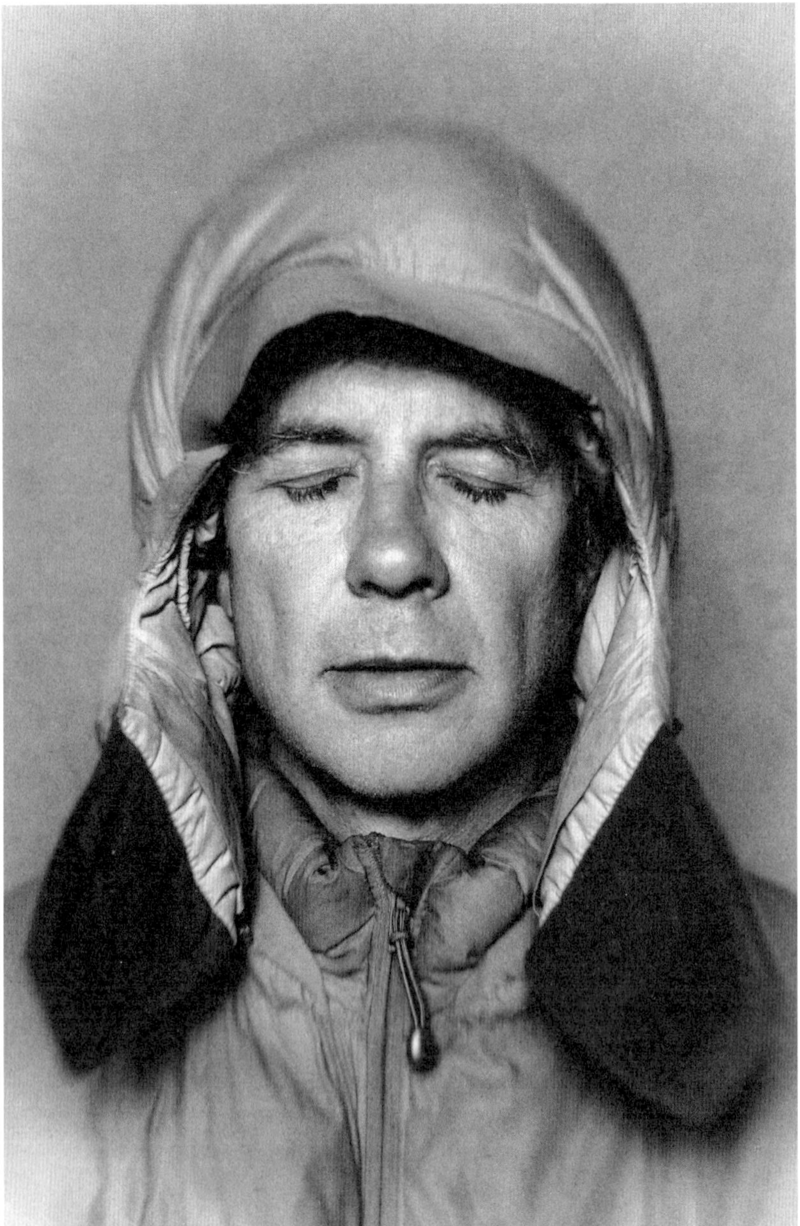

Wilco van Rooijen, bergbeklimmer

Als jongetje van tien glipt hij ongemerkt weg van de Zwitserse alpenweide om 'nog een laatste topje' te bereiken. Tot woede van zijn vader. 'Ik was een lastig ventje, ik ging altijd mijn eigen weg.' Bergbeklimmer Wilco van Rooijen verzet zich lang tegen alle verplichtingen die het leven hem oplegt: school, carrière maken of een gezin stichten. Die verhinderen hem 'te dromen en te doen wat ikzelf wil doen'. Ook aan het 'doe maar normaal'-gebod, gangbaar in zijn gereformeerde milieu, heeft hij een hekel. De HTS rondt hij nog af, maar het komt nooit tot de vaste baan waar zijn ouders en de door hem bewonderde opa hem graag in zouden hebben gezien. Gesteund voelt hij zich door zijn klimvriend Cas van de Gevel, die hij als achttienjarige in 1985 ontmoet. 'Die had een heel andere kijk op het leven: Van Rooijen, je mot helemaal niks, alleen aan het einde van de rit tussen zes planken de grond in. Hij bracht onder woorden wat ik diep vanbinnen voelde.'

Tien jaar na hun eerste ontmoeting neemt het duo deel aan de beklimming van de K2, met hun idool Ronald Naar als expeditieleider. De berg in de Himalaya geldt als de *killer mountain*, één op de vier klimmers komt om het leven. Tijdens de klim wordt Van Rooijen geraakt door een vallende rots; met een gebroken jukbeen en arm moet hij de berg af: 'Maar de mentale dreun was veel groter dan de fysieke pijn.' Dertien jaar later brengt dezelfde k2 hem op de rand van de dood, wanneer zich daar een van de grootste drama's uit de geschiedenis van de bergsport voltrekt – ijslawines maakten een einde aan het leven van elf klimmers, onder wie zijn Ierse kompaan Gerard McDonnell. Zelf verblijft hij dan zo lang zonder extra zuurstof in de 'zone des doods', het gebied boven achtduizend meter, dat de buitenwereld ervan uitgaat dat hij is omgekomen. Zijn vrouw Heleen, moeder van hun dan zeven maanden oude zoon, heeft hun net aangekochte woonboerderij al in de verkoop wanneer hij toch naar het basiskamp weet terug te wankelen. Het avontuur bekoopt hij met het gemis van zijn tenen.

Dat weerhoudt hem er niet van om door te gaan. Inmiddels heeft de eenenvijftigjarige Van Rooijen de Seven Summits (de hoogste berg op elk van de zeven continenten) en de Three Poles (de Noord- en Zuidpool plus de Mount Everest) gehaald. Dat laatste lukte hem zonder zuurstofflessen. Een 'pelgrimstocht' noemt hij die beklimming van de Mount Everest in 2004. 'Mijn vader was het jaar ervoor overleden, ik dacht voortdurend: mijn vader is in de hemel, ik moet naar hem toe.'

Sinds 2009 is hij bezig met 'Antarctica 2048', een project dat op de gevaren van de opwarming van de aarde wil wijzen. 'De Zuidpool is een gebied anderhalf keer groter dan Europa. Als al het ijs daar smelt, heb je het over een stijging van de zeespiegel met zestig meter.' Aanvankelijk doet hij het met Marc Cornelissen, totdat die in 2015 tijdens een klimaatmissie naar de Noordpool verdrinkt. Gesteund door de Technische Universiteit Eindhoven zet Van Rooijen het Antarctica-project door, met zijn overleden klimvrienden in gedachten.

Wat is de zin van ons leven?
'Vroeger dacht ik: het gaat vooral om leuke dingen doen en grote dingen presteren. Almaar meer. Als iemand zei dat hij tien biertjes kon drinken, dan kon ik er twintig. Een halve marathon rennen? Dan deed ik een hele, of een triatlon. Ik voelde me fysiek oppermachtig, ook met klimmen. Als er iets van competitie was, dacht ik: er kan er maar één winnen, dat moet ik zijn. Een alfamannetje dus. Inmiddels weet ik dat het aanjagen van competitie funest is op een expeditie – er komt altijd een dag dat je achteraan hangt. Dan is het heerlijk als iemand zegt: kan ik iets overnemen?

Op expedities heb ik geleerd dat wij mensen complementair zijn en samen zoveel sterker. De zin van het leven ben ik anders gaan zien. Het leven draait voor mij tegenwoordig om dankbaarheid. Ik ben niet alleen dankbaar voor wat ik allemaal heb mogen doen, maar ook simpelweg dankbaar omdat ik leef. Je hoeft niet altijd grote dingen te doen. Het unieke zit ook in een boomblaadje, of in een waterdruppel.'

Bijzonder uit uw mond: je hoeft geen grote dingen te doen.
'Dat heb ik moeten leren. Als ik vroeger een oude man achter de geraniums zag zitten, dacht ik: dat is óók zielig. Nu vraag ik me af: wat ziet hij, wat heeft hij meegemaakt? Ik kan tegenwoordig begrijpen dat hij op zo'n moment misschien wel dankbaar naar de natuur kijkt. De bergen hebben me ook geholpen te relativeren. Hier, in de geciviliseerde wereld, vergeet je dat je tegenover de natuur niets voorstelt. Maar in de grote wereld van de Himalaya voel je je zo nietig. Niet alleen in ruimte, maar ook in tijd. Die berg is er miljoenen jaren, onze aanwezigheid is een kwestie van seconden – je bent (knipt met vingers) zó weg.'

Waardoor is de ommekeer in uw denken gekomen?
'Door mijn bijna-doodervaring op de K2 in 2008. Ons team was terechtgekomen in een ramp van de buitencategorie, te vergelijken met de Bijlmerramp, het soort lawine waar je geen rekening mee houdt. Ik werd gedwongen meer dan dertig uur boven achtduizend meter te bivakkeren. Normaal gesproken overleef je dat niet, bij min dertig, zonder eten en drinken, volgens de natuurwetten had ik dood moeten zijn. Toch is het goed gekomen. Was dat puur geluk of toeval? Nee, dat geloof ik niet.'

Wat dan wel?
'Je moet je voorstellen: je leven is op zo'n moment totaal *out of control*. Wat ga je dan doen? Geloof me: dingen die je van tevoren voor onmogelijk houdt. Ben je iemand die een ander uit een brandend huis probeert te redden, of kies je voor je eigen overleven? Over het antwoord kun je als buitenstaander niet oordelen, er is geen goed of fout. Ik besliste toen dat ik zo snel mogelijk moest afdalen, want ik begon sneeuwblind te worden. Maar ik geloof niet dat ikzelf dat besluit heb genomen. Het kwam voort uit mijn overlevingsinstinct, uit energie die vanuit mijn onderbewustzijn bovenkwam. Ik geloof dat je die energie gestuurd krijgt door mensen met wie je diep bent verbonden. Dat zijn er veel meer dan wij denken. Sindsdien besef ik dat we er niet alleen voor staan op deze wereld.'

Andere klimmers kwamen wel om.
'Waarom Gerard wel en ik niet? Is dat omdat er naar hem geen energie is gestuurd? Kan ik me niet voorstellen. Heeft het te maken met wie een beter mens is? Dan zou hij er nog zijn en ik niet. (stilte) Ik weet het niet. Ik wil vooral dankbaar zijn en voel sindsdien nog sterker de oproep iets van mijn

leven te maken. Hopelijk weet ik iets te creëren dat zoveel energie achterlaat dat mensen zeggen: wauw, daar gaan we mee verder. Ik ben bij genoeg begrafenissen geweest, waarbij het was: plakje cake, kopje koffie en we gaan weer door. Dan hoop ik toch echt dat ik andere mensen zoveel weet te inspireren dat ze iets met die energie gaan doen. Voor mij zijn Marc en Gerard niet dood.'

Gaat het u bij klimmen om dat soort inzichten?
'Uiteindelijk wel, ja. Natuurlijk wil ik de top halen, maar ik heb geleerd dat mijn verbondenheid met Cas, onze vriendschap, duizend keer belangrijker is dan de top. Bij de ramp op de K2 zette hij zijn eigen leven op het spel door mij op dat moment te gaan zoeken – hij zat ook al te lang boven achtduizend meter. Vorig jaar ben ik op een expeditie samen met hem omgekeerd, toen hij geen kracht meer in zijn benen had. Dat was voor mij een lastige beslissing. Hij heeft het gewaardeerd, al spreekt hij dat niet zo uit, want hij is niet zo'n prater. Hoe kun je als mensen nog dichter bij elkaar komen? Ik zeg wel eens: natuurlijk heb ik een relatie, maar ik heb ook een relatie met Cas. Je hebt dan geen seks met elkaar, om het plat te zeggen, maar die energie en die verbinding tussen ons, dat is enorm.'

Vriendschap valt ook te ervaren zonder je leven op het spel te zetten.
'Uit mijn studiejaren heb ik heel goede vrienden, maar ik betrap me op de gedachte dat we in cirkeltjes draaien. Weer een biertje, hapje eten, over relaties en kinderen praten. De volgende dag denk ik dan: het was weer zo'n avond, een beetje meer van hetzelfde.

Je hebt in het leven moeilijkheden nodig. Mijn teamleden

zijn niet altijd mijn beste vrienden, maar ik krijg wel een grote inzet van ze. Het gaat echt ergens over en het gaat soms hard tegen hard. Ik ben geen autoritaire expeditieleider, zoals mijn mentor Ronald Naar vroeger, ik bespreek graag dingen in de groep. Komen we er niet uit, dan ga ik naar mijn tent, rustig nadenken en dan kan ik de volgende dag zeggen: oké, we gaan het anders doen. Dan blijkt dat ook te werken.'

Is zelfkennis een doel in het leven?
'Dat hangt voor mij samen met de zin van het leven. Als je jezelf begrijpt, kun je beter met anderen omgaan. Dat is ook omgaan met jezelf. Ik kan wel vinden dat iemand iets verkeerd ziet, maar daarover boos worden is alleen maar negatieve energie. Ik denk liever: waarom ben ik niet in staat mijn punt duidelijk te maken? Ik heb net zo'n groot aandeel als de ander in een conflict. En ik hou ook voor ogen dat het leven altijd in beweging is: iemand die je als een eikel kent, kan een fantastisch mens blijken te zijn. Dé waarheid bestaat niet – ik heb de mijne, jij hebt de jouwe. Waar het in iedere situatie om gaat is: wat ga je ervan leren?

Ik verbaas me erover dat veel mensen daar niet mee bezig zijn. Het leeuwendeel loopt met het gezicht naar beneden te mompelen: ik moet weer dit en ik moet weer dat. Je hoeft helemaal niks! Wat ik vooral niet begrijp, is dat de meeste mensen geen dromen lijken te hebben. Dat is toch bizar. Als ik aan iemand vraag: "Waar droom je van?", krijg ik meestal geen antwoord. Er moet toch iets zijn! Je droom kan van alles zijn. Het gaat niet om het doel, maar om de weg erheen. Maar dan moet je wel eerst een richting kiezen.'

LEESTIP
De alchemist van **Paulo Coelho**

'Coelho maakt prachtig duidelijk welke obstakels we op ons pad tegenkomen wanneer we onze dromen najagen. In onze jeugd leren we dat niet alles mogelijk is. Als we volwassen zijn is er de angst anderen pijn te doen wanneer we voor onze droom kiezen. Zetten we toch door, dan moeten we afrekenen met de angst voor de obstakels die we altijd gaan tegenkomen.'

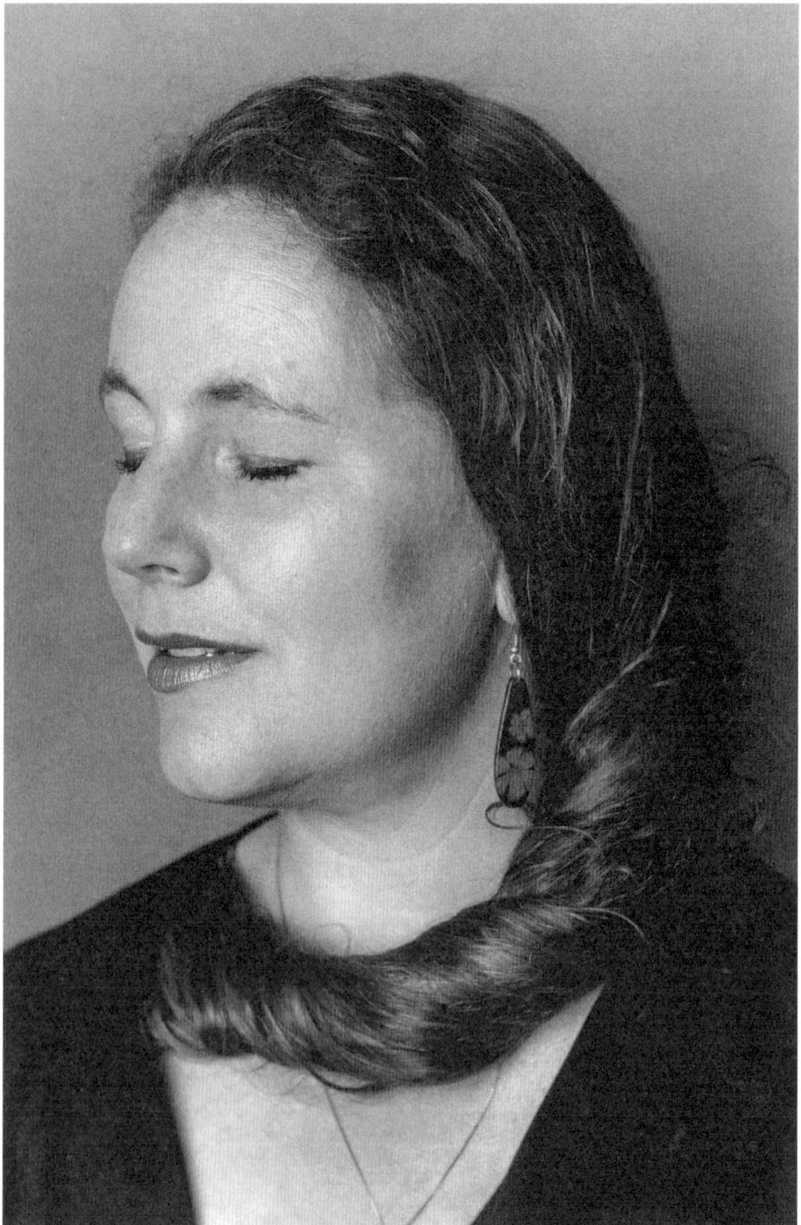

Christianne Stotijn, zangeres

Op haar elfde schrijft ze in haar dagboek haar toekomstdroom op: zangeres worden. 'Ik wist dat toen al heel zeker.' Maar haar gehele jeugd doet Christianne Stotijn, opgroeiend in het Zuid-Hollandse Hazerswoude en afkomstig uit een muzikaal geslacht, vooral verwoede pogingen controle te krijgen over een instrument, haar viool. 'Mijn ouders hebben jarenlang met zweet in hun handen naar mij geluisterd. Ik raakte er altijd uit, ik sloeg op hol, het was een grote chaos, vooral in mijn hoofd.' Op haar achttiende vraagt ze haar vader, op dat moment contrabassist bij het Haagse Residentie Orkest, om haar aan een zangleraar te helpen. Vanaf de eerste les valt alles op zijn plaats. 'Voor mij was dat werkelijk een ontploffing van vrijheid. Vanaf het moment dat ik ben gaan zingen, brak een nieuw leven voor me aan. Alles werd duidelijk.'

De zangleraar die zij als 'mijn muzikale vader' aanduidt, is de Duitse bariton Udo Reinemann, 'een imposante, sterk charismatische figuur'. Hij noemt haar 'een bulldozer' vanwege haar tomeloze ambitie. Voortdurend legt ze de lat voor zichzelf hoger: 'Ik kwam met de moeilijkste stukken bij hem aan.' Reinemann, overleden in 2013, acht haar al na drie jaar klaar voor haar eerste internationale optreden als solist. Vijf jaar later krijgt haar carrière een verdere versnelling door een ontmoeting met dirigent Bernard Haitink. Die laat haar zingen bij de grootste orkesten ter wereld waar hijzelf dirigeert, zoals de New York Philharmonic, het London Symphony Orchestra en het Concertgebouworkest. In Londen wordt haar scholing ter hand genomen door een 'grande dame' van de opera en het lied, Dame Janet Baker.

Tijdens dit internationale leven voelt Stotijn zich vaak alleen: 'Het was een periode waarin ik zielsgelukkig had moeten zijn, omdat ik zoveel geweldige kansen kreeg waar iedere zanger van droomt. Ik had in topvorm moeten zijn, maar deed alles alleen, zonder coach. Daardoor leed ik onnodig veel onder mijn onzekerheid. Ik was zoekend en rusteloos en had ontzettend behoefte aan een gezin. Maar het is lastig een partner te ontmoeten als je voortdurend op reis bent.'

Een geliefde is er wel, maar die relatie vat ze samen als 'een gecompliceerd en verdrietig verhaal dat een negatieve invloed op mijn zingen had'. Op haar tweeëndertigste is die voorbij en komt ze in een periode die 'aanvoelde als een onrustige wervelwind'. Op haar vijfendertigste ontmoet ze haar huidige Belgische man, net als haar vader en broer een contrabassist. Met hem woont ze in het noorden van Brussel, samen met haar elfjarige stiefdochter en hun driejarige zoon. Ze reist nog wel veel, maar aanzienlijk minder dan vroeger: 'Ik ben nu duizend keer gelukkiger.'

Wat is de zin van ons leven?
'Voor anderen kan ik dat niet zeggen, maar ik kan wel aangeven wat ik als de zin van mijn leven zie. Dat is het leven zelf, met al zijn schoonheid, confrontaties, ontmoetingen, verdriet, het intens geluk met een kind. Het leven maakt zichzelf

zinvol. Voor mij is de zin ervan in verbinding staan met de ander en liefde geven.'

Welke rol speelt muziek daarbij?
'Muziek kan de ander op vele manieren raken: het kan troost bieden, een moment van geluk, een ontlading na een moeilijke dag; het kan tot ontspanning leiden, maar ook verdriet oproepen – het is een vorm van communicatie die van alles mogelijk maakt. Ik heb moeten leren dat mijn invloed niet verdergaat dan tot de rand van het concertpodium. Vroeger had ik de neiging eroverheen te willen gaan – ik wilde dat mensen de muziek voelden, geroerd raakten. Maar ik weet inmiddels dat het de vrijheid van de ander is ermee te doen wat hij of zij wil.

Dat geldt niet alleen voor muziek. Ik denk dat een overtuiging willen benadrukken vaak alleen maar averechts werkt. Mijn opa, de vader van mijn vader die prachtig fagot kon spelen, had daar een handje van. Die greep mensen bij de strot en zei: "Dit is de zin van het leven!" De ene keer was dat Krishnamurti, de andere keer de rozenkruisers of de vrijmetselaars. Ik geloof meer in het vertellen van een verhaal, vaak van anderen, waarbij ik mezelf als doorgeefluik zie. Ik gebruik dan bijvoorbeeld teksten van Rilke, Goethe of minder bekende dichters. Als het verhaal sterk genoeg is, kun je het zijn werk laten doen. Dan hoef je er niet nog eens veel emotie aan toe te voegen, zoals ik vroeger deed. Ik heb geleerd dat je er maar weinig aan kunt doen hoe het overkomt. Je moet je alleen altijd goed voorbereiden. Wie weet ontstaat er dan een moment dat vrij genoeg is om iets bij mensen te ontlokken, iets te openen.'

Wat moet u daar zelf voor doen?
'Ik moet vooral de muziek niet in de weg zitten met mijn ego. In het begin wilde ik mezelf bewijzen, beter zijn dan anderen, de mooiste recensies. Dan ga je door alle fases: van slechte en fantastische recensies. Je krijgt te maken met gevoelens van trots, kijk mij eens: "Ik ben goed, ik ben goed!" Je goede en je slechte kanten spelen op, net als je ego.

Door de geboorte van mijn zoon ben ik mezelf veel minder belangrijk gaan vinden. Het maakt me nu, op mijn eenenveertigste, rustig wanneer ik voel hoe onbelangrijk ik eigenlijk ben. Het houdt me nauwelijks meer bezig wat anderen ervan vinden. Dat is iets van de laatste twee jaar. Sindsdien beleef ik ook een veel intenser plezier aan op het podium staan.

Dat was vroeger vaak anders. Ik heb veel concerten gedaan vol angst, vol prestatiedrang. Wanneer ik opnames van mezelf terugzie, heb ik soms medelijden, omdat ik zie hoe ik aan het vechten was. Ik zie mezelf van alles denken wat ik niet moet denken: over mijn adem die omhooggaat, de dirigent die ik niet begrijp, een frase die niet uitkomt, enzovoort.'

Uw ego mag niet in de weg zitten. Maar uw ambitie heeft u toch ook ver gebracht?
'Dat is waar. Maar ik zie dat vooral als het resultaat van een vuur in mij dat groter is dan ikzelf. Mijn ego maakt daar deel van uit, gaat een dans aan met dat vuur. Ik heb nu een leerling met een werkelijk prachtige stem, die geen enkele ambitie toont. Een ander heeft zeker niet de mooiste stem, maar gaat dankzij zijn ambitie zeker ver komen.

Voor mij zit in dat vuur ook de zin van het leven – het vuur om te vertellen, je liefde te delen, reizen te maken, de natuur te aanschouwen en voor mij dan vooral, het vuur om te zingen. Dat is het fijnste op aarde, als je met een stroom mee kunt gaan. Als alles klopt en je in volledige vrijheid er kunt staan, voel ik niet alleen geen enkele spanning, maar zelfs niet meer mijn stem in mijn keel. Zingen wordt dan een klank die door je heen gaat – een vibratie van je wezen. Ja, dat is wat het is: een vibratie van je wezen! Zodra je dat wilt gaan sturen, gaat het weg.'

Hoe valt dat tegen te gaan?
'Als je zingt, sta je in het oog van een orkaan. Angsten kunnen je aan de buitenkant ervan brengen. Dan word je alle kanten op geslingerd: je aandacht is bij de dirigent, want je volgt hem niet; dan ben je bij iets in het publiek; dan bij je pianist, omdat je iets raars hoort – je bent kortom overal, maar niet waar je moet zijn, in het oog van die orkaan. Waar rust heerst, waardoor je iets moois kunt doen. In het leven zelf is het niet anders. Je probeert in het midden te staan, terwijl je voortdurend door ruis wordt afgeleid. We maken daar zelf deel van uit, zowel van het goede als van het kwade.'

Staat u er alleen voor of gelooft u in steun van hogere krachten?
'Ik heb niets met God, dat is een te abstract begrip voor mij. De naam heeft me nooit iets gezegd en zijn beeltenis ook niet. Maar ik voel wel de aanwezigheid van een ander bewustzijn – iets wat niet aanwijsbaar is, maar steeds aanwezig. Als ik zing, kan ik dat voelen, steeds meer eigenlijk. Bij aanvang vraag ik met een bepaald ritueel een beschermend wezen dat ik geregeld om mij heen ervaar, of ik in de muziek kan zijn: in focus, in liefde, zonder dat mijn ego in de weg zit.'

Vraagt u dat aan dat andere bewustzijn?
'Ja, maar ook aan mezelf. Ik voel die kracht af en toe buiten mezelf. Maar dat kan ook geheel op mijn fantasierijke geest berusten, misschien speelt het zich allemaal uitsluitend in mij af. Hoe dan ook, ik kan soms een extra hoge frequentie ervaren waardoor ik openstaa voor het universum; het is een soort trilling die bij mij een groot geluksgevoel teweegbrengt. Daar ben ik in toenemende mate toe in staat.'

Denkt u na over de dood?
'De zorg voor een jong kind trekt je voortdurend in het moment, dus ik kom er weinig aan toe. Het cliché wil dat je eigen angsten verdwijnen als je een kind krijgt en dat alleen de angst dat je kind iets overkomt overblijft. Dat klopt volledig. Vroeger was ik een paar keer heel bang voor mijn eigen dood. Toen mijn oma op mijn eenentwintigste overleed, kreeg ik 's nachts een paniekaanval. Nu ga ik ook dood, dacht ik. Er raasden allerlei vragen door mijn hoofd over wat er na onze dood gebeurt, en wat daarna, eindigend in de oneindigheid van het heelal. Door de angst begon ik over mijn hele lijf te trillen, een chemische reactie. Mijn moeder heeft toen lang over mijn rug gestreken, de angst uit mijn lijf geveegd. Ik ben haar daar eeuwig dankbaar voor.

Nu voelt mijn dood niet meer als bedreigend, al wil ik mijn kind natuurlijk zo lang mogelijk zien opgroeien. De dood heeft voor mij net zoveel gezichten als het leven. Hij kan een monster zijn, maar ook een mooie ervaring aan het eind van een gelukkig leven. Ik geloof sterk in het cyclische van ons bestaan – onze atomen gaan door en een kern daarvan, misschien een frequentie, neemt een andere vorm aan. Met dat idee kan ik meer dan met reïncarnatie. Maar verder probeer ik vooral iedere dag als een geschenk te ervaren.'

LEESTIP
De intieme dood van **Marie de Hennezel**

'Dit boek laat zien dat de dood niet alleen een afschrikwekkend monster is, maar dat hij ook mooi en intiem kan zijn. Dat was een volkomen nieuw inzicht voor me. Je kunt ook op een mooie manier, vol liefde en bewondering, afscheid nemen, maakt De Hennezel duidelijk aan de hand van gesprekken met stervenden in een hospice.'

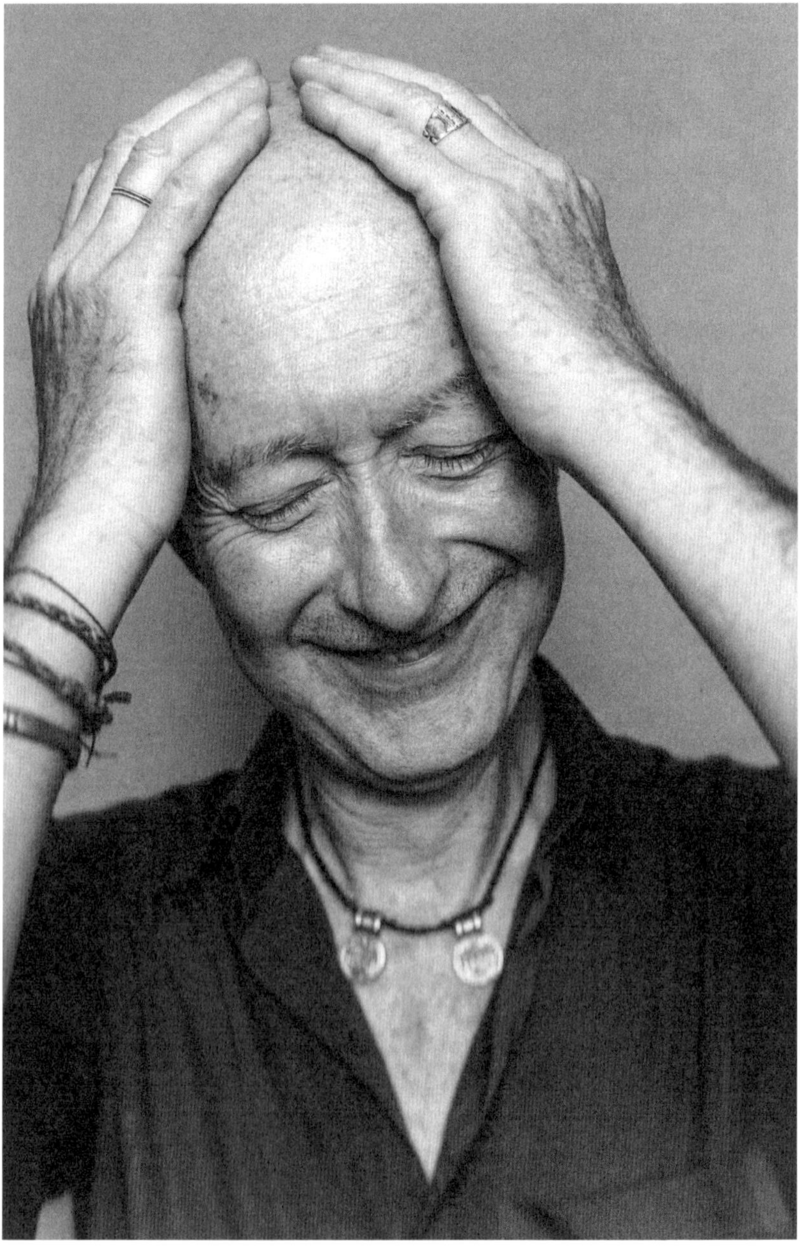

Paul van der Velde, hoogleraar

Begin jaren zestig maakt hij, als driejarige, kennis met de eindigheid van het bestaan. Zijn vader, een 'oerconservatieve' katholieke schooldirecteur, raakt met de gezinsauto van een Brabantse weg en knalt op een boom. Via de verbrijzelde achterruit wordt Paul van der Velde uit de auto getild. Ongedeerd, maar een illusie armer: 'Ik besefte in één klap de kwetsbaarheid van alles. De illusie dat het leven eeuwig zou kunnen zijn, heb ik nooit gehad.'

Als twaalfjarige ziet hij in zijn geschiedenisboek een afbeelding van de dansende hindoegod Shiva – hij valt ervoor als een blok: 'Hoe kon het, zoveel rust en beweging in een enkel beeld, zo'n dynamische voorstelling van het goddelijke?' Die 'lumineuze' ervaring vindt plaats op het moment dat hij afscheid begint te nemen van zijn katholieke geloof. Het hindoeïsme komt er niet voor in de plaats – hij noemt zichzelf een 'humanistisch agnost'. Maar wel een met buitengewone belangstelling voor godsdienst: de inmiddels zestigjarige Van der Velde werd hoogleraar Aziatische religies aan de Radboud Universiteit en zijn Nijmeegse huis bevat een enorme collectie religieuze beelden en maskers uit Azië ('een uit de hand gelopen passie'). Het gaat hem om de esthetiek, maar dan in de Indiase zin van het woord: 'Behalve schoonheid omvat esthetiek ook het ontzagwekkende, de gruwel. Eigenlijk gaat het om alles wat je losmaakt van je eigen identiteit en je daarmee verlost van het tijdelijke van je eigen bestaan.'

Hij schreef erover in zijn meest persoonlijke boek, *Tatoeage van de ziel* uit 2014, waarin hij doorgrondt wat decennialange omgang met hindoeïsme en boeddhisme voor hem heeft betekend. De wetenschapper, die eerder in *De Boeddha in het tuincentrum* analyseerde wat westers boeddhisme voorstelt, verliest het in dit boek van de zoeker, die ieder mens in zijn ogen ten diepste is. Zelf zoekt hij bovenal in Azië, dat hij al meer dan honderd keer bezocht. Iedere vakantie wijdt hij al jarenlang aan studiereizen met geïnteresseerden: 'Heel nuttig, mensen stellen me vragen over zaken waar ikzelf blind voor ben geworden. Dat houdt me scherp. Ik werk vrijwel altijd, maar wel vanuit een bevoorrechte positie: ik doe wat ik enorm leuk vind.'

Wat is de zin van ons leven?
'Daarover bestaat een aardige anekdote. Toen God de aarde schiep en aan de mens al het moois liet zien wat hij had bedacht, vroeg de mens hem: "Maar wat voor zin heeft dat?" Waarop God antwoordt: "Zin, moet dat dan?" De mens: "Jazeker." Waarna God zegt: "Mooi, dan mag jij dat gaan uitzoeken." Haha. Of er een zin is weet ik niet, maar ik weet wel dat we onze dagen zinzoekend en zingevend doorkomen. Iedereen is daar voortdurend mee in de weer, al dan niet bewust. Het is voor ons onbegrijpelijk dat er geen zin zou zijn, we hebben een diepe behoefte erachter te komen. De mens is de zin gaan zoeken in religie, kunst en wetenschap, maar het gaat om die diepe behoefte. We zoeken iets wat ons verheft boven

het alledaagse, omdat we niet alleen maar op aarde willen zijn om er onze dagen te slijten.'

Waar komt die diepe behoefte vandaan?
'Dat heeft te maken met de absolute onbegrijpelijkheid van het bestaan. Terwijl wij hier genoeglijk in de tuin praten, dobberen tegelijkertijd mensen in gruwelijke angst in bootjes op de Middellandse Zee. Dat is toch volslagen onbevattelijk? Hoe zulke verschillende gebeurtenissen zich tegelijkertijd kunnen voltrekken, hoe ongelijk het in de wereld is verdeeld, hoe goed en kwaad zich op hetzelfde moment kunnen voordoen, dat behoort allemaal tot het domein van het absoluut onbegrijpelijke. Er zijn mensen die dat beantwoorden met een god, die de rechtvaardige mensen na hun dood aan zijn zijde zou plaatsen en de rest naar de hel zou sturen. Anderen, zoals hindoes en boeddhisten, zeggen: daden in vorige levens maken dat de een in gelukkige omstandigheden wordt geboren en de ander een zwaar lot treft, dat is karma. Beide redeneringen zie ik als manieren om het absoluut onbegrijpelijke te rechtvaardigen. Zelf geloof ik dat soort verklaringen niet, of op zijn best af en toe. Maar we hebben ze wel nodig, er moet iets zijn wat het begrijpelijk maakt.'

Terwijl chaos het wezen van het bestaan is?
'Wellicht, ja. De mens gaat daarin tuinieren, hij wil orde scheppen via allerlei systemen en zo de chaos bedwingen. Religie is zo'n systeem. Ons hele denken kun je beschouwen als een vaardigheid die erop is gericht de chaos begrijpelijk te maken. We koesteren de illusie dat we de chaos naar de randen van ons bestaan hebben weten te duwen, maar ik betwijfel of dat is gelukt. We worden steeds knapper, het valt niet uit te sluiten dat we op den duur zelfs eeuwig leven voor el-

kaar boksen, maar toch blijven verstorende factoren bestaan, zoals alle vormen van tegenslag. De chaos blijft en vernieuwt zich.'

De chaos omarmen, helpt dat?
'Dat kan ons brein helaas niet aan. Onze geest is voortdurend gericht op herkenbare patronen in onze omgeving. Als we de chaos zouden omarmen, zouden er te veel impressies tegelijkertijd op ons afkomen. Want dat vereist niet alleen het geheel overzien, maar ook ieder detail, ieder blaadje, iedere kiezelsteen. Onze zintuigen maken daarin voortdurend een forse keuze. Het beeld van vluchtelingen op zee kun je je niet permanent bewust blijven, dat is meer dan een mens kan verdragen.'

Dient de absolute onbegrijpelijkheid enig doel?
'Het motiveert enorm. Telkens is er weer iets onbegrijpelijks waar we onze tanden in mogen of moeten zetten. Dat leidt tot voortschrijdend inzicht. Dat is mooi. Alleen bij iedere stap die we op dat vlak zetten, doet zich weer een nieuwe vraag voor. De hindoes noemen dat: "De kracht van het goddelijke om zich te verbergen." Het is een soort sisyfusarbeid, je kunt nooit zeggen: ik heb het, we kunnen rustig in de achtertuin gaan zitten. Nee, alles is altijd weer complexer. Ik kan daar erg van genieten.'

Een mens zou er ook moedeloos van kunnen worden.
'Nee, het houdt juist alert tegenover de wereld. Ook al heb je alle vertrouwde ingrediënten dagelijks om je heen, zoals je partner, je huis en je werk, toch dient de werkelijkheid zich telkens net even anders aan. Dat houdt je nieuwsgierig. Toen Ramses Shaffy te horen kreeg dat hij zou sterven, zei hij: "Wat

interessant, dat heb ik nog nooit meegemaakt." Die houding spreekt me zeer aan.'

Wat staat ons te doen, gegeven de onbegrijpelijkheid?
'Beschaafd deze wereld doorkomen vind ik een mooi streven. Dat kun je doen door jezelf continu de vraag te stellen: wat brengen wijsheid, fatsoen en redelijkheid me op dit moment? Wanneer je dan ooit verantwoording over je leven moet afleggen, kun je zeggen: "Ik heb het naar eigen inzicht met redelijkheid en fatsoenlijkheid gedaan." Dat idee van verantwoording afleggen speelt in veel religies, niet alleen in het christendom. In het boeddhisme kom je ook voor een god die vraagt: "En, hoe hebben we het gedaan?" In de Tibetaanse variant draag je zwarte en witte stenen, bij te veel zwarte ga je de hel in. Wat ervan waar is, weet ik niet – het zou allemaal kunnen. Ik hang geen religie aan, maar tegelijkertijd heb ik mezelf niet zo hoog als atheïst. Ik twijfel aan het niet-bestaan van God.'

Wat weerhoudt u van een religie?
'Mensen die met een zoektocht bezig zijn, vind ik interessanter dan mensen die menen het antwoord gevonden te hebben. Omdat het zoeken zo essentieel is voor de mens.

Ook heb ik een afkeer van mensen met een "kloppend wereldbeeld", die van geloofsovertuigingen feiten maken en van mythes de werkelijkheid. Daar ga ik graag tegenin. Ik kan er slecht tegen als ik word buitengesloten omdat ik niet geloof zoals anderen me voorschrijven. Als een geloof wordt dichtgespijkerd, ontaardt het snel in fundamentalisme. Dat tref je overal aan – bij christenen, hindoes, boeddhisten en moslims.

Voor mij is het genoeg me verbonden te voelen met de grote verhalen van de mensheid. Ik put daarbij vooral uit het hindoeïsme en het boeddhisme, maar ze staan ook in de Bijbel. Ze maken het mogelijk ordening aan te brengen en het alledaagse op een ander niveau te ervaren. Neem de mythische dans van Shiva, het grote verhaal hoe hij demonen verslaat. In de herrie van het dagelijks leven kan ik de ritmiek van zijn dans herkennen. Dit helpt bij het verzoenen met de chaos die om ons heen is. Daarnaast shop ik in religies door er aansprekende aspecten uit te halen. Ik kan me bijvoorbeeld uitstekend vinden in het pragmatisme van het boeddhisme: wat je ook van deze wereld vindt, we moeten het er wel mee doen.'

Dus je moet je neerleggen bij de wereld zoals hij is?
(Ironisch) 'De geest van het verzet is nog lang niet dood! Ik zal mijn best blijven doen de wereld te verbeteren, maar in de wetenschap dat het een hopeloze onderneming is. Ik weet dat het nooit echt gaat lukken, maar we moeten blijven strijden, al is het maar uit compassie met lijdende wezens. Je weet dat je in je eigen omgeving dingen kunt doen.'

Over de dood schrijft u: 'Leer van hem te houden.'
'Het is je laatste geliefde, de laatste die je op deze wereld zult ervaren.'

Is dat niet een gekunstelde gedachte?
'Jawel, maar het is voor mij de enige redelijke optie om de verschrikkelijkheid van de dood tegemoet te treden. Ik denk er dagelijks aan, al sinds mijn kindertijd.'

Wat is de essentie van de dood?
'Het is aan ons te beseffen dat die onafwendbaar is, maar dat we toch iedere dag moeten opstaan in een poging ons dage-

lijks leven zin te geven. Daar zit een spanningsveld, waarin naar mijn idee de zingeving zich voltrekt. Dat doe ik door aan te haken bij grotere verhalen dan mijn eigen. De zoektocht naar de zin van het leven is zonder einde. Dat is het mooie ervan, *never a dull moment*.'

LEESTIP
De mensengenezer van **Koen Peeters**

'In dit boek lopen herinneringen dwars door het alledaagse leven, misschien zelfs herinneringen die strikt genomen niet je eigen herinneringen zijn, maar waarvan je deelgenoot bent. Leven met mythes, verhalen en eerdere generaties maakt duidelijk dat we niet de eersten zijn die zich bepaalde vragen stellen. Dat besef bevrijdt ons van onze eigen tijdelijkheid.'

Epiloog

Zeven inzichten

Nog altijd is het een gedachte die me kan overrompelen: alles, maar dan ook alles waar ik me in het dagelijks leven druk over maak, zou in één klap zijn weggevaagd, wanneer mijn hartstilstand twee jaar geleden de gebruikelijke afloop zou hebben gekregen. De volgende gedachte is dat het uitstel van executie is geweest, alle opgewekte grapjes ten spijt over het 'me dagelijks verwijderen van de dag van mijn dood'. Want die onbevattelijke gebeurtenis komt natuurlijk toch weer naar me toe, hoe goed mijn dagelijkse bezigheden ook helpen dat besef weg te drukken. Gelukkig delen we allen dat lot – we zijn tenslotte, in de woorden van Nietzsche, 'broeders in de dood'.

De existentiële vragen die uit dit besef van sterfelijkheid voortvloeien, stelde ik tijdens de veertig gesprekken die ik gedurende een jaar heb gevoerd. Vooral in het begin voelde ik de urgentie antwoorden te vinden: waartoe dient het allemaal, wat is de essentie van het leven, wat is de essentie van de mens? De hoop op een mogelijke zin van ons leven dreef me voort. Helaas zagen mijn eerste gesprekspartners die niet, A.L. Snijders in zijn Gelderse landhuis voorop. De tachtigjarige schrijver wist het zeker, zich beroepend op Nabokov met diens omschrijving van het leven als een 'klein spleetje licht tussen twee eeuwige perioden van duisternis'. Over de zinloosheid van ons leven bleek hij, tot mijn verwarring, zelfs ronduit verheugd.

Natuurlijk dacht ik niet een alomvattend, afdoend antwoord te vinden – of een afgeronde frase waarmee ik de dood in al zijn onbevattelijkheid zou kunnen bedwingen. Zo naïef was ik nu ook weer niet. Maar ik hoopte wel op geruststellende gedachten die houvast zouden kunnen bieden – op serieus weerwerk tegen de chaos en willekeur die zich zo plots hadden aangediend.

Om niets bij voorbaat uit te sluiten stelde ik me onbevooroordeeld op – hoe excentriek ook, alle wijsheid van mijn broeders en zusters in de dood was welkom. Eenieder die een poging deed orde in de chaos te scheppen, verdiende mijn aandacht en respect. Mijn vragen waren dan ook niet die van een kritische journalist, maar meer die van een betrokken lotgenoot, erop gericht samen dieper te komen – meer gesprekken dan interviews, al kregen ze in de krant de vorm van vraag en antwoord. Mijn kandidaten zocht ik in sterk uiteenlopende beroepsgroepen, omdat ik een zo breed mogelijk scala aan opvattingen wilde verkennen. Geleidelijk bleken zich twee hoofdcategorieën gesprekspartners af te tekenen: mensen die uit zichzelf en vaak vanaf hun jeugd naar de essentie van het bestaan hadden gezocht, veelal filosofen, schrijvers en religieuzen; en mensen die in zulk zwaar weer terecht waren gekomen dat zij zich, net als ik, ertoe genoodzaakt hadden gezien.

Wat heeft deze zoektocht me opgeleverd? Kort gezegd: een berg levenswijsheid, geen eenduidige antwoorden. 'Mensen zijn niet eenduidig, het leven is dat niet,' stelde iemand me gerust. Geregeld had ik na afloop van een interview de indruk dat deze man of vrouw het bij het juiste eind had, om een week later in een ander verhaal ook weer veel waars te onderkennen. In betrekkelijk hoog tempo trokken zo veertig mensen met hun levenswijsheden aan me voorbij. In een poging tot verdere verdieping destilleer ik uit deze gesprekken zeven inzichten, waarvan sommige me met klem op het hart werden gedrukt.

1 KWETSBAARHEID ALS ESSENTIE, HET BELANG VAN VERBINDING

Na de overval door de dood in mijn slaap dacht ik voor de rest van mijn leven wel genoeg over de fragiliteit van ons bestaan te weten. Maar predikant Claartje Kruijff plaatste die kwetsbaarheid in een voor mij verrassend perspectief. In haar ogen is het niet minder dan de essentie van ons leven. Ieder mens is 'een schakel in een groter verbond', hoezeer we ook soms menen er alleen voor te staan. Die verbinding is er met de medemens en de natuur, betoogt oud-ambassadeur Edy Korthals Altes, dat is 'de grondwet van ons leven'. Daarvan kunnen we kennisnemen dankzij een 'werkelijkheid die veel groter is dan wij ons kunnen voorstellen', bijvoorbeeld door 'het aanschouwen van het heelal, waarin wij slechts stofjes of vonkjes zijn'. We maken deel uit van een groter verband, 'waar ons leven met huid en haar aan is verbonden, of het dat nu wil of niet'.

Kenmerkend voor dat verbond is dat het niet precies valt te doorgronden, dat behoort tot 'het mysterie van het leven', meent Kruijff: het doet zich vaak voor 'op zulke complexe manieren dat we die helemaal niet kunnen begrijpen'. Maar dat er wel degelijk sprake van is, kan ieder voor zichzelf nagaan. Wanneer we ons kwetsbaar weten, een ervaring die ieder mens op enig moment ten deel valt, kunnen we het aan den lijve voelen. Geconfronteerd met kwesties van leven en dood of gedwongen door ziekte tot vragen om hulp, kunnen we die 'diepe verbondenheid met anderen' ervaren. Schrijver Henk Blanken, die zichzelf naar eigen zeggen lange tijd als een 'raar soort egoïst' gedroeg, zag door de ziekte van Parkinson in dat het leven draait om 'het geluk van de anderen'.

Dat de kwetsbaarheid van ons bestaan doorgaans wordt verdoezeld, houdt in de ogen van Kruijff verband met een samenleving die autonomie en zelfredzaamheid vooropstelt. Succes en status vormen maatschappelijke kernwaarden, met als gevolg 'dat we het leven ook zo zijn gaan ervaren: je moet het zelf goed doen, zelf alles voor elkaar boksen'. Bijval krijgt ze op dit punt van filosoof-cabaretier Tim Fransen die de trend in onze cultuur hekelt 'dat we vooral laten zien wat goed gaat, onze prestaties, terwijl we onze kwetsbaarheden afschermen. Dat is zo zonde. Als je alleen maar dat (wat goed gaat) vertelt, blijf je op een oppervlakkig niveau.' De openheid die nodig is voor het tonen van kwetsbaarheid, vergt vertrouwen in de ander. Kwetsbaarheid is 'klote, maar ook de voorwaarde voor alles wat mooi en waardevol is in dit leven', stelt Fransen. Niet alleen onze neiging om aan succes en status belang te hechten zit ons in mijn ogen in de weg, maar ook onze overlevingsdrift. Die nodigt niet uit tot het tonen van zwakte.

Als ik maar één rode draad in alle gesprekken zou mogen aanwijzen dan is het wel dit belang van verbinding – vrijwel geen 'zin van het leven' werd geformuleerd zonder een hoofdrol voor de ander(en). Ongeacht of mijn gesprekspartner gelovig of atheïstisch was, man of vrouw, oud of jong, vrijwel iedereen hamerde op dit aambeeld van verbondenheid. Dat had voor mij tot gevolg dat dit inzicht meer ging beklijven. Aanvankelijk had ik de neiging het als nogal vanzelfsprekend af te doen – want ja, natuurlijk, we zijn nu eenmaal sociale dieren. Maar omdat die stelling wekelijks met zoveel vuur werd betrokken, als de essentie van het leven, veranderde er toch iets in mijn waarneming. In mijn dagelijks leven begon ik de variëteit ervan te onderkennen en leerde ik de breedte ervan te zien: 'Verbinding kan ook met de natuur, muziek of een mooi boek zijn. Je kunt je ook in je eentje verbonden voelen. (...) Het kunnen delen ervan is cruciaal, dat bepaalt of we gelukkig zijn,' meent filosoof Sanneke de Haan.

Verbinden in eenzaamheid is ook mogelijk, legt schrijver Bregje Hofstede uit: 'Ik communiceer door vele uren alleen in mijn kamer door te brengen. Via die eenzaamheid kan ik iemand bereiken.' In haar ogen vereist het een grote inspanning je leven van zin te voorzien – we moeten veel werk verzetten om 'een web van betekenis te creëren' en de dood kan daar zomaar doorheen maaien. Dat illustreert hoe kwetsbaar ons leven is. Leven draait voor haar, en voor mij, om onze omgang met die kwetsbaarheid: 'We zijn vooral bezig die af te wenden door afleiding te zoeken in materiële zekerheid of emotionele stabiliteit door te beloven eeuwig bij elkaar te blijven. (...) Dat is het sussen van de fundamentele onzekerheid over ons bestaan.'

11 VEERKRACHT, HAND IN HAND MET DANKBAARHEID

Een tweede rode draad: de mens mag dan een kwetsbaar, onzeker bestaan leiden, maar als dat daadwerkelijk blijkt (ziekte, ongelukken, dood van naasten) dan beschikt hij over grote veerkracht. Hoe zwaar zijn lot ook is, vrijwel altijd ziet hij lichtpuntjes – het levert meer zelfkennis op of, nog vaker, dankbaarheid. Neem het indrukwekkende levenslot van Yfke Metz: van haar eenenveertig jaar bracht zij alleen de eerste zes weken zonder jeuk door. Die nam nog eens exponentieel toe, toen zij haar kinderen op de wereld zette. Juist op het moment dat ze op een roze wolk had moeten zweven, twijfelde ze of ze haar leven nog kon volhouden ('het werd echt ondraaglijk'). Nog altijd is ze de wanhoop soms nabij ('dan voel ik me zo leeg dat ik zelfs geen woede of verdriet meer kan voelen'), maar toch vindt ze het leven 'iets magisch moois'. Dankzij haar ziekte is haar zelfinzicht gegroeid: 'Ik ben van mezelf gaan houden. Dus ik ben ook dankbaar voor wat alle ellende me toch heeft gebracht.'

Die combinatie van ontbering en levensvreugde komt opmerkelijk veel terug. Schrijver Henk Blanken dankt zijn parkinson ('ik had dit niet willen missen') en zegt dat het leven hem toelacht, ook al beschikt hij over nog maar een kwart van zijn energie – in zijn opgebloeide schrijverschap vindt hij compensatie. Kunstenaar Job Koelewijn ziet zijn auto-ongeluk, waardoor hij op de grens van leven en dood balanceerde, als 'het beste wat me ooit is overkomen, mijn zintuigen zijn daardoor aangescherpt (...) en mijn angst is geknapt'. Cabaretier Funda Müjde, die door een auto-ongeluk in een rolstoel is beland, heeft in dankbaarheid voor het bestaan haar 'antidepressivum' gevonden. Ondanks haar invaliditeit kon ze zich al vrij kort na het ongeluk aan die dankbaarheid overgeven en 'ik heb dat tot op de dag van vandaag vastgehouden'. Theoloog Christa Anbeek beantwoordde als twintiger twee zelfmoorden in haar gezin (haar vader en haar broer) met vertoon van daadkracht ('weg van dit ravijn, *full speed ahead*') – ze vindt dat die 'ontregelende ervaringen' nog wel meevielen, omdat ze 'open' kon blijven staan. Wel wijst ze erop dat veerkracht ook grenzen kent: 'Ik heb jarenlang in de psychiatrie als geestelijk verzorger gewerkt en daar heb ik mensen definitief zien knakken.'

Violist en stervensbegeleider Susanne Niesporek verloor zowel haar eerste kind als haar man, maar ervaart haar levenslot niet als buitengewoon zwaar: 'Als ik kijk wat er om me heen gebeurt, zeker als je de rest van de wereld erbij betrekt, denk ik: ook dit is het leven.' Die acceptatie van het eigen lot klinkt ook door bij vastgoedvrouw Monique Maarsen en theatermaker Wendy Hoogendijk. De eerste heeft chronisch hodgkin, een ziekte die haar 'op paden bracht die ik anders nooit had bewandeld', zoals haar werk voor kinderkankerorganisatie KiKa. Ook leerde ze dankzij haar ziekte naar haar 'innerlijke stem' luisteren. Hoogendijk verloor haar vader door toedoen van een te hard rijdende, dronken bestuurder die op zijn telefoon keek. Over die 'zinloze' dood maakte ze een theatervoorstelling: 'De vragen waarmee ik mezelf tot dan toe kwelde, verdwenen naar de achtergrond. Daarvoor in de plaats kwam een vorm van acceptatie van zijn dood. Als ik dat niet had gekund, was er geen verdere ruimte voor creativiteit gekomen. (...) Bij alle fratsen die het leven met ons uithaalt, kunnen mensen op hun veerkracht terugvallen.'

Ten opzichte van de veel zwaardere lotgevallen van mijn gesprekspartners kwam mijn hartstilstand me geregeld voor als een *walk in the park* – ik heb geen enkele fysieke schade opgelopen. De vergelijking deed me wel realiseren dat ook bij mij veerkracht en dankbaarheid voor het bestaan hand in hand zijn gegaan.

111 HET LEVEN IS EEN LEERSCHOOL

'Word een mens,' luidt een van de opdrachten uit het hindoeïsme, zo vertelde Ashis Mathura me. In de ogen van deze hindoepriester, in het dagelijks leven ICT-consultant, is het leven een leerproces dat tot doel heeft de zin ervan te ontdekken. 'Mens ben je nog niet, je moet het worden en uitgroeien tot een individu dat zelf nadenkt, zijn eigen ethiek bepaalt en vooral: zelf ervaart. (...) De bedoeling is dat je ziel verder kan op zijn spirituele pad.' In de hindoeïstische visie leidt de zo opgedane zelfkennis, na verloop van vele levens, tot 'eenwording met het goddelijke', al zegt Mathura er eerlijk bij dat hij niet weet wat hij zich daarbij moet voorstellen.

Je hoeft geen hindoe te zijn om het leven als leerschool te ervaren. Ook als atheïst of agnost kun je dat denkbeeld omarmen – ik zie het als een derde rode draad. Biochemicus Bert Poolman noemt als levenslange taak voor de mens 'het leven te doorgronden (...) dus fundamentele kennis (te) vergaren over elk niveau ervan'. Biograaf Jolande Withuis, even ongelovig als Poolman, komt ook uit bij een leerproces: 'Als er iets de zin van het leven is dan is het wel: je eigen behoeften vinden, je eigen wensen, het vak waar je je talenten in kunt ontplooien, (...) ontwikkel je talenten.' Advocaat Pieter Riemer ziet als doel het 'excelleren op de vlakken waar je kwaliteiten liggen', met een grote beloning tot gevolg: 'Dan voel je je volkomen en heb je een geluksbeleving.' Psychiater Jan Mokkenstorm, inmiddels overleden, rekende 'leren, ontdekken' tot de zin van het bestaan. Het leerproces helpt 'iets goeds te doen voor de wereld en voor anderen', denkt SCP-directeur Kim Putters, die meent dat het leven er zin door krijgt: 'Uiteindelijk gaat het erom dat je leert van andere mensen, dat je jezelf ontwikkelt, maar ook jezelf tegenkomt; dat je leert waar je grenzen liggen en die van anderen.'

Met leren door kennisverwerving is kunstenaar Job Koelewijn dagelijks bezig: al dertien jaar spreekt hij iedere ochtend vijfenveertig minuten een cassettebandje in door een boek voor te lezen – het liefst over existentiële vraagstukken, met Kant en Spinoza als favorieten. 'Welke eigenschap van ons is nu mooier dan het denken? Er is een hiërarchie in ons lichaam, het hoofd vormt niet voor niets de top. Denken is ons meest verfijnde mechanisme en het is prachtig dit elke dag te trainen. Ik laaf me aan die kennis. Die wil ik integreren in mijn leven en doorgeven. (...) Aan grote denkers kan ik mijn geest slijpen. Een mens moet zijn eigen stompzinnigheid niet als norm nemen.'

Waar wetenschappers en dus een enkele kunstenaar hun heil vooral zoeken in kennis (celbioloog Anna Akhmanova noemt 'persoonlijk een steentje bijdragen aan dat hele grote gebouw van de menselijke kennis' zelfs haar levensdoel), benadrukken anderen juist het belang van levenswijsheid in veel ruimere zin. In het licht van mijn zoektocht spreekt mij dat vooral aan, want met alleen kennis kom je er niet, als het gaat om existentiële vragen. Levenswijsheid komt niet tot je via het denken, maar alleen door beleving, stelde Johannes Witteveen, de inmiddels overleden oud-minister en soefi. Zijn visie op denken staat haaks op die van Koelewijn: 'Denken is oppervlakkig. Voelen gaat veel dieper, dat dringt door tot in je ziel. Dat is het ware leven.' Bestuurskundige Willemijn Dicke, die een tien jaar durende spirituele zoektocht ondernam, illustreert dat aan de hand van de mantra's die ze twee weken lang dertig keer per dag herhaalde: 'Dat had een veel groter effect dan ik van tevoren had gedacht.' Ze ervoer het als 'een manier om wijsheid in jezelf te leren kennen'. Ik zie hier een parallel met de inzichten bij deze serie die aan kracht wonnen door te worden herhaald. Of zoals Tim Fransen het formuleerde: 'Wijsheid is niet een inzicht op een enkel moment, maar iets wat je via oefening tot je door moet laten dringen.' Dat kan op vele manieren, bijvoorbeeld door meditatie, zoals ik sinds mijn hartstilstand doe. Maar ook het dagelijks leren omgaan met een ziekte kan eraan bijdragen. Arts Ivan Wolffers, die al zestien jaar prostaatkanker heeft, leerde 'beter te zien wat de essentie van het leven is. Je beseft wat je over het hoofd zag, toen je nog gezond was.' In zijn geval was dat met name 'de schoonheid van de natuur'.

IV HOOP OP VOORUITGANG – OP WEG NAAR EEN GROTER ETHISCH BEWUSTZIJN?

Wat levert al dat leren uiteindelijk op? 'We blijven ploeteraars,' concludeert filosoof Sanneke de Haan. Dat mag individueel zo zijn, maar boeken we als mensheid geen vooruitgang, bijvoorbeeld in de vorm van een toenemend bewustzijn over de wereld, anderen en onszelf? Als liefhebber van lichtpuntjes bleef ik vragen op dat vlak stellen, ook al kreeg ik nogal wat reacties die onbegrip of zelfs misprijzen verrieden. Had ik soms de twintigste eeuw gemist – met zijn immense slachtpartijen, de Holocaust en alle genocides na 1945? Filosoof Joke Hermsen verwoordde het krachtig: 'Ik zie geen voortschrijdend bewustzijn, kijk maar naar al het geweld in de afgelopen eeuw. (...) Door de eeuwen heen is de mensheid op ethisch vlak niet veel verder gekomen. Het enige wat we kunnen doen is de geschiedenis en de filosofie blijven bestuderen om te voorkomen dat we in dezelfde valkuilen stappen.'

Klare taal. Toch valt er met een wijder tijdsperspectief een ander licht op te werpen. Voor biologisch psycholoog Sarah

Durston lijdt het geen twijfel dat 'ons collectieve bewustzijn enorm is toegenomen. Je kunt je bijna niet meer voorstellen hoe mensen pakweg vijfhonderd jaar geleden tegen de wereld aankeken. Laat staan dat we kunnen bedenken hoe ze dat over vijfhonderd jaar doen. Ik verwacht dat het met een veel groter bewustzijn zal zijn dan waartoe we nu in staat zijn.'

Biochemicus Bert Poolman ziet voortgang bij wat hij als de kerntaak van de mensheid ziet, namelijk 'het opbouwen en doorgeven van kennis, normen en waarden, waarmee je een beschaving stapsgewijs op een hoger plan probeert te brengen'. De opbouw van wetenschappelijke kennis versnelt zich. Poolman is het eens met de Zweed Hans Rosling, auteur van het optimistische *Factfulness*: 'De wereld wordt veiliger, de mensheid wordt gezonder en welvarender, zelfs in de allerarmste landen. (...) Natuurlijk zetten we soms stapjes terug, maar bekijk je het op een grotere tijdsschaal dan is de vooruitgang onmiskenbaar.'

Of dat ook op ethisch vlak geldt? Sterrenkundige Vincent Icke meent van niet: 'Je kunt wel zeggen dat de kwaliteit van het leven is verbeterd – armoede, oorlog en ziekten zijn meetbaar afgenomen. Maar of onze ethiek erop vooruit is gegaan? Natuurlijk zijn we tegen slavernij, maar het komt nog steeds voor. We kunnen ons dat standpunt vooral permitteren dankzij de welvaart – ik hoef geen slaaf meer te hebben, want ik heb een wasmachine. De reden dat we in het vrije Westen zo "beschaafd" kunnen zijn, is dat we het ons kunnen permitteren.'

De suggestie is dat door economische rampspoed het beschavingsvernisje van de mens zo valt weg te blazen. Maar dat lijkt me te kort door de bocht, daarvoor gaan de veranderde opvattingen in mijn ogen toch te diep. Kosmoloog-filosoof Gerard Bodifee illustreert dat mooi aan de hand van

Aristoteles. 'Die vroeg zich 2500 jaar geleden af wat een goede man is. "Dat is iemand die goed is voor zijn slaven," zegt hij dan. Meteen merk je de enorme vooruitgang die we hebben geboekt. Voor ons is het bezit van slaven een grote misdaad geworden. Of neem Plato en Socrates. "Neem kinderen mee naar het slagveld om ze te ontwikkelen in dapperheid," zeggen die. Nu is er nog wel oorlog, maar niemand zal dat als een goede plek voor kinderen zien. Het besef dat oorlog niet goed is, is breed gedeeld. Ethische groei is er zeker.'

V BEPERKINGEN VAN DE WETENSCHAP EN HERWAARDERING VAN RELIGIE

'Mijn generatie heeft lang het idee gehad dat de bevrijding van religie, van het paternalisme en de verzuiling, kortom van alle beknellingen, alleen maar positief was. Wat we niet hebben beseft, is hoeveel we daarmee ook aan houvast verloren. We hebben ons enorm verkeken op religie – de gedachte dat de hele wereld het geloof vaarwel zou zeggen, is volkomen onjuist gebleken.' Socioloog Christien Brinkgreve verwoordt waar haar eigen generatie, die van de babyboomers, de mist in is gegaan. Zelf behoor ik er niet toe, maar het gedachtegoed ken ik goed genoeg vanuit mijn eigen (voorheen katholieke) familie: als er een geloof was dan was dat in de wetenschap, terwijl religie als gepasseerd station werd afgedaan. Dat overzichtelijke wereldbeeld vind ik na alle gesprekken maar moeilijk vol te houden.

Mijn twijfel eraan begint bij de beperkingen van de wetenschap, die tot mijn verrassing herhaaldelijk aan bod kwamen. Verklaarbaar is dat wel: dankzij de vooruitgang die ermee is geboekt, heeft de wetenschap de plek van religie overgenomen. De wetenschappelijke benadering, het denken in termen van meten en weten, heeft brede ingang gevonden. Dat valt uiteraard toe te juichen, maar de vraag is wel of de aloude, existentiële vragen (waar komt de mens vandaan, waarom is hij hier en waar is hij naar op weg?) langs de wetenschappelijke route kunnen worden beantwoord. Kennen we dan niet meer gezag aan de wetenschap toe dan zij aankan? 'De moderne natuurwetenschapper moet wel zeggen dat het leven zinloos is, want in zijn optiek is leven een toevalstreffer, ontstaan door een reeks toevallige gebeurtenissen,' zegt Sarah Durston daarover. Voor haar is die gangbare materialistische kijk te beperkt, omdat die 'geen recht doet aan ons bewustzijn, dat tot een afgeleide van onze hersenfuncties wordt gereduceerd', terwijl het een 'essentieel onderdeel van onze werkelijkheid is'.

Kosmoloog Bodifee krijgt nogal eens het verwijt dat hij over de zin van het bestaan spreekt, terwijl hij als natuurwetenschapper toch zou moeten weten dat alles toeval is en dat het leven geen enkel doel dient. Op zich klopt dat, maar het is aan de mens het bestaan zin te geven, betoogt hij: 'De werkelijkheid heeft geen zin in zich. Die zin is wat we eraan moeten toevoegen.' Het is niet aan de natuurwetenschappen daar een uitspraak over te doen. Hij hekelt een collega-astrofysicus die opmerkte: 'Naarmate we meer weten over het heelal, wordt het bestaan alleen maar zinlozer.' Die man 'heeft verstand van fysica, niet van morele en existentiële vragen. Het is een groot probleem van deze tijd dat het geloof in de wetenschap veel te absoluut is. Het blijft een van de mooiste dingen die de mens heeft voortgebracht, maar we moeten wel haar begrenzingen blijven zien. We hebben haar op de plaats van religie gezet. Dat kan haar plek niet zijn.'

Voor enige bescheidenheid aan wetenschappelijke kant is

ook reden – de geboekte vooruitgang maakt vaak duidelijk hoeveel we nog niet weten. 'Iedere vraag die we oplossen, levert weer tien nieuwe vragen op,' zegt Bert Poolman. 'Elke keer als we een stap verder komen, besef ik hoe weinig we eigenlijk nog weten. We doen continu experimenten, maar de antwoorden die we krijgen zijn bijna altijd anders dan we van tevoren bedenken.'

Terwijl de beperkingen van wetenschap me in toenemende mate opvielen, begon ik religie hoger aan te slaan. Zeker zolang ons doorgronden van het leven gebrekkig is, begrijp ik beter hoe wezenlijk geloven blijft, in de vorm van de oude stromingen of in moderne varianten. Religies bieden houvast, constateert Christien Brinkgreve: 'Het blinde proces van de evolutie, waarin er geen schepper meer is, is voor veel mensen een onveilig idee. De mens heeft behoefte aan iets groters dan hijzelf dat ergens op is gericht. Het idee van chaos of willekeur is bedreigend.'

Die behoefte aan houvast herken ik als de brandstof voor mijn serie. Ik kan mij inmiddels goed vinden in de woorden van Ivan Wolffers, net als Brinkgreve behorend tot de generatie die religie op de mestvaalt van de geschiedenis dacht te kunnen dumpen. Gelovig is hij niet geworden, maar Wolffers is religie wel anders gaan waarderen: 'Mensen verwachten nogal eens een harde, wetenschappelijke afwijzing van mij, maar ik kijk met respect en piëteit naar iedere poging van mensen de chaos te bedwingen.' Dat dat respect wederzijds kan zijn, blijkt uit de woorden van hindoepriester Ashis Mathura: 'Als jij helemaal niet in God gelooft, zal het leven je toch lessen leren. Dus wat ben jij anders aan het doen dan ik? Een atheïst maakt ook dingen mee, ook hij groeit. Hij heeft zijn eigen pad.'

VI HET NUT VAN DE DOOD – ZOEKEN NAAR DE ESSENTIE

Koesteren we de illusie van eeuwig leven en plaatsen we ons met de rug naar onze sterfelijkheid, of horen we ons juist 'vertrouwd te maken met de dood' en 'aan niets zo vaak te denken als aan hem', zoals de Franse filosoof Montaigne in de zestiende eeuw aanraadde? Terwijl de dood in ieder gesprek dat ik voerde aan bod kwam, verwijderde ik me iedere dag weer wat verder van mijn 'even-dood'-ervaring. Daarmee nam de mentale afstand tot mijn eigen sterfelijkheid geleidelijk weer toe. Ivan Wolffers duidt dat als een gangbaar proces, waarbij overlevingsdrang het wint van sterfelijkheidsbewustzijn: 'De dood beschouwen we als iets voor anderen. Iedere dode in onze omgeving doet vreselijke pijn en op dat moment beseffen we: "Eens kom ik aan de beurt." Maar al vrij snel schakelen we over naar: "Ik voel me best goed, er is toch niks ernstigs met me aan de hand?". Zo werkt onze overlevingsdrang de illusie van eeuwig leven in de hand. In de ogen van Wolffers is daar niets mis mee. Ga uit van een onbegrensd leven, luidt zijn advies, dan kun je het ten volle ervaren: 'Natuurlijk besef ik mijn eindigheid, maar ik druk de dood graag uit mijn bewustzijn.'

Die houding zou wel eens de dagelijkse praktijk van velen kunnen zijn, maar in deze serie staat Wolffers met dat standpunt vrij alleen – de benadering van Montaigne wordt breed gedeeld. 'Zolang je de dood nog wegdrukt, omarm je het leven niet,' stelt Job Koelewijn. Aan de illusie van een eeuwig leven heeft hij een uitgesproken hekel. De begrenzing die de dood aan het leven oplegt, scherpt ons, maar dan moeten we ons daar wel rekenschap van geven: 'Stel dat je een kunstenaar de beperking oplegt: je mag maar honderd kunstwerken in je leven maken. Reken maar dat hij dan de diepte in wordt gedwongen. Zo werkt het ook met de dood. Stel dat we allemaal zouden weten dat het op onze zeventigste verjaardag is afgelopen, hoe zou ons leven er dan uitzien? Maar we leven hier in het Westen alsof we oneindig meegaan en doen alsof de dood er niet is.'

Die zorgeloze houding herken ik van de tijd voor mijn even-doodervaring. Filosoof Joke Hermsen verhield zich op vergelijkbare wijze tot onze eindigheid, al zocht zij het meer in bravoure: 'Ik deed altijd schamper over de dood, in de trant van Epicurus: "Als wij er zijn, is de dood er niet en als de dood er is, zijn wij er niet." Oftewel: waar hebben we het over?' Haar houding veranderde door het overlijden van haar vader. 'De dood wekt bij mij nu vooral een gevoel op van melancholie, weemoed, een erkenning van verlies en vergankelijkheid. De sterfelijkheid van onze ouders, vrienden, geliefden, uiteindelijk ook onze kinderen – dat is niet iets om stoer over te doen.'

Haar tegenwoordige kijk op de dood is verwant aan die van Koelewijn: 'Om de melancholie van een hoopvolle gloed te voorzien, voel ik dat ik van alles moet doen, dus kom ik in beweging. Juist het besef van vergankelijkheid doet me realiseren: "Als ik er iets van wil maken, moet ik het nu doen." Dus wil ik geïnspireerd en bezield bezig zijn.' De dood als aanjager van het leven – Yfke Metz vat dat op haar manier bondig samen: 'De dood zie ik als iets nuttigs. Het nut is dat je 's ochtends opstaat.' Christa Anbeek wil het leven ten volle ervaren, want 'de dood duurt nog lang genoeg'.

De urgentie die onze eindigheid aan het bestaan geeft, het besef dat we er nu iets van moeten maken voordat het voorbij is, komt vele malen terug. Toch is een andere functie van de dood belangrijker voor me: als aanjager van dankbaarheid voor het bestaan. Dat gegeven is zo simpel dat we het nogal eens over het hoofd zien: het wonder van het leven zelf, waar we deel van mogen uitmaken – een gegeven dat al even onbevattelijk is als de dood zelf. De vijfennegentig-jarige Edy Korthals Altes brengt het ter sprake door te wijzen op 'het wonder van de geboorte van een kind' door 'het samenkomen van twee hele kleine deeltjes die na negen maanden tot een volwaardig mens uitgroeien'. Voor hem duidt dat op het bestaan van een goddelijke kracht.

Maar niet-gelovigen kunnen evenzeer een groot belang hechten aan dankbaarheid voor het bestaan, al hebben zij dan geen andere geadresseerde dan het bestaan zelf. Waar het in mijn ogen vooral op neerkomt, is de kunst die dankbaarheid daadwerkelijk te ervaren. Dat is nog niet zo eenvoudig, het vereist een bepaalde mate van bewustzijn die er maar af en toe is – Bregje Hofstede haalt de Britse schrijver Virginia Woolf aan, die stelde dat iedere dag meer 'niet-zijn' dan 'zijn' bevat: 'Dat niet-zijn omschrijft ze als een soort bewusteloosheid, katoenpluis dat in haar hoofd zit,' vat Hofstede samen. Voor dankbaarheid is dat pluis de pest, daarvoor zijn momenten van 'zijn' onontbeerlijk.

Filosoof Tim Fransen ervoer dat een keer in het theater tijdens 'een van de meest intense theaterbelevenissen die ik ooit had'. Op het podium stond een digitale klok die de duur van de voorstelling wegtikte: 'Ik realiseerde me: die tijd gaat niet alleen over de voorstelling, maar ook over mij. Dit anderhalf uur krijg ik op geen enkele andere manier meer terug.' Het besef dat alles vergankelijk is en niets vanzelfsprekend, leidde bij hem 'tot een gevoel van dankbaarheid en waardering'. Die vergankelijkheid vormt de kern van de eerder besproken kwetsbaarheid van ons bestaan – het is het gedeelde lot dat ons 'broeders in de dood' maakt. De hoop die Fransen daarbij uitspreekt en die ik van harte deel, is dat we in dat licht wat 'meer compassie en solidariteit' voor elkaar leren op te brengen.

VII GEEN ZIN, WEL BETEKENIS?

'Wat is de zin van ons leven?' luidde mijn vaste beginvraag, meestal na zo'n halfuur van inleidend gesprek. De tot dan toe vloeiende conversatie stokte vaak – even was er stilte, als bij de bergbeklimmer die de top in ogenschouw neemt. Het is ook iets om van onder de indruk te zijn: de vraag die de mensheid al duizenden jaren bezighoudt zonder uitzicht op consensus. 'Wellicht de oudste filosofische vraag,' noemt Joke Hermsen het, waarvoor in allerlei culturen en religies een hoofdrol is weggelegd. Ga er maar aan staan.

Yfke Metz, permanent vergezeld door haar jeuk, aarzelde als een van de weinigen geen moment: 'Ik denk daar niet over na. Ik vind mijn leven zo al moeilijk genoeg.' Ook schrijver A.L. Snijders besteedde er het liefst geen woorden aan, zij het om een andere reden: 'Mijn ideaal is dat het niet ter sprake komt, maar dat de zin van het leven geleefd wordt.' Die terughoudendheid er woorden aan te wijden, ervoer ook dichter Marjoleine de Vos. Als 'misschien wel het beste antwoord' bedacht ze: 'Kom maar mee naar buiten, en kijk eens even om je heen. Je ziet dan het licht, die veelheid van kleuren, geuren, schitteringen, overgangen, de ruimte. Het gaat om die ervaring, die woordloos binnenkomt. Dat zijn heus niet momenten waarop ik denk: wat is de zin van het bestaan? Die voel je dan.' Dat ervaren is ook voor Job Koelewijn de kern. Als een boemerang keerde zijn antwoord op mijn vaste vraag bij me terug: 'Zolang je die stelt, heb je de zin niet begrepen.' Om dan toe te lichten: 'Voor mij is het: de vervoering van in leven zijn, zonder enige aanleiding. Dus zonder dat je iets bijzonders doet of je verliefd voelt. Als je bent aangeraakt door die vervoering, de energie die dat meebrengt, dan wordt ook afwassen leuk. Of een rood stoplicht – te gek!'

Sommigen vonden de vraag zinloos of niet deugen. Toeval is het ordenend principe van de evolutie, dus kan er geen bedoeling zijn, stelt Vincent Icke: 'De vraag naar de zin van hét leven is wat mij betreft zinledig. Want dat is een samenspel van atomen en moleculen. Dus dan zou je ook kunnen vragen: wat is de zin van een atoom? Tja, als je me het antwoord geeft, zou ik het niet eens herkennen. (...) Je moet je afvragen: blijkt ergens uit dat leven een bedoeling heeft? Ik denk eerder dat het tegenovergestelde het geval is. Darwin en Wallace hebben laten zien hoe belangrijk het toeval is, dus juist het ontbreken van een doelstelling. (...) De notie van zin als bedoeling wordt onderuitgehaald door de fundamentele rol die toeval speelt.'

Even spitsvondig legt Sanneke de Haan uit dat de vraag niet deugt, omdat 'zin' een 'hoger doel' suggereert. Zij hekelt de 'oneindige regressie' van 'goed voor'-vragen: 'Het gevaar ervan is dat er geen einde aan komt. Dat los je alleen op door te stellen dat iets een doel op zich is.' Dat geldt dus wat haar betreft voor het leven, want 'dat heeft genoeg aan zichzelf'. Vragen naar een overkoepelende zin heeft in haar ogen ook iets hebberigs: 'Alsof alles wat het leven biedt niet genoeg is, maar ook nog ergens goed voor moet zijn.' Een betere vraag vindt ze. 'Wat maakt het leven betekenisvol?' Van betekenissen is ons leven 'doordrenkt'. Helaas maakt dat het aantal antwoorden wel oneindig – ook een kopje gemberthee kan betekenis hebben.

Wel betekenis, met name in de eerder besproken 'verbinding tot de ander', maar geen hoger doel – op dat standpunt stelden zich velen. Het prikkelendst verwoordde Bregje Hofstede dat. Voor haar is het leven 'een dunne draad over een complete leegte'. Wat ons te doen staat is die draad aan zoveel mogelijk punten vastmaken om zo de betekenis van ons leven te vergroten, maar in dat web kan de dood zomaar een gat slaan. In essentie kenmerkt leven zich door 'intrinsieke zinloosheid', meent ze: 'God zie ik als een trui die de mens voor zichzelf heeft gebreid, om te verhullen dat hij naakt is. Voor mij bewijst de behoefte aan een God vooral hoezeer de mens gedreven is zin in het leven te zoeken. Dat zie ik als een bewijs voor de intrinsieke zinloosheid.' Het leven wil 'zich alleen maar in gang houden, dat is wat cellen en soorten doen'.

Juist uit dat laatste gegeven destilleert celbioloog Anna Akhmanova dat het leven wel degelijk zin heeft. Haar antwoord is compact: 'De zin van het leven is om het weer voor te zetten'. Die 'overdracht van ons genenpakket aan de volgende generatie' bleek nogal slecht bij kinderloze lezers te vallen. Maar bijval kreeg Akhmanova ook in ruime mate, met als ondertoon: fijn, dat is dus de zin van het leven, we kunnen over tot de orde van de dag. Voor mij is dat te kort door de bocht. Want het terugbrengen van het bestaan tot het biologische gaat voorbij aan de betekenis van veel levenservaringen – liefde is meer dan voortplanting, eten is meer dan voeding. 'Het is alsof je zegt: de zin van muziek is de notenbalk. Die is zeker essentieel, maar ook een enorme reductie van wat muziek is,' zegt Christa Anbeek. 'Ik vind niet dat je het leven tot het biologische moet platslaan,' stelt Sanneke de Haan. 'Die drive zit in ieder van ons, zeker. Maar houden van je naasten is zoveel rijker dan genenoverdracht.'

Wie niet een biologische, maar spirituele poging doet een hoger doel voor het leven te formuleren, komt vaak uit bij bewustzijn – het is de groei ervan die het leven zin geeft. Zo gaat het volgens soefi Johannes Witteveen erom 'een bewustzijn van het goddelijke te ontwikkelen. Voortdurend ons bewust zijn dat we in die prachtige schepping verkeren en beseffen dat daarin een goddelijke geest werkt.' Edy Korthals Altes spreekt over 'ons bewust worden van de fundamentele relatie met de oergrond van ons bestaan, de grondwet van ons leven. Dat is voor mij de liefde voor de mens en voor de natuur. Zelf noem ik die oergrond God.' Op die lijn zit ook theatermaker Mounir Samuel ('het volbrengen van onze goddelijke bestemming') en medium Maria Riemen, die 'in een hogere laag van bewustzijn terechtkomen' als doel ziet. Boeddhistisch leraar Jan Geurtz ziet in contact komen met bewustzijn als een manier om met de kwetsbaarheid van het bestaan om te gaan. Een fijne relatie, mooie baan en leuk huis bieden geen echte veiligheid, want 'er hoeft maar iets mis te gaan en je voelt je aan de grond zitten'. Contact met 'wat niet doodgaat', je bewustzijn, leert de onveiligheid waarderen: 'Ontdekken dat dat is wat je werkelijk bent, een druppel in die oceaan van bewustzijn, zou je als de zin van het leven kunnen zien.'

Onder mijn gesprekspartners met religieuze functies komt bewustzijn ook sterk naar voren. Hindoepriester Ashis Mathura omschrijft mensen 'als vonkjes van een groot, goddelijk vuur, waarbij ieder vonkje dezelfde kwaliteiten heeft als dat hele vuur. De kunst van het leven is te beseffen dat je die kwaliteiten hebt.' Broeder Bernardus, abt van een Brabants klooster, legt sterk de nadruk op het besef van vrijheid – het leven biedt de mens een 'ruimte'. Zelf wil hij die benutten om 'de eenheid met God te beleven'. Predikant Claartje Kruijff denkt dat het erom gaat te beseffen dat we van 'een groter verbond' deel uitmaken. Achter de zin gaan we nooit helemaal komen: 'Er is een grotere bedoeling, maar we zijn te klein om die te doorgronden.' Dat is niet erg, integendeel: 'Stel je voor dat we wel zouden weten wat de zin van het leven is? Het niet-weten is ook mooi, dan kun je leren.'

Bij dat laatste, het niet-weten van de agnost, voel ik me vooralsnog het meest thuis – mijn van thuis meegekregen atheïsme, de categorische verwerping van het goddelijke, is me al te dogmatisch geworden. Liever hou ik alle opties open, indachtig ons gebrekkige kennisniveau en enkele weinig vleiende kwalificaties voor de mens als een 'over het paard getild dier' (vogelexpert Theunis Piersma) en 'meest onbescheiden levende wezen op de planeet' (biochemicus Bert Poolman). Een geloof in de goddelijke wereld kan ik niet delen, maar dankbaarheid voor het bestaan wel. Ook met de 'grondwet' van Korthals Altes heb ik geen moeite – het bestaan dat om de 'liefde voor de mens en voor de natuur' draait, al verbind ik dat, anders dan hij, niet met God.

Ondanks alle kritiek op de zinvraag blijf ik hem nuttig vinden, omdat hij helpt te bepalen wat essentieel is in het leven. Dat kan het houvast bieden waar de mens, in ieder geval deze mens, behoefte aan heeft. 'Zingeving is iets wat wij de hele dag doen,' merkt Sarah Durston op. 'We vinden van allerlei dingen wat, we leven ons leven met waarden en normen. (...) Zingeving is iets wat hoort bij mens-zijn.' Of zoals hoogleraar Aziatische religies Paul van der Velde het formuleert: 'Of er een zin is weet ik niet, maar ik weet wel dat we onze dagen zinzoekend en zingevend doorkomen. Het is voor ons onbegrijpelijk dat er geen zin zou zijn, we hebben een diepe behoefte erachter te komen.' Even agnostisch is filosoof en begrafenisondernemer David Elders, die over de zinvraag opmerkt: 'Echt niemand op aarde weet er het antwoord op. Sommige mensen kunnen wel doen alsof en misschien weten ze er ook ietsje meer van, maar niemand weet het echt. Fundamentele zekerheid valt niet te geven.' Om eraan toe te voegen: 'Het enige wat vaststaat is dat je doodgaat. Dat is trouwens ook de reden dat de vraag naar de zin van het leven bestaat.'

Dat een eenduidig antwoord op die vraag ontbreekt, kunnen we betreuren, maar biedt ook ruimte – het geeft ons de vrijheid zelf zin of betekenis aan ons bestaan toe te kennen. Geen enkel antwoord geldt als finaal. Het is een zoektocht zonder einde, maar daarmee nog niet nutteloos – hij helpt, in ieder geval mij, essentiële kwesties te onderscheiden en te doorgronden. Ik ga er dan ook graag mee door. Hoever ik inmiddels ben? Eerlijk gezegd heb ik het gevoel nog maar aan het begin te staan. Maar ik weet me gesteund door de visies en suggesties van velen – schakels in een slechts gedeeltelijk kenbaar, groter geheel.

Verantwoording en dankwoord

De interviews in dit boek verschenen van september 2018 tot juli 2019 wekelijks in *de Volkskrant* – alle tijdsverwijzingen, zoals leeftijden, moeten in dat licht worden bezien. Onder de lezers bleek een grote behoefte aan bundeling te bestaan, vandaar dit boek.

De hoofdredactie (Philippe Remarque, Pieter Klok en Corine de Vries) ben ik dankbaar voor de niet-aflatende steun tijdens mijn herstelperiode en de kans die me op het vlak van levensfilosofie werd geboden. Mijn gesprekspartners dank ik voor al hun inzichten en hun durf zich publiekelijk uit te spreken. Buitengewoon erkentelijk ben ik mijn vaste meelezer en vriend, Pieter van den Blink. Die trof met zijn rode pennetje wekelijks doel, maar hielp ook bij het bedenken van de inhoud van de serie. Eindredacteur Peter de Greef vertaalde zijn liefde voor het onderwerp in grote precisie in woordkeuze. De epiloog werd door mijn vriend Witte Hoogendijk zeldzaam kritisch gelezen.

Mijn allergrootste dank gaat uiteraard uit naar mijn grote liefde Carine. Auteurs roepen nog wel eens dat hun boek zonder hun geliefde nooit tot stand was gekomen, maar in dit geval is dit onweerlegbaar waar. Het is aan jou en aan onze dochters dat ik dit boek opdraag.